14歳からの自己啓発

尾崎俊介
shunsuke
ozaki

トランスビュー
Transview

十四歳のあなたに——前書きに代えて

昔、父にこんなことを尋ねたことがあります。それは父が傘寿《さんじゅ》を迎えた時のこと。「実年齢は八十歳になったけれど、自分としては何歳くらいの気分がする？」と。

その時、父が何と答えたか。

何と答えたと思います？

「そうだな。十四歳……かな」

父は即座にそう答えました。

そしてその答えは、私には実に腑《ふ》に落ちるものでした。と言うのも——その時私は四十代半《なか》ばでしたが——私もまた気分的には十四歳だったからです。なるほど、男というのはいくつになっても十四歳の気分から抜けきれないのか……。父の答えを聞いて、そう思いました。おそらく、私自身が八十歳になって、あちこちポンコツになったとしても、気分だけは十四歳のままなのではないか——そんな気がします。もっとも、この時のことを家内に話したところ、私ほどには納得していませんでしたので、ひょっとすると女性は実年齢と気分年齢のギャップを男性ほどには意識していないのかもしれません。

それにしても、父にせよ、私にせよ、自分の気分年齢はいくつだろうと考えた時、瞬時に「十四」という数字が出てきたことについては、少し考えてみる価値があるように思います。

十四歳と言えば、日本人にとっては中学二年生に相当する年齢です。これが十三歳だったら、中学一年生。小学校を卒業して中学生としての新生活が始まったばかり。一方、これが十五歳だったら、これはもう中学三年生ですから、そろそろ高校進学のことなどが頭をよぎる頃。となると、十四歳というのは中学生ぶりも板につき、かといって高校のことはまだ遠い先のことで視野に入っていない、そんな曖昧《あいまい》な年頃ということではないでしょうか。また男子であれば変声期が始まる頃でもあって、その意味でも子供と大人の中間の、エアポケットのような時期。

そう言えば、十九世紀のオーストリアに生まれたルドルフ・シュタイナーという哲学者がいて、「シュタイナー教育」という一風変わった教育システムを考案したことでも知られているのですけど、彼は「人間は七年ごとの周期で変化していく」と考えていました。そうなりますと、七歳から十四歳までは人生の第二期に当たるわけですが、シュタイナーはこの時期を「信頼できる大人に従う時期」と定めています。つまりここまでが子供の時期であって、十四歳を越えたら、今度は自分の足で歩いていく力を溜《た》める時期ということになる。シュタイナーの教育システムの中でも、やはり十四歳というのは、子供と大人の中間点という極めて重要な位置づけになっているんですね。

だからこそ、この人生の大きな転換期に自分の中から自然に湧《わ》き起こってきた感じ方・考え方は、その人の人生の土台になるのではないか——私にはそんな風に思われます。人生の「メートル原器」は、十四歳の頃に作られるんですよ、きっと。

で、仮にそうだとするならば、人生の土台となる十四歳の時に、その先の人生で何かと役に立つ武器を、あれこれ仕入れておいて損はないのではないでしょうか？

そんな風に考えた時、私は自己啓発本こそ、十四歳の時に身近に集めておくべき武器なんじゃないかと思います。

「自己啓発本」というと、手っ取り早くお金持ちになる方法や、各種スキルアップのための手軽な方法を伝授するビジネスマン向けの本、あるいはオカルトまがいの運勢向上法などを記した眉唾《まゆつば》モノのハウツー本などを連想する人も多いかもしれません。

確かに自己啓発本という文学ジャンルは玉石混交《ぎょくせきこんこう》で、中にはその種のインチキ臭いものが混じっていることも事実。でもその一方で、古くから受け継がれた人間の知恵や最先端の学問的知見に基づきながら、より良い人生を歩んでいくためのノウハウを伝えてくれる良質な文献も少なくない。そうした選りすぐりの自己啓発本は、将来あなたが困難な状況に陥《おちい》った時にあなたを守り、さらにその先の人生を切り拓《ひら》いていく上で必ず役に立つ、優れた武器になり得ると思うのです。

もっともこれは私自身の経験からそうだと言っているわけではありません。私が十四歳の時には、そんなこと思いもしなかったし、そもそも自己啓発本というものの存在を知りませんでした。でも馬齢を重ね、大分いいオジサンになって、しかも専門の研究者として自己啓発本の研究を十年くらい大真面目に続けてきた今、心の底からそう思います。今持っているこの知識を、十四歳の時に持っていたら良かったのにな、と。

だから私はこの本を十四歳のあなたに贈ります。それは「実年齢が十四歳の人」という意味ですが、先ほども言ったように大概の人（男）は気分の上では誰もが常に十四歳ですから、その意味ではすべての人に贈ることになるのかもしれませんけれど。とにかく、あなたが何歳であれ、この本に書き記した自己啓発本由来の様々な叡智《えいち》は、必ずやあなたを守り、あなたが人生に立ち向かうための武器になってくれるはずです。

それでは、めくるめく自己啓発本の世界にようこそ。この世界の水先案内人たる私の後について、最後までお楽しみ下さい。

Contents

Chapter 1 自己啓発本とは何か

Chapter 2

「自助努力系自己啓発本」の系譜

Chapter

3

「引き寄せ系ＪＫＢ」の登場

Chapter 4

引き寄せの実践

Chapter

5 人間関係をめぐる自己啓発本

Chapter 6

女子のための自己啓発本

Chapter 7

愛するとは許すこと

――めくるめく「ACIM《エイシム》」の宇宙観

Chapter 8
来世があると考えると、勇気が湧いてくる!?

Coffee Break　エリザベス・キューブラー＝ロスの葬儀……296

Chapter 9

「今、ここ」を生きる

Chapter

1

自己啓発本とは何か

この本ではこれから、自己啓発本のことについて語っていきます。ですから、この先、何度も自己啓発本という言葉が出てくることになります。

でも、自己啓発本って言いにくいですよね？　繰り返し何度も自己啓発本って言っていると、自分でも舌を噛《か》みそうになります。字面《じづら》もあまりオシャレではないですし。

だからこうしましょう。「Jiko-Keihatsu Bon」、略して「ＪＫＢ」。以後、本書の中では自己啓発本のことを「ＪＫＢ」って書き表しましょう。「ＪＫＢ」。あら、我ながらいいアイディア。「ＡＫＢ」みたいでとっても素敵でしょ？

ＪＫＢ（＝自己啓発本）とは何か？

さて、そのＪＫＢですが、そもそもＪＫＢというのは一体何なのか。

ＪＫＢというのはアメリカ発祥の文学ジャンルで、人としてより良い人生を過ごすためにはどうすればいいか、そのノウハウを伝授する本のこと。英語では「Self-Help Books」とか

「Self-Enlightenment Literature」などと呼ばれますが、どちらの呼び方にも「Self」という言葉が入っていることから明らかなように、基本的には「自助努力に基づいて」という点が重視されます。ですから、より良い生活を目指すと言っても「ギャンブルで勝つ」とか「宝くじに当たる」、あるいは「遺産を相続する」といった他力本願は考慮の外。あくまでも自分自身が主体となってコツコツと努力を続けていくことを説くものなんですね。

ですからある意味、大変立派な心掛けの本ではあるのですが、では「より良い人生」とは何か、という具体的な話になってくると、「出世すること」とか「金持ちになること」といった短絡《たんらく》的な目標が設定されることが多いのも事実。となると、「偉そうなことを言ったって、結局は世間的な意味で『成功する』ための下世話なノウハウ集じゃないか」という批判を受けてしまうことも少なくありません。

実際、この種の本を嫌う人、軽蔑《けいべつ》する人は大勢います。「自己啓発　無駄」などのキーワードでネット検索すると、ＪＫＢが世間一般でどれほど否定的、あるいは揶揄《やゆ》的に見られているかがよく分かる。また日本にはすでに何冊か自己啓発本を専門に論じた本もありますが、それらのほとんどがこの種の本に対して批判的です。事実、自己啓発本の蔓延《まんえん》する日本の状況を「自己啓発病社会」と名付けたり、「自己啓発本を読むことなど人生の無駄」と、ハッキリ言い切っている本もあるくらい。

とは言え、この世には出世したい人、お金持ちになりたい人、成功者になりたい人が大勢いますので、ＪＫＢは売れることは売れます。出版不況と言われる中で、ほとんど唯一、売れまくっている本のジャンルだと言っても過言ではない。事実、大きな書店に行ってみると分かるのですが、「自己啓発本」と書かれたコーナーにはそれはそれは沢山の本が並んでいます。初めて見た人は「え、こんなにあるの?」とビックリするのではないでしょうか。

つまり、一言で言えば、好悪《こうお》の振れ幅の激しい文学ジャンル、ということになる。好きな人は好きで、毎月のように新刊のJKBを買いに書店に出向くし、嫌いな人はそんなものに見向きもしない。それどころか、そういうのを買って読む人をあからさまに軽蔑する。実際、世に出回る自己啓発本の中には、安易なハウツー本や、学問的根拠を欠くオカルト本も多く、この種の本を嫌う人、下に見る人が多いのも、分からなくはありません。

しかしそうなるとJKBを好んで買う人の方でも「アンチJKB」の人たちの冷たい視線には気づいてしまうので、書店でJKBをレジに持って行く時も、つい後ろめたい気持ちになって、真面目な経済書か何かの下に隠してみたり……。

そんな状況ですから、日本のアメリカ文学研究者の中でも、JKBについて肯定的な観点から研究している人間なんて実質的には私一人しかおりません。だから私はこの分野に関してはダントツの第一人者ということになる……のですが、何しろ世間から否定的/揶揄的に見られる類《たぐい》のものではあるので、せっかく第一人者であるのに肩身はすごく狭いという……。

もう十年以上前のことでしょうか、まだJKBの研究を始めて間がない頃、アメリカ文学者の集まる酒の席で、私がJKBのことを「すごく面白い!」などと持ち上げながら面白おかしく語っていたところ、年長の研究者の方からえらい剣幕で叱《しか》られてしまったことがあります。

その先生曰《いわ》く「我々文学者は出世とか金儲《もう》けとか、そういう世俗のことから自らを引き離すために文学をやっているのではないのか。そんな文学の徒でありながら、自己啓発本などという下世話な本を研究するとは何事か！」と。

そんな風に叱られて、私は、私以外のアメリカ文学者の皆さんがそれほどナイーヴな気持ちで文学研究をしているということに非常に驚き、かつ感銘を受けました。こういう人たちがいるということは、日本もまだまだ捨てたものではないなと。

しかし、だからと言って、私自身が意を翻《ひるがえ》し、ＪＫＢの研究なんか放棄しよう……とまでは思いませんでした。なぜなら私は、「出世したい、金持ちになりたい、いい暮らしがしたい、ひいては幸せになりたい」という気持ちは、人類普遍の願望の一つだろうと思っているから。文学というのは人間についての学問であるはずなのに、多くの人間が当たり前のように抱いているこの種の願望を「卑《いや》しい」の一言で遠ざけてしまっていいのか。むしろその種の人間の願望にひたと寄り添っているＪＫＢこそ立派に「文学している」のであって、それは研究するに値するものなのではないのか――と、まあ、私はそんな風に思っているんですね。

というわけで、学界の先輩には叱られ、後輩たちには蔑《さげす》まれながらも、「いやいや、自己啓発本の中には、ものすごく素晴らしい内容のものだってありますぞ！」ということを世間の人に知らせるべく、私は日本でただ一人、ＪＫＢを擁護《ようご》する立場から研究を続けている次第。

自己啓発本の起源

ところで、先ほど出世したい、金持ちになりたいというのは人類普遍の願望だというようなことを言いましたが、では自己啓発本は世界中どこにでもあるかというと、実はそんなことはありません。

ここが非常に面白いところなのですが、世界広しといえども、自己啓発本が日々大量に書かれ、大量に売られている国というのは、自己啓発本の発祥の地であるアメリカと、あとは日本、この二国しかありません。強いて言えば連合王国《イギリス》(特にスコットランド)や韓国も含まれますが、それ以外の国、例えばフランスとかイタリア、スペインのような国々ではJKBはさほど売れないんです。これらの国にだってJKBの潜在的な読者になりそうな人は大勢いるでしょうけれども、彼らは——少なくともアメリカ人や日本人のようには——自らを叱咤《しった》し、必死に自助努力を重ねて、自力で這《は》い上がろう、出世街道を駆け上がろう、とは考えないらしいんですね。

どうしてだと思います?

フランスやイタリア、スペインは、キリスト教の宗派の中でも「カトリック」の信者が多いから、です。

西欧の人々の主たる精神的基盤となっているキリスト教ですが、大別すると「カトリック」と「プロテスタント」に分かれます。カトリック教会はローマ法王を最高指導者とし、全世界で十三億人もの信徒を持つ最大の宗派で、伝統を重んじ、儀式を重んじる傾向がある。一方、「プロテスタント」というのは、カトリック教会の教義や体制に批判的な宗徒たちが十六世紀に起こした改革運動から生じた様々な宗派の総称で、伝統や儀式よりも、宗教的な純粋さを重んじる傾向があります。で、大雑把《おおざっぱ》な色分けをするならば、フランス・イタリア・スペインなどのいわゆるラテン諸国にはカトリック教徒が多く、プロテスタントの一派である「ピューリタン」によって建国されたアメリカはプロテスタント教徒が多い。

それはそういうものだとして、ではなぜカトリック教徒の多いフランス、イタリア、スペインには自己啓発思想が育たないかと言いますと、カトリック教徒の間に根強い「マリア信仰」というものがあるから。

イエス・キリストの母マリアはイエス以上に慈悲深いので、マリアに縋《すが》れば、彼女がイエスに取りなしてくれて、最後の審判を軽くしてくれるのではないか、と考えるのがマリア信仰ですが、カトリック教徒の中にはイエス・キリストに対する以上にマリアに親しみを持つ人が多く、「困った時のマリア様頼み」をする人も多い。

ザ・ビートルズの名曲「レット・イット・ビー」に、「人生の苦しい時にはマリア様がやってきて、知恵の言葉を授けてくれる――なるようになるから放っておけ、と」という一節がありますが、これがまさにカトリック教徒の考え方なんですね。この曲を書いたポール・マッカートニーもカトリック教徒ですからね。

もちろん、カトリック諸国に住む人たち一人一人にインタビューをしたわけではありませんから正確なことは分かりません。しかし、カトリックの国々でＪＫＢが書かれない／売れないことの要因の一つに、「いざとなればマリア様が助けてくれる」というカトリック特有の楽観があるのではないかというのは、それなりに有力な仮説ではないかと私は思います。――と言うと、なんだかカトリック教徒を揶揄しているようですが、そうではありません。信仰とはそもそもそういうことであって、「マリア様が助けてくれる」ということを心の底から信じられないようでは、立派な信者とは言えないわけです。

しかし、「いざとなればマリア様が……」という発想自体が他力本願であることも事実。他力本願なカトリックの信仰と、自助努力を旨《むね》とするＪＫＢとが相容《あいい》れないのも当然でしょう。

さて、フランス、イタリア、スペインのようなカトリック国でＪＫＢが流行らないのは分かるとして、では、ドイツではどうなのか。ドイツ人のイメージとして「勤勉」というのがありますから、さすがにドイツではＪＫＢは広く支持されているのではないかと想像されるのですけど、意外なことにドイツでもＪＫＢはあまり売れていません。私にはドイツ人の親しい友人がいるのですが、彼に聞いても「ドイツではＪＫＢは人気がない」と断言します。

そうなると、結局ＪＫＢが売れるのは、やはりアメリカと日本だけということになる。

それでは一体なぜ、この二国だけがＪＫＢの巨大マーケットになっているのか？

地獄へ落とされることを怖れたアメリカ人

日本に関しては後回しにするとして、とりあえずアメリカの事情について先に説明しておきましょう。

前述のように、アメリカはイギリス国教会の腐敗を嫌ったピューリタンたちが十七世紀に移民したことによって生まれた国で、移民が始まった当初は非常に厳格な神権政治が行われていました。政治より宗教が優先され、純粋な宗教生活を営むことが何よりも重視されたんですね。しかもピューリタンたちの宗教的バックグラウンドはカルヴァン主義ですから、彼らの間では「人が死んでから天国へ行くか地獄へ行くかは、神がこの宇宙を作った時からすべてあらかじめ決められている」という考え方がまかり通っていました。いわゆる「予定説」という奴です。ですから生きているうちにどんなに善人であったとしても、生まれる前からの決まり事で、死後、地獄に落とされるかもしれないという恐怖が、初期アメリカ植民地の人々の心に蔓《まん》延《えん》していた。

ところが十八世紀に入りますと、「宗教の時代」は「理性の時代」に取って代わられます。この時代になりますと、さしものカルヴァン主義もその宗教的厳格さを維持するのが難しくなってきて、これに代わる「理神論」という考え方が出てくる。理神論というのは、「確かに宇宙を作ったのは神だけれども、その後、神は宇宙運営から手を引いて、後は物理の法則に任せた」という考え方で、いかにも理性の時代にふさわしい宗教観と言えるでしょう。で、この理神論が出たことによって、「森羅万象《しんらばんしょう》、すべては神の思《おぼ》し召《め》し次第」という観念は大分揺らいでくる。アメリカ人の宗教観も少しずつ変わってくるわけです。

「怒れる神」を否定したスウェーデンボルグ

理性の時代の到来と共に、十八世紀におけるアメリカ人の宗教観の変化を考える上でもう一つ欠かせないのが、エマニュエル・スウェーデンボルグ（Emanuel Swedenborg, 1688-1772）という人の存在です。

スウェーデンボルグの業績については、高橋和夫という人の書いた『スウェーデンボルグの思想』（講談社学術文庫）という本に詳しく書かれているのですが、彼は十七世紀後半のスウェーデンに生まれた当時最先端の科学者（冶金《やきん》学・解剖学）であり、また人生の後半は神学者……と言うより「聖書研究者」として過ごした人で、その精密な聖書研究に基づいて、キリスト教会が代々伝えてきた伝統的な教義を徹底批判したんですね。

例えば彼は、キリスト教のイメージとして一般に広まっている「人格神」、つまり髭《ひげ》を生《は》やしたお爺《じい》さんのような風貌《ふうぼう》の「怒れる神」という概念を全否定します。神がそんな「怒りんぼのジジイ」であるはずがないと。で、「怒れる神」の概念そのものを否定しているのですから、一定数の人間が死後に地獄へ行くことがあらかじめ定められているとする「予定説」も、もちろん否定します。さらに「人間というのは生まれた時から『原罪』を抱えた罪深い存在である」

エマニュエル・スウェーデンボルグ

とか、「イエス・キリストが原罪を負った人間の代理として、十字架の上で死んで下さった」とか、そういった一連のキリスト教の教義を、キリスト教会が信者を支配するために意図的に作り出した誤謬《ごびゅう》だとして一喝《いっかつ》してしまう。

それだけではありません。実はスウェーデンボルグという人は、いわば超能力者であって、人生のある時期から自由に天界（要するに死後の世界）を訪れることができるようになったんです（ホントに!?）。で、そうやって実際に天界を訪れ、そこに住む人々の様子を自分の目で見て、彼らにインタビューもして、それで天界の仕組みを理解したわけですから、もう、従来の預言者や聖職者、神学者たちとは訳が違う。そんな連中とは比べ物にならないくらい、彼の説く新しい福音《ふくいん》には説得力があるんですね。

で、そのスウェーデンボルグが直接的に見知ったところによると、神というのは「純粋な愛と知恵」であって、人間を裁くものではない。神の究極の目的は、自らが創造した人間の中に「愛そのもの」として流入することによって人間を善に導くことなのですが、しかし人にはそれぞれ「自由意志」というものがあって、神の愛をどう受け入れるかを自分の意志で選ぶことができる。で、誤った受け入れ方をした場合、そこに悪の機運が生じるけれども、仮に人間が悪の方に傾きそうになっても、それはその人の自由意志ですから、神はそれを裁くことはしない。ただその過程に穏やかに介入することで、でき得る限り善の方へ導こうとする。スウェーデンボルグの考える神は、伝統的なキリスト教会の神とは違って、とっても穏やかで優しいんです。

では、神の流入を受け入れて善なる人間、すなわち仁愛に満ちた人間になると、どんないいことがあるのか。

スウェーデンボルグは、善人になること＝天国行きの切符、という風には考えていませんでした。そうではなくて、善とは、一人一人の人間がそれぞれの仕事に一生懸命努めることだと考えていたんですね。で、その仕事が世のため人のために役に立つ、その役立ち自体が善であると。キリスト教に限らず、一般に「宗教」と言うと、素人には理解できないほど深遠で難解な教義のことかと、つい思ってしまいますが、スウェーデンボルグの説く宗教というのは、かくのごとくシンプルで、具体的なものなんですね。仕事に打ち込み、仕事を通じて人の役に立つ、それがこの地上に天国をもたらすと言うのですから。

とまあ、スウェーデンボルグの教えというのは、ざっとこういうものだったのですが、私はスウェーデンボルグが「仕事をして、人の役に立つ」ということを重視しているところに、個人的に強く惹《ひ》かれます。確かに、人はどういう時に幸福を感じるかと言えば、「自分は人の役に立っている」と思えた時、ではないでしょうか？　「職業に貴賤《きせん》はない」と言うけれど、それは「人の役に立つ」という一点において等価であるという意味なのであって、人の役に立つ仕事をしている以上、それは同様に重要なこと、なんですね。そしてその仕事を誠心誠意行うことによって、誰もが「自分は人の役に立っている」という感覚を得ることができ、同様に幸せになれる。だから、どういう職種でもいい、どんな小さなことでもいいから、一生懸命仕事をして人の役に立ちなさい、そのことがこの地上に天国をもたらすのだよ、というスウェーデンボルグの教えは、能力や才能に関係なく万人に通用する「自己啓発的アドバイス」であり、スウェーデンボルグの存在がその後の自己啓発思想史において非常に大きな位置を占めるのも、当然だろうと思います。

リンゴの木と共に広まったスウェーデンボルグ主義

かくしてスウェーデンボルグは伝統的なキリスト教会の教義をコテンパンにやっつけつつ、独自の聖書解釈に基づく「優しい神」の福音を説き、誠実に働いて人の役に立つことの意義を人々に伝えようとしたわけですが、そんなスウェーデンボルグの教えがスウェーデンから波及してアメリカにまで広まった経緯というのがまた実に面白い。

いきなり妙なことを言い出すようですが、「アメリカを象徴するフルーツ」って、何だと思いますか？　リンゴですよね？　アップルパイはアメリカを代表するスイーツですし、ニューヨークの愛称は「ビッグ・アップル」だったりする。そう言えばアメリカにはそのモノずばり、「アップル」という名前の会社もありましたっけ。

とまあ、そんな具合に今ではアメリカを象徴する果物となったリンゴですが、リンゴというのはもともとアメリカに生えていた植物ではありません。アメリカにあるリンゴの木は、すべてイギリスから持ち込まれたものの子孫。イギリスのリンゴの木は、ニュートンの時代から有名ですからね。

では、イギリスから持ち込まれたリンゴがどうしてアメリカ中に広まったかと言いますと、その名もジョニー・アップルシード（Johnny Appleseed, 1774-1845）という伝説の人物がいて、この人がアメリカ東部から西部にかけてリンゴの苗を配って歩いたからだと言われております。

それはそうなんですけれども、実はこのジョニー・アップルシード、筋金入りのスウェーデンボルグ主義者だったというところがこの話のミソでありまして、彼は熱心な布教活動の一環として、リンゴの苗と一緒にスウェーデンボルグの教えを紹介する小冊子をアメリカ中に配って歩いたんですね。だから、アメリカでリンゴの木が生えているところにはすべて、スウェーデンボルグの福音もまた植え付けられていると。

で、先ほども言いましたように、スウェーデンボルグは伝統的なキリスト教会、とりわけふた言目には「お前ら全員、死んだら地獄行きだ！」というセリフで脅《おど》しをかけてくるカルヴァン主義系の言説を片端《かたつぱし》から木っ端微塵《こぱみじん》に論破した上で、「本当の神というのは、もっとずっと優しいんだよ」と教えてくれた。ですから、彼の伝える新しい福音は、長い間カルヴァン主義的ピューリタニズムによって萎縮させられてきた植民地時代のアメリカの人々にとっては、まさに天の救いのような感じに響いたのでした。だからこそ「スウェーデンボルグ主義」は、スウェーデンボルグの故郷スウェーデンにおける以上にアメリカで普及したんですね。

ジョニー・アップルシード

とまあ、そういうわけで、リンゴの木がアメリカ大陸に広まるのと同時にスウェーデンボルグ主義もアメリカ中に広まったのですけれども、その影響もありまして、十八世紀の終わり頃には「人間が死んでから地獄へ行くか天国へ行くかは、気まぐれな神の気分次第」というようなカルヴァン主義的な考え方には疑問符が打たれるようになっていきます。そしてその代わりに、「神様は優しいのだから、たとえ地獄へ行くことが定められていた人間でも、生きている間に一生懸命善行を積めば、その予定が書き換えられて、天国に行けるようになる……かもしれない」という希望に満ちた考え方が芽生えてきた。

はい、ここが重要なところです。「どうあがいても死んだら地獄行きだ」という恐ろしい考え方が広まっていたところに、「いやいや、そうかもしれないけれども、善人になろうと心掛け、一生懸命働いて人の役に立ったら、ひょっとしたら地獄行きの運命を書き換えられるかもしれないよ」という言説が一条の光のように射し込んできた時、初めて「だったら努力しよう、一生懸命働こう、善人として生きよう」という前向きな気持ちが人間の心に現れてくるんですね。つまり「運命は、自分自身の努力によって良い方に変えられるかもしれない」という一筋の希望がそこに生まれたと。

で、この「自助努力によって、運命を良い方に変えられるかもしれない」という希望、あるいは信念、これこそが、ありとあらゆる自己啓発本の土台です。そういう意味からすると、ＪＫＢというのは、カルヴァン主義を奉じるピューリタンによって建国され、一度、地獄行きの恐怖が社会に蔓延したアメリカでなければ生まれなかった文学ジャンルであると言えるでしょう。

なぜＪＫＢがアメリカで生まれたのか。その理由は、ここにあります。

アメリカの顔　ベンジャミン・フランクリン

では、そんなアメリカ生まれの文学ジャンルであるＪＫＢの、その最初の例は何かと言いますと、それはベンジャミン・フランクリン（Benjamin Franklin, 1706-90）の『フランクリン自伝』（*The Autobiography of Benjamin Franklin*、執筆時期は一七七一年から一七八九年）である、ということになっています。

ベンジャミン・フランクリンはごく普通の庶民の生まれで、親は獣脂ロウソクか何かを作って細々と生計を立てていました。貧乏子沢山と言うのか、十七人兄弟の十五番目ということもあって、学校は十歳までしか通えなかったそうです。

で、学校に行く代わりに兄の経営する印刷所で活字を組む仕事をし始めたフランクリンですが、その後、兄との不和からフィラデルフィアにある別な印刷所へ修業に出ることになり、さらにそこから一年半ほどロンドンで植字工として働くことになります。そして帰国後、『貧しいリチャードの暦《こよみ》』（*Poor Richard's Almanack*, 1733-58）なる格言付きのカレンダーを売り出して

アメリカ100ドル紙幣とベンジャミン・フランクリンの肖像

一躍有名になると、一七三七年からフィラデルフィアで郵便局長に就任。その後さらに出世を重ね、一七五三年には英領北米郵政副長官となり、一七六四年から一七七四年まで植民地全権委任大使としてイギリスに赴任、一七七五年にアメリカの初代郵政長官になったかと思うと、翌一七七六年にはアメリカ独立宣言の起草委員の重責を担い、同年、宗主国イギリスとの独立戦争が始まると、今度はフランスに滞在して外交交渉に暗躍、イギリスを孤立させてアメリカが独立を勝ち取ることに貢献します。しかもこの間、有名な「凧《たこ》あげ実験」で雷の正体が電気であることを証明したり、「アルモニカ」なるガラス製楽器を発明してかのモーツァルトやフランス王妃マリー・アントワネットを魅了するなど、科学者・発明家としても名を上げたのですから、まさに八面六臂《はちめんろっぴ》の大活躍と言っていい。八十四歳で亡くなった時は国葬の栄誉を受けていますが、それも当然でしょう。

　このようにベンジャミン・フランクリンは、貧しい一介の庶民からアメリカ独立革命の立役者となり、人間国宝級の扱いを受けるまでに成り上がったわけですから、まさに立身出世の鑑《かがみ》、アメリカン・ドリームの体現者と言える。彼の肖像は現在でもアメリカの高額紙幣たる百ドル札に印刷されていますが、そのことも含め、まさにアメリカという国の「顔」であると言ってもいいでしょう。

　で、そのベンジャミン・フランクリンが晩年に至って『自伝』を執筆し、その中で貧しい庶民の出である自分が、どうやってここまで出世できたのか、その秘訣を明らかにした。ですからこの『自伝』がアメリカ初の、ということはつまり世界初の、自己啓発本ということになるんですね。

アメリカ初（＝世界初）の自己啓発本の中身

さて、ではそのアメリカ初／世界初のJKBの中で、ベンジャミン・フランクリンは一体何を語っているのか。

フランクリンの『自伝』の中で立身出世の秘訣を語っている部分、すなわち最も自己啓発的な箇所は、「十三の徳目」について語っているくだりです。立身出世を志すならばこれらの徳目を固く守るのが早道だ、ということなのですが、ではその徳目とはどんなものなのか。以下、その十三項目を挙げてみましょう。

1. **節制**　飽《あ》くほど食うなかれ。酔うまで飲むなかれ。
2. **沈黙**　自他に益なきことを語るなかれ。駄弁《だべん》を弄《ろう》するなかれ。
3. **規律**　物はすべて所を定めて置くべし。仕事はすべて時を定めてなすべし。
4. **決断**　なすべきことをなさんと決心すべし。決心したることは必ず実行すべし。
5. **節約**　自他に益なきことに金銭を費《ついや》すなかれ。すなわち、浪費するなかれ。

6. **勤勉** 時間を空費するなかれ。つねに何か益あることに従うべし。無用の行いはすべて断《た》つべし。

7. **誠実** 詐《いつわ》りを用いて人を害するなかれ。心事は無邪気に公正に保《たも》つべし。口に出すこともまた然《しか》るべし。

8. **正義** 他人の利益を傷つけ、あるいは与うべきを与えずして人に損害を及ぼすべからず。

9. **中庸《ちゆうよう》** 極端《きょくたん》を避くべし。たとえ不法を受け、憤《いきどお》りに値すと思うとも、激怒《げきど》を慎《つつ》しむべし。

10. **清潔** 身体、衣服、住居に不潔を黙認すべからず。

11. **平静《へいせい》** 小事、日常茶飯事《にちじようさはんじ》、または避けがたき出来事に平静を失うなかれ。

12. **純潔** 性交はもっぱら健康ないし子孫のためにのみ行い、これに耽《ふけ》りて頭脳を鈍《にぶ》らせ、身体を弱め、または自他の平安ないし信用を傷つけるがごときことあるべからず。

13. **謙譲《けんじよう》** イエスおよびソクラテスに見習うべし。

（『フランクリン自伝』岩波文庫、一三七 - 一三八頁より抜粋）

これがベンジャミン・フランクリンの言う立身出世の秘訣です。意外に普通でしょ？ 確かに、これら十三の徳目は、それ自体として見れば、さほど特筆すべきものではないかもしれません。しかしこの徳目のキモは、実はその活用の仕方にこそあるんです。

ベンジャミン・フランクリンはこれら十三の徳目を守ることを我が身に課したのですが、その際、全部いっぺんに守るのではなく、毎週一つだけ項目を決め、その週はその一項目だけを集中して守るようにしたんです。そして、それがきちんと守れたかどうかを一日の終わりに自分でチェックし、一週間連続して守れたならば、その徳目については一応、目標を達成したことにして、次の週は次の項目に進む、というルールを作った。

そうしますと、理論的には十三週ですべての徳目をマスターできることになります。で、フランクリンは十三徳目を一通りマスターした後、また最初の徳目に戻って同じ手順を踏み、それを四回繰り返すことにしたんですね。すると十三週×四回ですから、トータル五十二週、すなわち一年間ということになるわけですが、一年間、心を定めて努力し続ければ、これらの徳目を守ることが習い性となって完全に身につく計算になる。実に賢いですね！

で、そんな風にしてこれら十三の徳目が完全に身につくと、あーら不思議、いつの間にやら仕事は捗《はかど》り、人望は厚くなり、気づいた時にはかつては思ってもみなかったような大きな仕事を任せられるようになり、その仕事を通じて人の役に立てるようになっていた。だから、皆さんも、私の真似をしてこれら十三の徳目のマスターに励み、それぞれの道において自助努力すれば、私と同様に立身出世を極められ、幸福になれるのではありませんか？　というのが、ベンジャミン・フランクリンが『自伝』を通して読者に伝えたかったことだったんですね。何しろフランクリンは、それこそ無一物の状態からアメリカという国の顔になるまでに出世したのですから、そういう人にこのような「立身出世の秘訣」を教えられたら、読者としてはもうありがたく拝聴する以外ない。

かくしてベンジャミン・フランクリンの『自伝』以後、この種の「自助努力系ＪＫＢ」は、それぞれの道で功成り名遂げた人が晩年になって書く本の定番となり、十九世紀以後、アメリカで盛んに書かれるようになった次第。

昭憲皇太后と福沢諭吉

十八世紀末から十九世紀初頭にかけて出版されたベンジャミン・フランクリンの『自伝』は、アメリカ初のJKBとして本国では大変な人気となり、後には名著として世界中に伝播《でんぱ》していくのですが、そうなると当然、目ざとい日本人の中にも『自伝』を読んで強い感銘を受ける人が出てくる。

例えば明治天皇のお后様《きさき》である昭憲《しょうけん》皇太后もその一人でした。昭憲皇太后は、フランクリンの十三の徳目のうち、性倫理を扱った十二番目の徳目を除く十二個を選び、それを和歌に仕立てて、日本人に伝えられたんですね。その一つが有名な「みがかずば玉の光はいでざらむ 人のこころもかくこそあるらし」という歌で、この歌はその後さらに進化し、最終的には、

金剛石も磨かずば　珠の光はそわざらむ
人も学びて後にこそ　まことの徳はあらわるれ

という風になって、これは文部省唱歌になったそうです。ところで、十四歳の皆さんは「金剛

石」って何のことかご存じでしょうか？　ダイヤモンドのことですね。ダイヤモンドですら放っておいたら光らない、だから自分で一生懸命磨かなきゃ、というのですから、これはもう大変です。うかうかなんてしていられません。努力あるのみ！　ちなみにお茶の水女子大学では、御製を元にした「みがかずば　玉もかがみも　なにかせん　学びの道も　かくこそありけれ」という歌が今でも校歌として歌われているそうです。

さて、昭憲皇太后の他にもう一人、ベンジャミン・フランクリンの合理精神を日本に導入するのに貢献した日本人がいました。それは誰でしょう？

そう、福沢諭吉（一八三五 - 一九〇一）です。

ベンジャミン・フランクリンと福沢諭吉との間には、直接的な影響関係のようなものはありません。福沢がフランクリンの著作について感銘を込めて語っているというようなこともない。福沢が子供向けに書いた修身書である『童蒙《どうもう》をしへ草』（巻一、一八七二）に、前述した『貧しいリチャードの暦』からの一節が訳出してあることから、彼がフランクリンのことを知っていたことは確かですが、そうした些末な証拠以上のものは見当たらないんですね。しかし明治時代、長きにわたって日本に滞在した著名な日本学者であるバジル・ホール・チェンバレン（Basil Hall Chamberlain, 1850-1935）が書いた福沢の略伝の中に、「彼の務めは日本国民を東洋主義から脱却せしめ欧化すること、というか、より正確には、アメリカ化することであった。彼がアメリカで見いだしたものは民主政治であり、簡素な家庭生活であり、常識的経験主義であり、『フランクリン主義（FRANKLINISM）』とでも名付けるべきものであったが、それらが福沢の強靱《きようじん》で、実際的ではあるが、多少詩趣には欠ける知性にぴったり適していたのである」（平川祐弘『進歩がまだ希望であった頃』（講談社学術文庫）三六‐三七頁より抜粋、傍点筆者）と記したことからも窺《うかが》えるように、両者の間には境遇・性格・業績・評価等において極めて似通ったところがありました。そのことはフランクリンの『自伝』と福沢の自伝たる『福翁《ふくおう》自伝』（一八九九）を読み比べても明らかなのですが、両者あまりにも似通いすぎて、福沢としては「フランクリンの考えそうなことは自分の考えそうなこと、だからあえて引用するまでもない」というような気分だったのではないでしょうか。

で、そのゴリゴリの「フランクリン主義者」たる福沢諭吉が書いたのが、一八七二年から七六年にかけて分冊形式で出版された『学問のすゝめ』です。そう、「天は人の上に人を造らず人の下に人を造らずと言えり」という冒頭の一節が極めて有名なアレですね。

ちなみに、この冒頭の一節は、「独立宣言作成五人委員会」の委員であったトマス・ジェファソンの発案になる“All men are created equal”なる一文を福沢流に意訳したものです。実はこの一文、元はもっと複雑な文章だったのを、同じく五人委員会の委員であったベンジャミン・フランクリンが現行の素直な英文に書き直したと言われていて、その平易で明快な表現に福沢が敏感に反応したのだとすれば、ここでもフランクリンと福沢は時代と国境を越えて交叉したと言えないこともない。ともあれ、日本のベンジャミン・フランクリンとも目すべき福沢諭吉が書いたこの『学問のすゝめ』は、トータル三四〇万部が売れて、明治時代を代表する大ベストセラーになります。

では、一体どうしてこの本はベストセラーになったのか？明治以前の日本、つまり江戸時代の日本には「士農工商」という身分制度がありました。侍の家に生まれたら代々ずっと侍、商人の家に生まれたら代々ずっと商人、農家に生まれたら代々ずっと農民ということで、社会的な流動性というものはなかったんですね。

ところが明治時代に入ってこの身分制度が撤廃されると、たとえ農家や商家に生まれても、その人の志と能力次第で政府の主だった役職に就けるようになった。貧しい家庭に生まれても、努力次第で偉くもなれ、果てはお金持ちにもなれる。つまり「出世」が可能な世の中になったわけです。

しかし、そうは言っても、生まれつき身分の低い人間はどうすれば出世競争に参加できるのか、具体的にどこから手をつければいいのか、という問いは残る。

この問いに対して、福沢は「人は生れながらにして貴賤貧富の別なし。ただ学問を勤めて物事をよく知る者は貴人となり富人となり、無学なる者は貧人となり下人となるなり」（『学問のすゝめ』岩波文庫、一二頁、傍点筆者）と答えた。要するに「勉強すりゃいいんだよ！」と言ったんですね。つまり、ベンジャミン・フランクリンと同様、自助努力こそが出世の道だと説き、その具体的なノウハウとして「学問すること」を人々に勧めた。その意味で、『学問のすゝめ』は今で言うＪＫＢに相当するものであったことは間違いなく、フランクリンの『自伝』が「アメリカ初のＪＫＢ」と呼ばれているように、『学問のすゝめ』が「日本初の自己啓発本」と呼ばれるのも、故無きことではないんです。

JKBが普及する条件

さて、ここまで説明してきますと、どうして自己啓発本がアメリカと日本でだけ突出して売れるのか、という謎に対する答えも、自ずと判明することでありましょう。

アメリカの場合は、厳格なカルヴァン主義に基づくピューリタニズムが蔓延していた社会がまずあって、それが時代の進展と共にその厳格さが薄れ、「人間、生前の努力次第で天国に行けるようになるかもしれない」という希望的観測が生まれてきた時に、「では、努力して自分の運命を変えよう」という機運が生じてきた。

他方、日本の場合は士農工商の身分制度が厳格に定められていた社会がまずあって、その社会システムが政治的変革によって崩壊したのを機に、「人間、努力次第で自分の運命を変えることができるかもしれない」となった時に、「では、努力して自分の運命を変えよう」という機運が生まれてきた。そしてそういう機運が出てきた時に、それを実現するためのノウハウを伝える役割を果たしたのが、アメリカの場合はベンジャミン・フランクリンの『自伝』であり、日本の場合は福沢諭吉の『学問のすゝめ』であった、と。

つまり、宗教的なものであれ、封建的なものであれ、とにかく固定的な身分制度が長く続いていた国において、何らかの理由でその不動の身分制度にほころびが生じ、「努力次第で自分の運命を良い方に変えることは可能である」という機運が生じた場合、そこに初めて「自己啓発思想」なるものが生まれ、「自己啓発本」なるものが書かれるようになるのであって、この二つの条件を二つながらに満たした国が、片やアメリカであり、片や日本であったと。

だからこの二つの国においてのみＪＫＢは栄える——とまあ、そういうことだったんですね！

自助努力する国は栄える

さて、ここまで「自己啓発思想／自己啓発本」が生まれた経緯と、それが生まれる条件について述べ、世界に数多《あまた》ある国々の中でも特にアメリカと日本の中でだけＪＫＢが売れる理由について説明してきましたが、ご理解いただけたでしょうか。

しかし、ここでもう一つ言っておかなければならないことがあります。ＪＫＢが売れるのは、アメリカと日本だけ。しかし、アメリカと日本にはもう一つ、共通することがあるんです。それは何か。

両国とも、ものすごい勢いで短期間に近代化に成功した、ということですね。

それはそうでしょう。だってこの二つの国の国民は『フランクリン自伝』と『学問のすゝめ』を読んで、成功者が語る成功の秘訣を学び、それを真似て一生懸命自助努力し、少しでも現状を改善しよう、人の役に立とう、何とか出世しよう、お金を儲けよう、成功しよう、幸せになろうと懸命に働いたのですから。国民の大半が上昇志向の夢に踊らされ、「二十四時間、戦えますか」とばかりに無我夢中で頑張るんですから、そりゃ、国が栄えないわけがない。近代化って、そういうことでしょ？

だとすれば、極言すると、「努力しよう、自分の運命は自分で切り開こう」という機運を高めたという点で、ベンジャミン・フランクリンの『自伝』がその後のアメリカの近代化を準備したと言えるし、福沢諭吉の『学問のすゝめ』が、その後の近代日本の在り方を決定づけたとも言える。またそう考えると、ベンジャミン・フランクリンと福沢諭吉が、共にそれぞれの国の高額紙幣の顔になっているという事実も、一層深く納得されるのではないでしょうか。

いずれにせよ、今、アメリカ人と日本人が、世界平均から見て相当高い生活水準を保って暮らしていられるのも、つまるところフランクリンの『自伝』と福沢諭吉の『学問のすゝめ』のおかげであり、この二著を手始めとして、その後連綿《れんめん》として書き継がれた数多の「自助努力系JKB」のおかげだと言っても、さほど大きな間違いではないのではないか。

優れた文学作品というのは、時として人の考え方を変え、生きる希望を与え、その人の人生を一変してしまうほどの力を持つことがあります。だとしたら、人の考え方どころか、一国の在り方すら一変してしまう力を持つ文学作品は？　やはり優れたものだと思いませんか？

私がJKB、すなわち「自己啓発本」なるものを高く評価し、肯定的な観点から研究し続けているのも、これがそれだけの力を持つ偉大な文学ジャンルだと思っているからなのです。だからこそ、他の研究者からどんなに叱責されようとも、私はこの「下世話」な文学の面白さから目を逸《そ》らすことができないんですね。

この章を読んで「面白い！」と思った人に、以下に挙げる本をおススメします。

・ベンジャミン・フランクリン『フランクリン自伝』岩波文庫
・福沢諭吉『学問のすゝめ』岩波文庫
・福沢諭吉『福翁自伝』岩波文庫

Coffee Break

異色の師弟関係、スウェーデンボルグとヘレン・ケラー

本章では自己啓発思想のバック・ボーンともなったエマニュエル・スウェーデンボルグの思想に触れましたが、この人のことを初めて聞いたという方も多かったと思います。

とは言え、スウェーデンボルグというのは一般に思われている以上に影響力の大きい人で、皆さんもよくご存じの有名人の中にも、彼の影響を強く受けている人は大勢います。例えば哲学者で言うとイマヌエル・カントであるとか、ラルフ・ウォルドー・エマソンがそうですし、文豪では何と言ってもゲーテがそう。また、同じく文豪のドストエフスキーやバルザック、ユーゴー、それにエドガー・アラン・ポーなどもスウェーデンボルグの信奉者でした。日本では仏教学の鈴木大拙《だいせつ》がスウェーデンボルグの良き理解者であったほか、キリスト教関係者では内村鑑三《かんぞう》とか賀川豊彦《かがわとよひこ》などが、スウェーデンボルグから大きな影響を受けた人として知られています。

ところで、今、名前を挙げてきた人たちは、哲学者であったり作家であったり、ある

いは宗教関係の人たちですから、彼らがスウェーデンボルグの信奉者だったということは、まあ、理解しやすいでしょう。しかし、ヘレン・ケラー（Helen Adams Keller, 1880-1968）が熱狂的なスウェーデンボルグ主義者だったと言ったら、少し、意外な気がしないでしょうか？　でも、そうなんです。サリヴァン先生の指導の下《もと》、三重苦（見えない、聴こえない、話せない）を克服した「奇跡の人」ヘレン・ケラーは、先に名前を挙げたどの人と比べてもそれ以上に、徹頭徹尾《てっとうてつび》スウェーデンボルグ主義者でした。そのことは、ヘレン・ケラーが書いた『わたしの宗教』（*My Religion*, 1927）という本を読むとよく分かります。

ヘレン・ケラーは、サリヴァン先生の指導によって暗黒の幼少期を抜け出して以来、点字聖書の熱心な読者であったのですが、そこに描かれた「怒る神」のイメージには辟易《へきえき》していました。神様ともあろうお方が、「お前ら、みんな地獄に落とすぞ！」とか言ってやたらに脅すばかりで、ちっとも人間の幸福に貢献していないではないかと。また、キリスト教の教義の一つである「三位一体《さんみいったい》」という概念にも馴染《なじ》めませんでした。神が「父・御子・御霊」に三分割される、などということは、彼女には到底信じられなかったんですね。

で、どうも既存のキリスト教は自分には合わないなあと思っていたちょうどその頃、ヘレン・ケラーはスウェーデンボルグの著作の点字本に出会います。で、これを読んだ彼女はスウェーデンボルグに「どはまり」すると。

ヘレン・ケラーに言わせれば、スウェーデンボルグは凡百の預言者／神学者とは格が違う。なにせ十八世紀当時として最先端の科学者であったことに加え、後半生には天界との間を自由に行き来する特殊能力を身につけ、彼自身が実際にその目で見た天界の様子を踏まえつつ、それを元に新しい神学を興した人なのですから。で、そんな超絶すごい人が「本来のキリスト教とは、これこれこういうものだ」と仰《おっしゃ》っているんだから、凡人としては信じて従うしかない、というのがヘレン・ケラーの『わたしの宗教』における主たる主張なんです。

はい、ここで「ヘレン・ケラー、単純すぎない!?」って言うのは簡単です。しかし簡単にそうと決めつけられないところがある。ヘレン・ケラーがスウェーデンボルグのいわゆる超能力、すなわち、天界へ自由に行き来できたという話をあっさり鵜呑《うの》みにしたことについては、それなりに理由があったんですね。

ヘレン・ケラーは一歳半にして視力・聴力を失い、完全なる暗黒の世界に沈んでいました。ただ食べて寝るだけの生。それがサリヴァン先生の超人的な努力もあって、「水」を表す言葉があるということに、幼いヘレン・ケラーはついに気づいた。で、その小さな突破口からヘレン・ケラーの暗黒世界に光が射し込んだおかげで、彼女は言葉なるものの存在を知り、思考することを知り、それを表現することを知ったんですね。そして、そこに光り輝く「世界」が現れた。

そういう経験をしている人からしたら、スウェーデンボルグの天界経験の話は、実にリアルなものと映ったでありましょう。スウェーデンボルグもまた長くこの世の暗黒の中にいて、それがある時、急に超能力を授かり、その突破口から天界なるものの存在を知り、新しい真理に到達することができたわけですから。だからヘレン・ケラーがスウェーデンボルグのこと、そしてスウェーデンボルグが体験したことを、自分自身が自然界を知るようになっていった体験から推して、まるで我がことのように理解したというのも当然のことでした。事実、ヘレン・ケラーは本書の中でこう言っています。「眼が見えず、耳が聞こえない者にとって、霊の世界を想像するのは難しいことではありません。大多数の人々にとって霊的な事象が漠然としていて遠いものであるのと同じように、障害をもつ私の感覚にとっては、自然界のほとんどすべての事象が漠然としていて遠いのです」（『私の宗教』未來社、一九〇頁）と。

さらに、伝統的なキリスト教の教義に馴染めなかったヘレン・ケラーにとって、スウェーデンボルグの新しいキリスト教解釈は十分に納得のいくものでした。スウェーデンボルグは「三位一体」説を誤謬《ごびゅう》として論破していましたし、人間を気ままに地獄に突き落とす意地悪な人格神を否定していたのですから、ヘレン・ケラーとしたら「わが意を得たり」というところだったでしょう。

その上、スウェーデンボルグの説く神は善そのものであって、そもそも天界には悪などというものはない。どんな悪人でも、天使たちがしっかりコーチングしてくれて、少しでも善の方に向かうようトレーニングしてくれるから心配なし！　誰もが人の役に立つようなことをしながら暮らしているのが天界というものであって、それは素晴らしい世界ではあるけれども、わざわざ死んで天界に行くまで待つ必要はない。この世にいるうちに、天界におけるのと同じように、誰もが人の役に立つよう頑張ればいい。この世のすべての人間がそれをやったら、それこそが「新しいエルサレム」の降臨ではないか！　天国は、この地上にある！

……とまあ、今述べたようなスウェーデンボルグの新しい教説は、ヘレン・ケラーが幼い時から抱いていた聖書への疑問、聖書が描く神への疑問を一気に氷解させる体《てい》のものだったんですね。しかもそればかりでなく、「地上に天国を建設することは可能だ」とするスウェーデンボルグの大胆なまでのポジティヴさもまた、ヘレン・ケラーには心に響くものでした。ヘレン・ケラーも、根っからのポジティヴな人でしたからね。それはそうでしょう。ポジティヴでなければ、三重苦を乗り越えることなどできるわけがないのですから。で、そういうポジティヴ体質なヘレン・ケラーからすれば、聖書を、天界の在り様を、そして地上世界のあるべき姿を、ポジティヴに捉え直したスウェーデンボルグは、とんでもないヒーローに見えたことでありましょう。

というわけで、『私の宗教』という本は、「スウェーデンボルグ推し」一点張りのヘレン・ケラーの、ファン心理満載の本だったのでした。

しかし、実を言いますと、ヘレン・ケラーのスウェーデンボルグ推しには、非常に危険なところもあるんです。

スウェーデンボルグが「仕事を通じて人の役に立つ」ということを重視していた、という話は本章の中でもしましたが、このスウェーデンボルグの教説に含まれる「人の役に立つ」という部分については、当然のことながら、ヘレン・ケラーもまた大いに重視していました。

しかし、そうなりますと、「仕事ができない人／人の役に立たない人」については、どう考えるべきなのか？

実はここがヘレン・ケラーの闇でありまして、ヘレン・ケラーの信奉者はあまり触れたがらないのですが、ヘレン・ケラーは実は「優生学」の支持者でもあったんですね。つまり、障害があるなどして「仕事ができない人／人の役に立たない人」は、安楽死させるべきであると考えていたんです。

えーーーーって思うでしょ？　私も最初、それを知った時には仰天しました。ヘレン・ケラー自身だってすごく重い障害を抱えていたのに、なんでそんなことを考えるの？と。

おそらくですけれども、ヘレン・ケラーは、自分のことは棚に上げたんですね。自分は重い障害を撥《は》ね退《の》けて、ついに「仕事ができる人／人の役に立つ人」になったという自覚と自負があったのでしょう。で、それだけに、そうでない人はこの世に生きる資格がないと考えたのでしょう。

とまあ、スウェーデンボルグとヘレン・ケラーの奇妙な師弟関係を考えると、人がスウェーデンボルグの教説の何に惹かれるのかということも分かるし、それと同時に、スウェーデンボルグの教説に惹かれる人のどこに闇があるのか、ということも分かる。その意味でヘレン・ケラーという人は、スウェーデンボルグという特異な人間とその教義を理解する上で一種の補助線になり得るし、逆にスウェーデンボルグを補助線にしないと、ヘレン・ケラーという人は理解できないだろうと、私は思うのです。

Chapter 2

「自助努力系自己啓発本」の系譜

インサイド・アウトの「静かな革命」

前章ではJKB（＝自己啓発本）の誕生経緯についてお話ししてきましたが、ここで改めて押さえておくべきことは、JKBというものが自分自身の改善を促す「自助努力系自己啓発本」として始まったということです。今の生活、今の環境が自分にとって納得できないものであるなら、まずは自分で努力を重ねることで自分自身をステップアップしなさい、そうすれば自分の能力の高まりに伴って活躍の場も増え、人望も厚くなり、やがては自分の望むだけの地位を摑み取ることができるようになるから、ということですね。

要するに「まず自分自身を変えろ、そうすればお前を取り巻く世界が変わる」ということ。こういう考え方のことを、我々JKB業界（？）の人間は「インサイド・アウト」という呼び方をします。これは「自分（＝インサイド）を変えることで、世界（＝アウトサイド）が変わる」という意味で、世界を変える一つの方法のこと。

ところで、世界を変える方法と言えば、もう一つ、「革命」というものがあります。例えば絶対王政時代のように、絶対的権力を握った王様が威張っているせいで国民が苦しい暮らしを余儀なくされる、ということがある。で、これではいかん、こんな世界は変えなきゃいかん、というので革命を起こし、王様をギロチンにかけて共和国にする。それで国民の暮らしが良くなったとしたら、これは「（絶対王政という）世界の在り方を変えたら、そこに住む人の暮らしが良くなった」ということになります。だからこの種の血なまぐさい革命は「アウトサイド・イン」の考え方に基づいた世界の変え方なんですね。

このように世界を変える方法には「アウトサイド・イン」と「インサイド・アウト」の二つがあるわけですが、両者を比べると、むろん、前者の方が先に存在していました。それは当たり前で、誰だって「自分の暮らしが苦しいのはすべて社会の在り方（＝世界）が悪いからだ」と考えたくなるもの。ですから昔は、世界を変えるには「アウトサイド・イン」の方法しかないと思われていたんです。王様をギロチンにかけろ！　と。

そこへ「いやいや、そうじゃなくて、まず自分自身が変わってご覧なさい、そうすればあなたを取り巻く世界が変わるから」ということを主張する自己啓発本が十八世紀のアメリカで生まれ、「インサイド・アウト」の発想を大胆に提示したのですから、考えてみればこれは思想史上の大事件であったはず。

ＪＫＢの登場は、その意味で、「静かな革命」だったんですね。そして、その革命は、少なくともアメリカにおいては、確かに成功しました。

実際、アメリカにおける「自助努力系ＪＫＢ」というのは、ベンジャミン・フランクリンの『自伝』を手始めとして、以後、連綿として書き継がれています。そして、その中には今でも読む価値のあるものが少なくない。

もう一人の巨人：アンドリュー・カーネギー

例えば、ベンジャミン・フランクリンの『自伝』と並ぶもう一つの「自伝系ＪＫＢ」として名高いのが、アンドリュー・カーネギー（Andrew Carnegie, 1835-1919）の『カーネギー自伝』（*Autobiography of Andrew Carnegie*, 1920）です。

アンドリュー・カーネギーは一八三五年、スコットランドに生まれました。彼の父親はバリバリのスウェーデンボルグ主義者で、織工だったのですが、産業革命によって小規模な機織《はたお》り業者は仕事がなくなってしまった。で、生活に窮《きゅう》した一家はカーネギーが十三歳の時にアメリカ・ペンシルベニア州にある工業の町ピッツバーグに移住。一家に経済的余裕がなかったため、カーネギーは満足に学校に通えず、十五歳の時に週給二ドル半で電報配達員の仕事に就いたのをはじめとして、以後、ひたすら勤労生活を営むようになります。

ところが、やはり将来大物になる人というのは、違うんですね。まず仕事に取り組む熱心さが違う。微々たる給料も節約して貯蓄に回す。数少ない休日は図書館に通ってシェイクスピアを読み、自らの教養を高めることに有効利用するといった具合。

しかしカーネギーの一番すごいところは、今任されている仕事に全力を尽くすのみならず、自分より上の地位の人の働きぶりをよく観察してその人の仕事を見憶えてしまうこと。つまり次に任されるかもしれない仕事への準備を前もってしておくことを常に心掛けていたんですね。だから電報の配達員をしていた時、他の同年代の仲間たちが配達の仕事だけをして、暇があれば遊び惚《ほう》けていたのに対し、カーネギーは電信のやり方を見よう見まねでマスターしていた。そしてその技能が認められ、他の仲間たちが相変わらず同じ週給で電報配達をしていた時に、一人だけ週給二十五ドルの電信技士補に出世する。

電信技士となったカーネギーは、やがてその腕を見込まれてヘッドハントされ、ペンシルベニア鉄道会社に転職するのですが、そこでも自分の仕事を全《まっと》うすると同時に上司の仕事をも見憶えてしまいます。そしてチャンス到来！　鉄道事故によるダイヤの大幅な乱れが生じた際、たまたま不在であった上司に代わって立ち往生している各列車に電信を打ち、適宜「運行」と「待避線で停止」の指示を出して、単線のペンシルベニア鉄道全線で一つの衝突事故を起こすことなく、見事にダイヤの遅れを取り戻すという離れ業《わざ》をやってのける。そんな調子ですから、鉄道会社の上層部としてもカーネギーの傑出した働きぶりに注目しないわけにはいかず、彼はトントン拍子《びょうし》に出世していくことになると。

ところが、ここがまたカーネギーのすごいところなんですが、彼はどんな時にも決して現状に満足せず、常にその次を目指すんです。だから就職した鉄道会社で出世街道を駆け上がりつつも、その状況に満足しようとは思わなかった。アメリカにおける鉄道の著しい発達を目にし、また南北戦争中の軍需から鉄鋼の値段が高騰《こうとう》するのを眺めながら、十九世紀後半のアメリカは「鉄の時代」になるだろうと見抜いたカーネギーは、鉄道業から鉄鋼業への転身を図ります。そして小さな鉄鋼会社から始めて次々と買収・合併を重ね、ついに一八八九年、アメリカ最大の鉄鋼会社「カーネギー鉄鋼会社」を創業、業績は順調に伸びて文字通りの「鉄鋼王」となった彼は巨万の富を築くことになる——無一物でアメリカにやってきたスコットランド人の少年は、己の才覚と努力一つで、たかだか四十年ほどの間にとんでもない資産家に成り上がったわけです。

とまあ、そんな一実業家の胸のすく快進撃が綴《つづ》られているのですから、『カーネギー自伝』が面白くないはずがない。本書を読んでいる十四歳のあなたにも、この本は強くお薦めします。カーネギーがキャリアをスタートしたのは十五歳の時、まさに今のあなたと同じくらいの歳だったのですから、この『自伝』をＪＫＢと見なし、「常にその次を目指し、準備する」というカーネギー流の「成功哲学」を見習って、自分の人生に活かすというのはいかがでしょうか。

免罪符の発見

ところで、この『カーネギー自伝』は、痛快極まりない立志伝にして優れた「成功哲学系ＪＫＢ」でもあるということの他にもう一つ、非常に重要なポイントがあります。

カーネギーは一九〇一年、四億八千万ドルという、当時のアメリカの国家総資産の四％と言われる額で自社を売却し、ビジネスから引退するのですが、以後、クラシック音楽の殿堂

「カーネギー・ホール」をニューヨーク市に寄贈したり、自らのモットーである「我が心は仕事の中にあり」という言葉を校是とする「カーネギー・メロン大学」を創立したのをはじめ、アメリカ中の主要都市に図書館を建てたり、薄給に甘んじて研究・教育に打ち込むアメリカ中の大学教授を援助するための基金を設立したり、英雄的行為で亡くなった人（例えば川で溺れた子供を助けようとして自ら命を落とすなど）の遺族の生活を支えるための基金を設立するなど、様々な慈善活動に打ち込み始めるんですね。『自伝』後半は、そうした数々の慈善活動の記録になっていると言ってもいい。

　では一体なぜカーネギーは、あたかも稼いだ巨額の富の大半を社会還元しようとするかのように、後半生を慈善事業に捧げたのか？

　第1章でも述べたように、アメリカはもともとピューリタンが作った国で、宗教的に厳格なお国柄ですから、ここに住む人々は元来、蓄財という行為に対して、あまり良い感情を持っていません。新約聖書にも「金持ちが天国に入るより、らくだが針の穴を通る方がまだ易《やさ》しい」と書いてありますからね。ですから大金持ち、それも億万長者と言われる人々ともなると、たとえそれが裸一貫から不正なしに稼いだお金であったとしても、批判の対象にならないとは限らなかった。事実、十九世紀に巨万の富を築いたビジネス界の巨人たち、例えば毛皮貿易や不動産業で財を成したジョン・ジェイコブ・アスター（John Jacob Astor, 1763-1848）や「鉄道王」と呼ばれたコーネリアス・ヴァンダービルト（Cornelius Vanderbilt, 1794-1877）、「銀行王」と称えられたジョージ・ピーボディ（George Peabody, 1795-1869）やジョン・ピアポント・モルガン（John Pierpont Morgan, 1837-1913）、それに「スタンダード・オイル」を創業した「石油王」ジョン・D・ロックフェラー（John Davison Rockefeller, Sr., 1839-1937）といった人々は、成功者の鑑《かがみ》として崇《あが》められる一方、一部では「泥棒男爵」（robber baron）と陰口を叩かれていたのですから、アメリカで大金持ちになるのは、ある意味、人から後ろ指を指されるような後ろめたいことでもあったんですね。

しかし、そんな中、アンドリュー・カーネギーは、その後半生において、かつてない規模の大がかりな慈善活動を行うことで蓄財のマイナス・イメージをプラスに変えてしまった。たとえ巨万の富を稼ぐという良からぬ行為をしたとしても、後半生においてその富の大方を社会還元のために注《つ》ぎ込むのであれば、それは必ずしも非難の対象にはならない――そのような暗黙の免罪符を作ることによって、蓄財行為を社会的に是認させることに成功したんです。

いや、巨額のお金を慈善事業に費やした大富豪というのは何もカーネギーが最初というわけではなく、彼以前にも慈善家は大勢いました。しかしカーネギーは慈善事業を「大富豪となった者が負うべき社会的責任」として捉え、しかもそのことをベストセラーとなった『自伝』の中で声を大にして主張したところが、彼以前の慈善家たちと異なるところであって、これが蓄財行為のイメージ・アップにつながったんですね。ですからアメリカで大富豪が顔を上げて堂々と表を歩けるようになったのは、「鉄鋼王」にして「慈善王」でもあるカーネギーのおかげであると言っていい。

つまり、『カーネギー自伝』というのは、世間の人々に大金持ちになる方法を教えただけでなく、成功して大金持ちになった資産家たちに、蓄財した金の正しい使い方を教えた本でもあったわけ。ビル・ゲイツやウォーレン・バフェットなど、現代のアメリカの資産家たちがなぜ人生の後半に至って慈善事業や寄付に熱心に取り組むのか、その謎を解く鍵は、実は『カーネギー自伝』にあったんです。

「JKBライター」の誕生

さて、ここまで『カーネギー自伝』が自伝としてのみならず、自助努力による成功哲学を説いたJKBとしても読まれたということを述べてきたわけですが、「金ぴか時代」とも呼ばれた南北戦争後の四半世紀、あるいは第一次世界大戦後の好景気に沸いた一九二〇年代といったアメリカのバブル期において、『カーネギー自伝』以外にも、この時代の成功者たちの言行録が自助努力系／成功哲学系JKBとして読まれるということは多々ありました。

例えばサーカス興行で人気を博し、「興業王」と呼ばれたP・T・バーナム（Phineas Taylor Barnum, 1810-91）の著書『富を築く技術』（一八八〇）や、「発明王」ことトーマス・アルヴァ・エジソン（Thomas Alva Edison, 1847-1931）の伝記である『メンロパークの魔術師』（一八八七）は立派なJKBですし、とりわけエジソンの発言として知られる「天才とは一％のひらめきと九九％の汗である」は、自助努力の大切さを伝える格言として今なお「そんなの常識」の範《はん》疇《ちゅう》と言えるでしょう。その他、片言の英語も話せないオランダ移民としてアメリカに渡り、後にジャーナリズムの世界に入って『レディース・ホーム・ジャーナル』という女性雑誌を国民的雑誌にまで育て上げたエドワード・ボック（Edward Bok, 1863-1930）の『エドワード・ボック自伝』（一九二一）や、「T型フォード」を作ってアメリカのモータリゼーションに革命を起こしたヘンリー・フォード（Henry Ford, 1863-1947）の自伝『私の人生と事業』（一九二二）、さらにはアメリカ西海岸の石油王ことジャン・ポール・ゲッティによるそのものズバリの著書『いかにして金持ちになるか』（一九六一）等々、成功者の書いたＪＫＢというのは、数え上げれば相当な数に上ります。

では、この時代に出版された自助努力系／成功哲学系ＪＫＢは、自ら成功者となった人たちによってのみ書かれたのかと言うと、実は必ずしもそうではありません。十九世紀も最後の四半世紀に入る頃になると、文章を書くことを生業《なりわい》としている人々、つまりプロのライターが、世の様々な成功者たちの成功の軌跡を読み物として綴り、それが自己啓発本として出版されるということも出てくる。いわゆる「ＪＫＢライター」の登場です。

サミュエル・スマイルズと『自助論』

自分自身は成功した実業家ではないが、そうした成功者たちの逸話を集め、彼らの成功の秘訣を探り、それを書き物として公表する――それがＪＫＢライターの仕事ということになるわけですが、このような意味でのＪＫＢライターの最初期にして最も有名な例はと言えば、おそらく多くの人がスコットランド人の作家、サミュエル・スマイルズ（Samuel Smiles, 1812-1904）を指呼することでしょう。そう、「ＪＫＢライターが書いた自助努力系／成功哲学系ＪＫＢ」に関しては、アメリカよりもスコットランドが先行したんですね。

スコットランドはエマニュエル・スウェーデンボルグ信者の多い土地柄であり、先に紹介したアンドリュー・カーネギーもスコットランド出身ですが、それと併せてこの地がサミュエル・スマイルズの故郷であることを考えると、スコットランドという国と自己啓発思想の親和性について思いを巡らせたくなってきます。が、それについてはまた別な機会に譲るとして、ここでは詳しくは述べません。

さて、そのサミュエル・スマイルズですが、彼が書いた自助努力系ＪＫＢこそ、一八五九年に出版されたかの有名な『自助論』（*Self-Help*）です。タイトルからしてこの本が自助努力系ＪＫＢであることが見え見え——と言うよりもむしろ、この本があまりにも有名になったので、自己啓発本全般を指す英語が「Self-Help book」に定まったと言ってもいいくらい、それほど有名な本。

では、その『自助論』とはどのような本なのか？

この本の成立由来については序の部分にスマイルズ本人が書いているのですが、それによるとスコットランド北方にあるリーズという町に貧しいながらも志ある勤労青年たちがいた。彼らは自分たちの教養を少しでも高め合おうと労働の合間に寄り集い、仲間内で特定の話題に詳しいものがその都度教師の役割を果たす形で自主運営の学習会を運営していたんですね。そしてその寄合のメンバーが百人を超すほどにもなったところで、この際、皆で少しずつお金を出しあって専門の講師を雇おうということになり、医者として開業しつつ文筆業もしていたスマイルズのもとを訪れ、何か自分たちの学習意欲を高めるような話をしてくれと依頼した。

で、この若き労働者たちの燃え盛る向上心に打たれたスマイルズは、彼らのリクエストに応えるべく、できるだけ啓発的な話をしようと、過去の偉人たちがどのようにしてそれぞれの偉業を達成したかを物語る逸話を集めて語ったのですが、そうしたら、これが非常な評判になった。そればかりか、スマイルズの講演を聞いて大いに発奮し、以来努力を重ねて自分の望む地位を得ることができた、と後になって礼を言いに来る人まで出てくるようになり、これに手応えを感じたスマイルズは講演録を元に『自助論』を書き上げた——とまあ、これが『自助論』の成立経緯なんですね。

実際、『自助論』はまさに血湧き肉躍る偉人たちのエピソード集と言っていいもので、長くて数ページ、短いものになると一ページにも満たないような逸話が、それこそ何百と並んでいる。

例えば「新機器を発明創造する人を論ず」という章では、蒸気機関を発明したジェームズ・ワットや、紡績機を発明したリチャード・アークライトが、それぞれの発明を実現するまでにどれほど苦心に苦心を重ね、貧しさに耐え、誹謗《ひぼう》・中傷に耐えたか、また彼らの奮闘努力によっていかに英国民が多大な利益を被《こうむ》ったか、といったことが書き連ねてある。また「勤勉して心を用うること」という章では、ニュートンが引力の法則を発見したのは、ただリンゴが落ちるのを見たからではなく、常日頃からこの問題にひたすら取り組んだ勤勉の結果であることや、スコットランドの文人であるウォルター・スコットが、官吏としての仕事を果たす傍ら数多くの歴史小説をものしたのも、登庁前の早朝の時間を活用して執筆を続けた、その刻苦勉励《こっくべんれい》の賜物《たまもの》であったことが論じられる、といった調子。要するに努力・忍耐・勤勉・継続といった美徳が、いかに才能・学歴・財力の不足を補い、人を成功に導くか、といったことを豊富な実例によって明らかにしていくというのが、本書の趣旨なんですね。

しかし、ここで強調しておかなければならないのは、本書が称揚するのは、結果としての

「成功」ではなく、むしろその過程としての「努力・忍耐・勤勉・継続」の方であるということ。

つまり、スマイルズが本書を通じて言わんとしているのは、「成功するかしないかは時の運だが、成功した人に共通するのは、彼らが一様に何らかの『美徳』を持った人たちであった」ということなんですね。ですから、本書にずらりと並んだ各種エピソードの中でもとりわけ面白いのは、成功者の成功エピソードよりもむしろ、人格の陶冶《とうや》を論じたエピソードの方。

例えば「真正の君子を論ず」という章にこんなエピソードがある。ある貴族がある村を通りかかったら、大雨の後の川の氾濫《はんらん》で一軒の家が流されそうになっていて、しかもその家にまだ人が取り残されていた。で、その窮地を見た貴族が村人を呼ばわって、「あの人を助けたものには報奨金を出そう」と言ったところ、一人の若者が名乗り出るや、勇敢にも荒れる川に舟を漕ぎ出していって、見事、救出に成功した。で、これを見た貴族がたいそう喜んで、この若者に褒美《ほうび》をとらせようとしたところ、その若者曰《いわ》く「私は自分の命を金で売るようなことはしな

い。むしろこの苦境にあって困っているのは、家を流された人の方なのだから、その金はその人に渡してくれ」と。で、サミュエル・スマイルズ曰く、卑しい身分の人間の中にも、こういう気概を持っている人がいる。これこそ、君子と言うべきではないのかと。

また同じ章に、ナポレオン時代のフランスの将軍・ネーの人柄を語ったエピソードもあります。ネー将軍がイギリスとの戦いの中で捕虜を得たところ、イギリス軍から、その捕虜たちが無事かどうか、問い合わせが来た。そこでネー将軍は、「捕虜本人に『無事だし、フランス軍の捕虜の扱いも良い』と答えさせよと命じた。ところがその件を報告にきた下士官がまだモジモジしている。そこでネー将軍が「他にも何かあるのか？」と問うと、「実はその捕虜には、年老いた目の不自由なおっ母《か》さんがいまして、息子の無事を国で心配しておるそうなのですが……」と。それを聞いたネー将軍、静かに微笑みながら「そうか、老母が心配しておるのか。それならば、その捕虜に母親のところに直接行かせて、無事だと告げさせよ」と。総大将・ナポレオンから大叱責をくらうのは覚悟の上で、ネー将軍は勝手に捕虜を解放してしまったんですね。

この一件について後で報告を受けたナポレオンはどうしたかというと、捕虜に対するネー将軍の寛容な処遇を褒めた。さすがはナポレオン！　で、この二人の軍人の微笑ましいエピソードを通じてスマイルズが言わんとしたのは、「人の上に立つ者は、このぐらいの寛容さがなければならぬ」ということだったと。

とまあ、本書全体の趣旨としては、持って生まれた才能や家柄ではなく、地道な努力を習慣づけることによって道を拓いていけば、大抵の場合偉業は達成できるし、たとえ達成できなかったとしてもその努力によって立派な人格が陶冶される。そしてそれらの人々の偉業と人格は、いずれ何らかの形で後世に語り継がれるのだから、どちらにしても素晴らしいことと言わざるを得ない。だから人として生まれた以上、心して自助努力の人生を送らなければならない、と、そういうことなんですね。

さて、このスマイルズの『自助論』は、今読んでも非常に痛快な本なのですが、この本、日本では啓蒙思想家の中村正直《まさなお》（一八三二 - 九一）によって『西国立志編《さいごくりっしへん》』と題して明治三年から翌年にかけて翻訳されると、たちまち百万部が売れたと言われ、ほぼ同時期に出版された福沢諭吉の『学問のすゝめ』と共に明治時代を代表する大ベストセラーとなります。『西国立志編』は何と言っても舶来のものですから、それ自体に新鮮味がありましたし、それに加え、そこで語られている教訓は儒学思想とか武士の倫理などと並べてもまったく齟齬《そご》がないので、当時の日本人からすればとても受け入れやすいものでもあったんですね。先にも述べたように、この時代、士農工商の身分制度が崩れたことから社会的流動性が高まる一方、封建制度の支柱とも言うべき「仁・義・礼・智・信」を尊ぶ儒教の教えが力を弱めつつあって、「いかに人生を生きていくべきか」という方向性を多くの人々が失いかけていた。そこへ持ってきてサミュエル・スマイルズが「天ハ自ラ助クルモノヲ助ク」（＝だから努力・忍耐・勤勉・継続を通じて自らを修養せよ！）と言ったのですから、この本が、明治初期の日本人にとってどれほど頼り甲斐《がい》のある「指針」となったかは、容易に想像できるのではないでしょうか。

かくしてこの本は明治後期から始まる「修養ブーム」（そもそも「修養」という言葉自体、culture／cultivation という英単語の訳として中村正直が考案したもの）の先駆けとなり、「日本の資本主義の父」と呼ばれた実業家渋沢栄一、鹿鳴館《ろくめいかん》や帝国ホテルを設立したことで知られる大倉財閥の総帥大倉喜八郎、豊田式織機を発明した発明家にして後のトヨタ・グループの礎《いしずえ》を築いた豊田佐吉《とよださきち》や、出版大手講談社の創業者野間清治《せいじ》など、この本を読んで奮起した実業家も数知れず。その意味で日本の資本主義はこの本から始まったと言っても過言ではありません。

ちなみに、『西国立志編』の冒頭の一節「天ハ自ラ助クルモノヲ助ク」は、スマイルズがベンジャミン・フランクリンの『貧しいリチャードの暦』から引用したもの。福沢諭吉が「フランクリン主義者」であった、ということも考え合わせますと、日本の近代化を推し進めた二大ＪＫＢたる『学問のすゝめ』と『西国立志編』は、どちらもベンジャミン・フランクリン直系の「自助努力系ＪＫＢ」だった、ということになります。その意味で、日本の近代化がどれほどベンジャミン・フランクリンに負っているか、我々日本人は、改めて認識すべきなのではないでしょうか。

アメリカ版スマイルズ：ラッセル・コンウェルの『ダイヤモンドを探せ』

さて、スコットランドのサミュエル・スマイルズには若干遅れをとったものの、十九世紀末になると、アメリカでもＪＫＢライターたちが活躍し始め、彼らが書いたＪＫＢが盛んに市場に出回るようになってきます。

その最初期の一例がラッセル・コンウェル（Russell Conwell, 1843-1925）の『ダイヤモンドを探せ』（*Acres of Diamonds*, 1890）。コンウェルはバプティスト派の牧師で、日本にも分校があるテンプル大学の創立者としても知られていますが、彼が書いたこの本は、一八九〇年に出版されるや、たちまち大ベストセラーになりました。

標題の「ダイヤモンドを探せ」というのは、インダス川のほとりに住むアリ・ハフェドという裕福な男にまつわる話なんですけど、彼はとある仏教徒（東方の三博士の一人）から世界に一つだけあるという巨大なダイヤモンドの話を聞くんですね。で、それ以来、その話に取り憑《つ》かれてしまい、ダイヤモンドを探して世界中を放浪し、結局、どこか遠くの地で客死する。しかし、実はそのダイヤモンドはもともとその男の家の庭先に埋まっていた……。要するにこの話、例の『青い鳥』とよく似た話で、「富の源泉は遠いところにあるのではなく、案外、自分の身の回りにある」ということを教え諭《さと》しているわけ。そして、いわばこの話をまくらにして、ここから先、身近なところに成功の種を見つけた先人の例を次々と紹介していくというのが本書の趣向なんです。

例えば先にも名前を出した不動産王のジョン・ジェイコブ・アスターはどうやって富を得たか？　本書によると、アスターはニューヨークの裏通りにあった小さな帽子屋を居抜きで店員ごと手に入れることからビジネスを始めたのですが、店の方は店員に任せ、自分は近くの公園にふらりと出掛けると、そこのベンチに腰かけて、日がな一日、道行く人々を観察したのだそうです。で、そんなアスターの目に留まったのは、洒落《しやれ》た帽子をかぶった小粋な一人の女性。アスターはその女性がかぶっていた帽子をしっかり観察すると、直ちに店に戻って、その帽子と寸分たがわぬものを作るよう命じ、自分は再び街頭観察に戻った。とまあそんな具合に、今、街でお洒落な女性がかぶっている最先端の素敵な帽子を次から次へと自前で作り、高級店よりも安く販売し始めたところ、これが当たって店は大繁盛。ここから不動産王アスターの基礎が作られたんですね。つまり、成功のチャンスは道端に落ちていたというわけ。

『ダイヤモンドを探せ』にはこうした「成功のチャンスは身近なところにある」という逸話が満載なのですが、このような本を書くことによってラッセル・コンウェルは、バプティスト派の牧師であると同時に、富の福音を説くJKBライターとしても名声を博しました。そして「確かに金の亡者になるのはよろしくない。しかし、お金があるという状況は幸せの基本なのだから、まっとうな手段でお金を稼ぐことに何の障碍《しようがい》があろうか」というメッセージを発信し続けた。何しろキリスト教の坊さんから「お金を儲けたっていいんだよ」というお墨付きをいただいたのですから、十九世紀後半のバブル時代、金儲けに奔走《ほんそう》するアメリカ一般大衆がいかにこの本から力を得たか、想像するに足るというものでしょう。

なおコンウェルは、大学に通う資力のない地元の若者たちから頼まれて教会内に私塾を開設し、これが今日まで続くテンプル大学の元となったのですが、こうしたコンウェルの行動は、前述したサミュエル・スマイルズが地元の勤労青年たちから懇請されて『自助論』を書いたことと一脈通じるところがあります。エリートコースから外れた若者たちの支援に教育面から尽力したという点でも、コンウェルは「アメリカ版スマイルズ」と呼ばれるにふさわしい人物だったかもしれません。

自助努力系JKBの系譜①：『前進あるのみ』

さて、ラッセル・コンウェル以後、JKBライターが書いた自助努力系／成功哲学系JKBは、時代に合わせて少しずつ趣向を変えながら、書き継がれていきます。

例えばオリソン・スウェット・マーデン（Orison Swett Marden, 1850-1924）という人の書いた『前進あるのみ』（*Pushing to the Front*, 1894）というすごく前向きなタイトルの本。これは成功者のエピソード集であると同時に、「努力・忍耐・勤勉・継続」といった美徳を称揚することに重きを置いているところからして、まさにスマイルズの『自助論』のアメリカ版と言っていい。例として、本書の中からフランスの哲学者ジャン＝ジャック・ルソーについてのエピソードと、イギリスの科学者マイケル・ファラデーについてのエピソードを綴った箇所を引用してみましょう。

およそ1世紀半前、リヨンで催された晩餐《ばんさん》会で、ギリシャの神話ないしは歴史を題材にした絵画の解釈について議論が持ち上がった。やがて議論は白熱していき、主人は給仕のひとりに対し絵画の説明をしてくれないかと頼んだ。その場にいた誰もが驚いたことに、その給仕は作品の全体像についてきわめて簡潔な説明を行い、それがまたあまりにも明快で説得力があったため、論争はたちまちのうちに収まってしまった。

「一体どこの学校で勉強したのかね、ムッシュー」

給仕に多大な敬意を払いながら、招待客のひとりが尋ねた。

「いろいろな学校で学びました、閣下」と若い給仕は答えた。「けれども、私が最も長く、そして最もたくさんのことを学んだ学校は、困難という学校です」

彼は貧しさという教訓を大いに役立てていたのである。当時はまだ若い給仕にすぎなかったが、その時代と国を代表する天才ジャン＝ジャック・ルソーが紡ぎ出す作品の名声は、やがてヨーロッパじゅうに響き渡ることとなる。（五〇頁）

ロンドンの馬小屋の上階にマイケル・ファラデーという名の貧しい少年が住んでおり、新聞を持って街を歩き回っては、1部1ペニーで客に貸していた。彼は製本と書籍販売を営む店に年季奉公に入り、それを7年続けた。

ブリタニカ百科事典の製本をしていたとき、電気についての記述が目に留まり、彼は夢中でそれを読んだ。彼はガラス瓶《びん》と古い鍋と簡素な実験道具をいくつか調達して、実験を開始した。

店の客のひとりがそんなファラデー少年に関心を寄せ、有名な化学者ハンフリー・デービーの化学講義を聞かせに連れて行ってくれた。ファラデーは勇気を振り絞ってその偉大な化学者に手紙を書き、講義中に取ったメモを送った。

それからほどないある晩、ファラデーがちょうど眠りに就こうとしているとき、ハンフリー・デービーの馬車がマイケルのみすぼらしい家の前に止まった。そして使いの者が彼に渡したのは、翌朝デービーへ会いに来るよう記された直筆の招待状だった。ファラデーはそれを読んだとき自分の目を疑わずにはいられなかった。

翌朝、言われたとおりデービーの家を訪問し、実験器具を洗ったり、それらを講義室へ運んだり回収したりして手伝った。彼はデービーが顔にガラスマスクをつけて安全灯を組み立てたり、危険な爆発物を扱う実験を行ったりするのを一挙一動にいたるまで熱心に観察した。その後ファラデーも勉強と実験を重ね、チャンスのなかったこの貧しい少年は、ほどなく有名な自然科学の学会で講義を頼まれるまでになった。

彼はロンドンにある王立研究所の教授に任命され、当代随一の科学者となった。ハンフリー・デービーは、自身の最も偉大な発見は何かと聞かれて「マイケル・ファラデーだ」と答えた。(五九 - 六〇頁)

(『前進あるのみ』、パンローリング、より抜粋)

とまあこんな感じで、逆境にもめげず、苦労をものともせず、ひたすらな努力を厭《いと》わない者に明るい未来が来るということを、豊富な実例を通して教えたオリソン・マーデンの『前進あるのみ』は、この時代のアメリカ人をして、自己改善への取り組みに駆り立てたのでした。否、そればかりかこの本は、アメリカ本国での刊行からわずか三年にして『立身策』（一八九七）と題して邦訳され、日本でも百万部のベストセラーとなっているのですから、かつて『西国立志編』が明治初期の若者たちを鼓舞したように、『前進あるのみ』は明治末期の日本の若者たち、特に旧制中学・高校・大学に進学できなかった地方在住の非エリート青年たちを叱咤激励することに一役買ったと言っていい。

なお、マーデンは『成功』（*Success*）という、そのものズバリのタイトルの自己啓発雑誌を創刊（一八九七年）したことでも知られ、この雑誌は（紆余曲折はあったものの）今でもアメリカで刊行されていて、アメリカ中の野心家たちを鼓舞し続けています。また『実業之日本』（一八九七年創刊）や『成功』（一九〇二年創刊）など、この雑誌を真似た成功雑誌が日本でも次々と創刊され、それらが明治末期の日本人に止《や》むに止まれぬ成功への渇望を植え付けたのですから、アメリカのJKBライター、オリソン・マーデンの日本における一時の令名《れいめい》は、今日、一般に認識されている以上に高いものであったわけです。

ちなみに、日本の著名な自己啓発家に中村天風《てんぷう》（一八七六 - 一九六八）という人がいますが、この人は若い頃オリソン・マーデンに憧れて、わざわざアメリカまで会いに行っています。残念ながらマーデンには適当にあしらわれたようですが、彼が本場アメリカで自己啓発思想の何たるかを体得し、それを日本に持ち帰ったことは事実。その天風の思想に大きな影響を受けた人は大勢いて、その中には松下電器（現パナソニック）の創業者で「経営の神様」と呼ばれた松下幸之助翁や、かの熱血テニス・プレーヤーの松岡修造氏、さらには大リーグで二刀流の活躍をしている大谷翔平選手なども含まれるのですけれども、そう考えるとオリソン・マーデンの影響は決して一時的なものではなく、相当に射程の長いものであったと言えるのかもしれません。松岡修造氏があれほど「前のめり」なのは、彼の師匠の師匠が『前進あるのみ』を書いたマーデンだから、なんですね！

自助努力系ＪＫＢの系譜②：『ガルシアへの手紙』

さて、コンウェルの『ダイヤモンドを探せ』が「成功への鍵は身近なところにある」ということを教え、マーデンの『前進あるのみ』が「努力・忍耐・勤勉・継続といった美徳は決して無駄にならない」と教えたのだとすれば、エルバート・ハバード（Elbert Hubbard, 1856-1915）の書いた『ガルシアへの手紙』（*A Message to Garcia*, 1901）は、「人の信頼を裏切らないことが成功への近道だ」と説くＪＫＢでした。

本書の舞台は十九世紀末、マッキンリー大統領時代のアメリカ。当時米西戦争の真っ只中で、大統領はキューバの山奥にいる反スペイン政府軍の将軍ガルシアに親書を送る必要に迫られていたんですね。とは言え、何しろガルシア将軍はゲリラ戦を実行中なので、そもそもどこに潜んでいるのかわからない。困っていたところ、「ガルシア将軍に手紙を渡したいのなら、ローワンという人物に手紙を託すべし」という進言があり、大統領はローワンを呼び出して「ガルシアにこの手紙を渡してくれ」と頼んでみた。するとローワンは黙って手紙を受け取るとそのまま彼方に姿を消し、その後ほどなくして大統領の親書は無事、ガルシア将軍の下に届いた。

この話のミソは、言うまでもなく、大統領から親書を託されたローワンの振る舞いです。彼は大統領に「そのガルシアという人はどこにいるのですか？」などと尋ねることは一切しなかった。ガルシア将軍の居場所を探すことも仕事のうちと考え、その自分に託された仕事を粛々《しゆくしゆく》とやり遂げた。エルバート・ハバード曰く、他人からの信頼に応え、不満一つもらさず仕事をやり抜く人物こそ世の中で求められている。だから、もしあなたがこの世で成功したいのであれば、「自分はガルシアへの手紙を託されるような人間であるか？」と自分自身に問えと。

とまあ、『ガルシアへの手紙』というのはそれだけのことで、何だか他愛ない話ではありません。が、この本は世界で四千万部が売れ、この本から影響を受けた著名人も多い。今では「ガルシアへの手紙」という符牒《ふちょう》を発しただけで、多くの人の背筋が伸びるのですから、ＪＫＢとしては無視できない影響力を持った本であると言えるでしょう。

自助努力系ＪＫＢの系譜③：『誰も知らない男』

お次にご紹介するのはブルース・バートン（Bruce Barton, 1886-1967）の『誰も知らない男』（*The Man Nobody Knows*, 1925）。『誰も知らない男』と言っても、日本では誰も知らないかもしれませんが、一九二五年にアメリカで出版されるとたちまち百万部突破のベストセラーになるなど、自己啓発本の出版史の中ではとても有名な本。

本書のタイトルとなっている「誰も知らない男」というのは、誰あろうイエス・キリストのこと。イエスのことは誰でも知っている、と誰もが思っているだろうけれど、本当にそうだろうか？　実は、イエスの真の姿は誰も知らないのでは？——というのが、著者ブルース・バートンの着眼点なんですね。

バートン曰く、イエス・キリストと言えば、痩せ細ってなよなよとした弱々しい男のイメージだけれど、それは後世の教会が作ったイメージに過ぎない。実際、新約聖書を詳細に読み込むと、右に述べたようなイエスのイメージとは異なる、もっと生き生きとした、逞《たくま》しい若い男性の姿が浮き出てくる。

例えば、『ヨハネによる福音書』第二章十四節〜十六節に、過ぎ越しの祭りの日にイエスがエルサレムの聖堂を訪れる場面が出てきますが、そこでイエスは神聖な聖堂の中でがめつい商売をしている商人たちを見て怒り狂い、彼らの露店を片っ端から破壊する大立ち回りを演じている。これを読めば、なよなよとした女性的なイエスの姿は吹き飛び、長年の大工仕事で鍛え上げた逞しい体を持つ三十歳の若い男の姿が浮かび上がってくるわけです。

また同じ『ヨハネによる福音書』第二章一節〜十一節では、ガリラヤのカナで執り行われた結婚式に出席したイエスが、樽《たる》一杯の水をワインに変える奇跡を起こすシーンが描かれているけれども、おそらくイエスは結婚式の客たちと共にそのワインをあおり、飲めや歌えの大騒ぎをしたのであろうから、彼はきっと大酒飲みの陽気なパリピだったに違いない。

新約聖書を素直に読めば、そういう新しいイエス像が――すなわち「誰も知らない男」の姿が――浮かび上がってくる……と、まあ、バートンの主張はそういうことなんですね。で、イエスのことを「神の子」としてではなく、我々と同じような普通の人間として見直すと、彼が笑い、酒を飲み、歌を歌い、踊り、人々との交流を楽しみ、その中で自分の使命を自覚し始め、人々を救おうと希望を抱き、難局にぶつかり、悩み、絶望し、それでもなお希望を持ち続けた、そんな彼の人生の浮き沈み、人間としての苦悩が、ありありと見えてくるじゃないかと。

そして、そういう生身の人間としてイエスを見直した場合、バートンの目につくのは、イエスがいかに傑出した広告マンだったかということ。

実は著者ブルース・バートン自身、著名な広告会社を起業した人でもあり、広告というものに対して並々ならぬ興味を持っていたのですが、そういう経歴を持つバートンから見ると、イエスは、それこそ舌を巻くほどの傑出した広告マンに見える。

例えば、効果的な広告のキモは何かと言えば、それは「簡潔さ」ということに尽きる。短い言葉で本質を突くこと、そして誰にも分かる言葉で語ること。広告を読む人の頭の回転に合わせた言葉を選ぶこと。そして誠実であること。そういう観点から言うと、イエスは超有能なコピーライターだというのですね。

しかも、イエスは有能なビジネスマンでもあった。バートン曰く、ビジネスマンとして成功する秘訣は、他人に対して徹底的なサービスを提供することにある。その観点からすると、イエスは非常に優れたビジネスマンだと言わざるを得ない。何となれば、イエスは「もし、だれかが、あなたをしいて一マイル行かせようとするなら、その人と共に二マイル行きなさい」(『マタイによる福音書』第五章四一節)と言い、通常期待されるサービスの倍のサービスを提供しろと命じているのだから。つまり、新約聖書におけるイエスの言行録は、そのままビジネスの秘訣集としても十分通用するというわけ。

とまあ、そんな感じで、イエスを体育会系の有能なビジネスマンとして捉え直すことで、もっと親しく、もっと深く、イエスの業績を考え直してみよう、というのがこの本の趣旨ということになる。換言すれば「新約聖書をJKBとして読み直そう」という試み。さすが百万部のベストセラー、目の付け所が違います。

自助努力系JKBの系譜④:『バビロンの大富豪』

さて、ブルース・バートンが今から二千年前の時代に生きたイエス・キリストに「成功モデル」を見出したとすれば、『バビロンの大富豪』(*The Richest Man in Babylon*, 1926)を書いたジョージ・S・クレイソン(George Samuel Clason, 1874-1957)は、そこからさらに千数百年ほど歴史を遡《さかのぼ》った古代都市バビロンに住む架空の大富豪アルカドを主人公に据え、彼に成功哲学を語らせるという形で読者に金持ちになるノウハウを伝えようとしたと言えるでしょう。

では大富豪アルカドの語る成功哲学とは何か。

アルカドによれば、黄金に愛されるためには「七つ道具」が必要だそうで、その七つ道具とは、

一、財布を太らせる　（＝収入の十分の一を貯金せよ）
二、単なる欲求と必要経費を混同しない　（＝予算を組み、欲望に任せて金を使わないこと）
三、貯めた金を寝かさない　（＝資産は投資に回し、金に金を産ませよ）
四、貴重な資産を守れ　（＝健全な投資で元本を死守せよ）
五、住まいを持つことは有益な投資である　（＝自分の住まいを持て）
六、将来に備えて相応の資金を準備せよ　（＝自分の老後と家族のための金を確保せよ）
七、自らを最大の資本にせよ　（＝目標を定め、学問を積み、技量を身に付け、自尊心を持て）

の七つ。アルカド自身、この七つの教えを守ることで巨万の富を得ることができたのだから、もしあなたがお金に困っているのであれば、あなたもこのノウハウを真似て御覧なさいと。

一見すると昔々の夢物語の体裁を取った寓話ですが、その言わんとしているところは、「成功したければまず仕事を好きになって一生懸命働き、散財の欲望を抑えて金を貯め、さらに貯まったお金は自分の将来のために健全な投資に回し、積み上げた財産は用心深く守れ」ということですから、言ってみればこれ以上ないほど健全な教え。「金持ちになるためのノウハウ」という言い方をすると鼻白む人も多いことでしょうが、その中身は「堅実に暮らせ」ということ以上のものではないのですから、この本、この時代のＪＫＢの多くと同様、どこへ出しても恥ずかしくない修身の教科書のようなものであると言っていい。自助努力系ＪＫＢというのは、基本、そういうものです。

さて、ここまで十九世紀末から二十世紀初頭にかけて、アメリカでベストセラーとなったいくつかの自助努力系JKBを紹介してきましたが、これは氷山のほんの一角に過ぎず、実際にはこれらに類するJKBが数限りなく書かれました。

例えばホレイショ・アルジャー（Horatio Alger, Jr., 1832-99）という作家は、一八六七年に発表した最初の小説『ぼろ着のディック』（*Ragged Dick*）以来、貧しく身寄りのない少年が、向上心と少しばかりの幸運によって富と成功を得るといった内容の児童書を数限りなくものしたことで知られていますが、彼の諸作品は、十九世紀末のアメリカの恵まれない少年たちに立身出世の夢を見させたという意味で「少年向けJKB」と言っていいものでした。またブッカー・T・ワシントン（Booker Taliaferro Washington, 1856-1915）という黒人作家／教育者が書いた名著『奴隷より立ち上りて』（*Up from Slavery: An Autobiography*, 1901）は、そのタイトルが示す通り、奴隷の身分から努力を重ね、教育者となって黒人実業教育に力を注ぎ、アメリカの人種差別問題の漸次《ぜんじ》的解決に尽力して「名士」にまで成り上がった自らの人生を語った自伝であり、その意味で間違いなく「黒人版（自伝系）JKB」と呼べるものでした。

ホレイショ・アルジャーにしても、ブッカー・T・ワシントンにしても、今日ではそれぞれ「児童文学」とか「黒人文学」のカテゴリーに振り分けられ、相互の関連が見えなくなってしまっていますが、そこに「自己啓発本」というカテゴリーを設定してみれば、途端に両者に共通するものが見えてくるばかりか、「ああ、この時代のアメリカでは、いたいけな子供から社会の底辺に置かれていた黒人層まで、ＪＫＢをむさぼり読み、上昇志向に胸を躍らせていたんだ」ということがよく分かる。とまあ、ことほど左様にこの時代、アメリカ社会と自助努力系ＪＫＢは、手に手を取り、歩調を合わせて、繁栄目指して前へ前へと進んでいたわけです。

二十世紀最大・最良の自助努力系ＪＫＢ：『７つの習慣』

ところで、先に挙げた『バビロンの大富豪』が「黄金に愛されるための七つ道具」という風に適当な数（この場合は七）のノウハウを掲げ、それを一から順番に守っていけ、というような指示を出していることにご注目下さい。

実は世に出回るＪＫＢ、とりわけ自助努力系ＪＫＢの多くがこの種のスタイル、つまり、「特定の数のノウハウを順にこなしていく」スタイルをとっています。これは、自助努力系ＪＫＢの元祖とも言うべきベンジャミン・フランクリンの『自伝』が「十三の徳目」を読者に伝授して以来、連綿として続いている一種の伝統であって、ノウハウの数はそれぞれの本によって異なりますが、多いのは「七」と「十二」。おそらく一週間の日数と一年間の月数に相当する縁起のいい数字が選ばれているのでしょうが、そういうこともあって、「12ステップ・ブック」（12-step books）というのが英語圏での自助努力系ＪＫＢの別名となっています——別名と言うか、少し揶揄的な名称なんですけどね。

さて、そんな自助努力系JKB、もとい、「12ステップ・ブック」の中でも二十世紀最大・最良の一例が、一九八九年にアメリカで出版されたスティーブン・R・コヴィー（Stephen Richards Covey, 1932-2012）の『7つの習慣』（*The Seven Habits of Highly Effective People*, 1989）です。本章の最後に、この本のことをご紹介しておきましょう。

本書の著者コヴィーは、もともと自己啓発本の研究者でした。で、ベンジャミン・フランクリンの『自伝』が書かれた一七九〇年以降、およそ二百年の間にアメリカで出版されたJKBを集めて研究した結果、最初の百五十年の間に書かれたJKBはいいけれども、最近五十年に書かれたJKBはそれらに比べて大分見劣りがすると結論付けた。要するに、一九四〇年代以降のJKBは金持ちになるための浮ついたノウハウのことばかり言っていて、それ以前のJKBのような「堅実さへの志向」、あるいは「人格陶冶の重視」といった側面がないがしろにされてしまったと言うのですね。

しかし真の成功／真の幸福を得るためには、「誠意」「謙虚」「誠実」「勇気」「正義」「忍耐」「勤勉」「質素」「節制」といった内面的な価値が必要不可欠である、とコヴィーは考えていた。コヴィーはこうした考え方を「人格主義」と名付け、自分はベンジャミン・フランクリンの『自伝』がそうであるような意味で、人格主義に基づいた自己啓発本を書くと決意、その結果書き上げたのが本書『7つの習慣』だったというわけ。ちなみにコヴィーはその後「フランクリン・コヴィー社」を起《た》ち上げ、自己啓発関連の出版やセミナー開催を行っていますが、この会社の名前からして、コヴィーが自身を「二十世紀のベンジャミン・フランクリン」たらんとしていたことは明らかでしょう。

では実際、コヴィーが掲げた真の成功のための「7つの習慣」とは何か？　箇条書きに記しますと、以下のようになります。

第一の習慣　主体的である
第二の習慣　終わりを思い描くことから始める
第三の習慣　最優先事項を優先する
第四の習慣　Win-Win を考える
第五の習慣　まず理解に徹し、そして理解される
第六の習慣　シナジーを創り出す
第七の習慣　刃を研ぐ

この七つの習慣、どれも意義深く、ためになるものばかりなのですが、その中でも最も重要なのは最初に挙げられている「第一の習慣」です。なので、ここでは「第一の習慣」について少し詳しく解説していきましょう。

コヴィーは、人間と動物とを分ける決定的な違いは、人間には「自覚」という能力があることである、と言います。ここで言う「自覚」とは、自分の感情や気分や思考を客観的に観察する能力のこと。コヴィー曰く、この能力を最大限に活用すれば、自分自身と環境との関係を主

体的に構築することができるようになると。

自分を取り巻く環境の中には、自分の影響が及ぶ問題（変えられるもの）と、及ばない問題（変えられないもの）があります。当たり前のことですけど、実はこのことを明確に意識している人間は少ないんですね。自分ではいかんともしがたいことに思い悩む人は大勢いますし、その逆に、自分の力でどうとでもなる事柄について、それをしないで、いつまでも被害者意識を持つ人も多い。

しかし、「自覚」という能力を発揮すれば、今、自分が直面している問題（＝環境）が自分に変えられるものなのか、そうでないのかを見極め、変えられるものなら変える、変えられないものならば諦《あきら》めて受け入れるという風に、シンプルで潔《いさぎよ》い判断をすることができる。つまり環境に対して自分がどのように対応するかを、自らの意志で選択することが可能になる。これがコヴィーのいう「主体的な生き方」なんですね。

例えば十四歳のあなたの同級生に嫌なヤツがいたとする。そいつと関わるたびにあなたは不愉快な思いをし、またそいつの言動によってあなたはしばしば傷つけられている。ああ、いやだなあ、アイツに会いたくないなあ、という感情に始終悩まされ、チラッとでもヤツの姿を見かけようものなら、無意識のうちにさっと物陰に身を隠したり……。とは言え、この「嫌なヤツの存在」が、良かれ悪しかれ、今、あなたを取り巻く環境ではあるわけです。さて、そんな時、あなたならどうしますか？

もしあなたが、動物のように無自覚に生きている人であるならば、この環境はこの先もあなたを悩ませ続けるでしょう。しかし、「自覚」を持って主体的に生きる人間であるならば、この環境はあなた自身によって変えられるものなのか、それとも変えられないものなのかということを考え始めるはず。

もし、そのように考えるのであれば、とりあえずこの環境を変えるためのいくつかの方法が思い浮かぶでしょう。例えば、嫌なヤツ本人と直接対峙《たいじ》して自分の気持ちをぶつけてみるという手段もなくはない。あるいは、それはちょっとやりにくいということであれば、その嫌なヤツに影響を及ぼせる人物、例えばそいつの担任の先生に相談を持ち掛けるということもできる。

とは言え、これらの直接的・間接的な方法を取ったとしても、その嫌なヤツが必ずしも態度を改めるとは限りません。あなたは相手に働きかけをすることはできますが、その働きかけに対して相手がどういう反応をするかは、「あなたにはコントロールできないこと」の範疇にあるからです。

しかし、その場合でも、あなたにできることはまだある。

その嫌なヤツと関わっている時、あなたは不快な感情に翻弄《ほんろう》されているわけですが、その事態そのものを客観的に見れば、あなたにとって一番の問題は「嫌なヤツの存在」という環境そのものではなく、むしろ「嫌なヤツの存在に振り回されている自分自身」であることに気づくでしょう。で、そのことに気づいたあなたは、金輪際《こんりんざい》、嫌なヤツの存在に振り回されることをやめよう、ヤツの言動にいちいち引っ掛かることもやめようと決意することもできる。そういう決意をするかしないかは、自分自身の意志一つで決められることですからね。

で、もしあなたがそのような決意をし、その決意に従った行動を心掛けたとしたら、それは環境に対するあなたの反応を自分自身の意志で選択したことになる。これがコヴィーの言う「主体的に生きる」ということです。そして、あなたがそうやって主体的に生き始めた途端、あなたにとって「嫌なヤツ」の存在は、何の意味も持たないものとなることでしょう。つまりあなた自身が変わったことによって嫌なヤツの存在は無化され、あなたの環境は劇的に変化したことになる。

あれ？　これは……？

そう！　本章の冒頭で述べた「インサイド・アウト」の考え方ですね。あなた（インサイド）が変わったことによって、環境（アウトサイド）を変えてしまったのだから。つまり、コヴィーが『7つの習慣』の中で最初に述べようとしたことは、「自助努力系JKB」の基本である「インサイド・アウト」の考え方だったんです。

しかもコヴィーの『7つの習慣』は、インサイド・アウトの考え方とその実践法を伝授することで、読者自身の生活を向上することばかりでなく、他者との共存・共栄の道筋をも伝授しようとしている。そのことは『7つの習慣』の第四章・第五章・第六章のタイトルがそれぞれ「Win-Win を考える」「まず理解に徹し、そして理解される」「シナジーを創り出す」となっていることからも明らかでしょう。その意味で、コヴィーの書いた『7つの習慣』は、自助努力系JKBの本家本元であるベンジャミン・フランクリンの『自伝』――「誠実」「正義」「謙譲」など、他者に対する思いやりを十三徳目のうちに含めたあの『自伝』――を現代に蘇《よみがえ》らせた、二十世紀最大・最良の自助努力系ＪＫＢと言えるのです。

自助努力系ＪＫＢよ、永久に

さて、ここまで、アメリカにおける自助努力系ＪＫＢの系譜を、二十世紀後半に現れたスティーブン・Ｒ・コヴィーの『7つの習慣』までたどってきましたが、いかがでしたでしょうか。

私が思うに、これらの自助努力系ＪＫＢが唱道する「自助努力」という考え方、すなわち「まず自分が努力しよう」とか、「自分にできることは何かを考え、それに全力を尽くそう」という考え方は、それ自体立派な心掛けであるし、いつの時代にも廃《すた》れることのない美徳であって、その点、自助努力系ＪＫＢは、世に数多ある自己啓発本の中でも、最もまともなものです。――と言うと、何だかこの世にはまともではない、ＪＫＢが沢山あるようなことをほのめかしているようですが、実際そうなんです。後続する章の中でお伝えしますが、もう常軌を逸した、それだけに底抜けに面白いＪＫＢがこの世にはたーくさんあるんですね。それらの「ヤバイ系ＪＫＢ」については、この先順々にご紹介していきますので楽しみにしておいて欲しいのですが、それはともかくとして、それらとは別格の由緒正しき品行方正なＪＫＢである自助努力系ＪＫＢは、間違いなく十四歳のあなたが読む価値のある本であることを、私は声を大にしてお伝えしておきたいと思うのです。

この章を読んで「面白い!」と思った人に、以下に挙げる本をおススメします。

・アンドリュー・カーネギー『カーネギー自伝』中公文庫
・サミュエル・スマイルズ『西国立志編』講談社学術文庫
・ラッセル・コンウェル『ダイヤモンドを探せ』角川文庫
・オリソン・S・マーデン『前進あるのみ』パンローリング
・スティーブン・R・コヴィー『7つの習慣』キングベアー出版

Coffee Break

クール・ジャパンの至宝、「まんが版自己啓発本」

本章においてスティーブン・R・コヴィーの『7つの習慣』という本のことを「二十世紀最大・最良の自助努力系JKB」と持ち上げておきましたので、多少は興味を持って「読んでみようかな」と思われた人もいるかもしれません。

とは言え、実際に書店でこの本を手に取ると、何しろ二千二百円もする部厚い本ですし、大人向けのビジネス書でもありますから、十四歳のあなたがこれをレジに持って行くとなると、少しばかりハードルが高いかなと思わないこともない……。

しかし、安心して下さい。いいものがあるんです。

それが『まんがでわかる　7つの習慣』（宝島社）という本。こちらは値段も安くて千百円也。『7つの習慣』の半額です。

値段は半額でも、この本、決していい加減なものではありません。何しろフランクリン・コヴィー・ジャパンのお墨付きをいただいた正式な「まんが版」。実際に読んでみても、これがなかなか面白い。

本書に描かれるストーリーは完全なまんが版オリジナルで、主人公は「中田歩《あゆみ》」という二十三歳のお嬢さん。彼女は亡くなった父親がかつて経営していたバーを再興することを将来の目標として、今はバーテンダーの修業中。で、その修業先を探しているうちに偶然見つけた「セブン」という名のバーにアルバイトとして入り、マスターの正木零司《まさきれいじ》の指導の下、バー経営の何たるかを学び始める。これが基本的な設定。

「セブン」には、イタリアン・レストランのオーナーである八神貴臣《やがみたかおみ》をはじめとして、様々な客が出入りします。で、中田歩は新米バーテンダーとして様々なお客さんに接することになるのですが、中には扱いの難しい客や感じの悪い客もいて、人生経験の少ない中田歩は時に傷ついたり、腹を立てたりすることもある。で、この中田歩とバーの客との軋《あつ》轢《れき》を描いた一つ一つのエピソードが、実は『7つの習慣』で取り上げられる7つの主題に対応していて、中田歩が正木マスターや八神オーナーからのコーチングを受けながら問題を克服し、人間的成長を遂げていく過程を追いながら、読者はコヴィーが設定した「7つの習慣」の勘所を学ぶことができるようになっています。

設定がバーですから、十四歳の読者の皆さんに薦めるのはどうなのか？　というところも若干なくはないですけれども、何しろまんがですから気楽に読めますし、全体として見たら、本家の『7つの習慣』のエッセンスをうまいこと卑近な物語に落とし込んでいて、よく書けているな、という印象があります。本家『7つの習慣』に手を出す前に、事前学習として予備的に一読するにはもってこい。私からもおススメしておきます。

それにしても、これぞ「クール・ジャパン」と言うべきか、日本のまんが文化というのはすごいです。これまでに本書で紹介した様々な自己啓発本、例えば『学問のすゝめ』にしても『自助論』(＝『西国立志編』)にしても、はたまた『バビロンの大富豪』にしても、それぞれ「まんが版」がある。そもそもＪＫＢというのは、ＪＫＢの故郷であるアメリカと日本でのみ盛んに出版されていると先に言いましたが、そのアメリカにだって「まんが版」のＪＫＢなんてないのであって、これはもう日本独自のもの。

なんでもまんが版で済ませばいい、とまでは言いませんが、日本独自のまんが版ＪＫＢを上手に使って、色々なＪＫＢの要点を摑んでおくというのは決して悪いことではないでしょう。まんが版ＪＫＢが広い広いＪＫＢの世界に分け入るきっかけになるのであれば、私は大いに活用すべきものだと思います。

Chapter 3

「引き寄せ系ＪＫＢ」の登場

二〇〇六年、オーストラリアで一冊の驚異的なベストセラーJKBが生まれます。ロンダ・バーン（Rhonda Byrne, 1945-）という人の書いた『ザ・シークレット』（*The Secret*）という本。何しろ出版後わずか一年のうちに千九百万部が売れたというのですから、もともと人気のあるJKBという文学ジャンルの中でも特筆すべき売れ方をしたと言っていい。

ではなぜこの本はそれほど売れたのか？

売れる本には、必ず売れる訳があります。『ザ・シークレット』にももちろん、売れる訳がありました。そしてそれは本書の冒頭のページに目を通すだけで、読者にもピンと来るようなものでした。そこにはこう書いてあったのです。「人生を成功に導く『秘密』がある。それは百年以上前から存在し、これまで成功を収めてきた人たちは皆、その『秘密』を知っていた」と。

普通、人は、「自分が成功できないのは、自分に才能がないからだ」とか、「運がなかったからだ」とか、「努力したり、勤勉に働くことが苦手だからだ」とか、そんな風に考えて、「仕方がない……」と思い込んでしまうもの。ところが、そう思い込んでいるあなたの耳元で、「古代から伝わる『秘密』という奥義があって、それを手にすればあなたは必ず成功に導かれます。

実は、成功者と非成功者を分けるのは、その『秘密』を知っているか否かの違いだけだったんですよ」と言われたらどうでしょう？　しかもその「秘密」を知れば、成功のみならず幸せや健康、富など何でも手に入れることができ、やりたいこと、欲しいもの、すべてが手に入ると言われれば、誰だってその「秘密」を知りたくなるではないですか！

冒頭からそんな誘い文句が書いてあるのですから、『ザ・シークレット』が売れるのも当然。何を隠そう、私もすぐに買って、その日のうちに夢中で読み切ってしまいましたからね！

で、実際にこの本を読んでみて、私はさらに驚かされることになりました。と言うのも、本書がそっと漏らしてくれたその「秘密」というのが、あまりにも衝撃的だったから。

私たちは誰もが無限の力を使って働いています。私たちの誰もが、全く同じひとつの法則に導かれているのです。この宇宙の自然法則はとても正確に働きます。そして、この法則に従えば、宇宙船を造ることさえも簡単にできてしまうのです。人間を月に送ることも、その着陸の時間でさえも秒単位で正確に調整できてしまいます。（中略）私たちはひとつの力で動かされています。たったひとつの法則です。それが『引き寄せの法則』です！

その『秘密』とは『引き寄せの法則』だったのです。

（『ザ・シークレット』角川書店、一八頁より抜粋）

えーーー！　そうだったのか！　人生を成功に導く鍵は「引き寄せの法則」だったのか！

……って言うか、「引き寄せの法則」って何⁉

引き寄せの法則

「引き寄せの法則」、英語では「the Law of Attraction」と言うのですが、人が心の中であることに強く思いを馳《は》せると、その「あること」を引き寄せてしまうという現象のこと。で、この現象は非常に強力なので、「実現したいことをしっかりと頭の中で考えることができれば、そして、ほとんどそればかりを考えていることができれば、あなたはそれを人生で実現することができ」る、というわけ。

ではなぜこのようなことが起きるのか。ロンダ・バーンは次のように説明しています。

思いは磁石のようなもので周波数のある波動を放射しています。考えるとその思いが宇宙に放射されます。それはまるで磁石のように似た周波数のものを引き寄せます。発信したもの全てが発信源に戻ってくるのです。そして、その源がまさに「あなた」なのです。

（二八頁）

分かりますか、この理屈？

ここでバーンの言わんとしていることを少し補足説明しますと、引き寄せの法則を主張する自己啓発思想家たちは、この世のすべてのものは「エーテル」と呼ばれる流動的で変幻自在なエネルギーから成っていると仮定します。で、このエーテルが固形化したものが「モノ」ということになる。万物がすべてそうなのですから、もちろん人間も他のあらゆるモノと同様、エーテルが固形化した状態で存在していることになります。

もっとも彼らによれば、固形化しているとは言っても、モノというのはそれぞれ固有の周波数でもって振動しているというのですね。振動の周波数が遅く、活性が低ければ、見た目にも固いものに見えるし、周波数が高く活性化していれば水や空気のように流動的なものになる。いずれにせよ、この世のモノはすべてエーテルからできているのであって、そのエーテルは取りも直さずエネルギーなのだから、この世にあるすべてのモノは、活性が低いもの・高いものの差こそあれ、すべてがエネルギーの塊《かたまり》であると言っていい。……まあ、もちろん、自己啓発思想家が唱える「万物エーテル説」というのは、現代科学では一笑に付されているわけですが、ここでは彼らの考え方をたどる便宜のために、そのような仮説があるという前提でお話を進めていきます。

で、ここが一番重要なところですけれども、引き寄せの法則によれば、人間の「思考」もまた一種のエネルギーであると言うのです。

だから人間が何かを思考するということは、炎が熱エネルギーを放射するのと同じことなんですね。エネルギーの塊である人間が、思考という名のエネルギーを宇宙に向けて放射するのだから。

で、個々の思考にはそれぞれ固有の振動がありますから、人間の脳ミソから放射された思考エネルギーは、宇宙に飛んで行って、そこにある同じ振動を持つモノと同調します。そしてその同調したモノを、思考エネルギーを放射した当人のところに運んでくる。

だから仮に人間が「最新型のクルマが欲しいなあ……」と考えたとすると、その最新型のクルマと同じ周波数を持った思考は宇宙に放出されて、エーテルを材料に最新型のクルマを作り出し、それを思考した人間の元に持って来てくれる。同じように、「お金持ちになりたいなあ……」と考えたら、その「お金」と同じ周波数を持つ思考がぴゅーっと宇宙にすっ飛んで行って、エーテルを材料にお金を作り出し、それを連れて戻ってくる。だから新しいクルマが欲しいと強く願えば新しいクルマが手に入るし、お金持ちになりたいと強く願った人は、願い通りにお金持ちになれる。つまり、人間の思考はすべて現実化する。

人間の思考が現実化するプロセスというのは、おおよそこのようなものだと引き寄せの法則の信奉者たちは主張します。しかもこの引き寄せの法則は、重力の法則と同様、万物に適用される確固不動の法則なのであって、古代以来、この世に在って成功した人たちというのは、皆、一人残らず、この引き寄せの法則を使って成功を引き寄せたのであると。

かくしてこの秘密、すなわち引き寄せの法則の何たるかを伝えた後、ロンダ・バーンは、この法則を世に紹介してきた人々、すなわち今から百年以上前のアメリカに登場して以来、その秘密を人々に伝え続けている歴代の引き寄せ系ＪＫＢライターたちの言葉を引用し始めます。

すなわちプレンティス・マルフォード（Prentice Mulford, 1834-91）やチャールズ・ハアネル（Charles Francis Haanel, 1866-1949）、ジュヌヴィエーヴ・ベーレン（Geneviève Behrend, 1881-1960）やロバート・コリアー（Robert Collier, 1885-1950）といった古い世代のJKBライターたちをはじめ、もっと新しい世代に属するボブ・プロクター（Bob Proctor, 1934-2022）やジャック・キャンフィールド（Jack Canfield, 1944- ）、ジョン・アサラフ（John Assaraf, 1961- ）などの言説を盛んに引用する。実は『ザ・シークレット』という本は、ロンダ・バーンが書いた本というより、歴代の引き寄せ系JKBライターたちの文章の引用集だったんですね。

馬鹿馬鹿しいにもほどがある？

さてさて、ロンダ・バーンに導かれて引き寄せの法則の何たるかを知ったあなたは、このことについてどう思われたでしょうか。「『人間の思考はすべて現実化する』なんて、馬鹿馬鹿しいにもほどがある！」と思いますか？

そう思うでしょうね。そう思うのが普通だと思います。私だって最初のうちは、いくら何でもそんなことがあるはずがない、成功を望んだだけで成功できるなんて、都合が良すぎるだろう、と思いましたから。加えて、これほど簡単に成功を手に入れようと考えること自体、品がないとも思いました。成功というのは、前章で取り上げた自助努力系JKBが主張するように、地道でたゆまぬ努力を続けた結果、人格の陶冶《とうや》と共にもたらされるところに意味があるのであって、努力もせず、ただ頭の中に「成功した自分の姿」を思い浮かべるだけで成功を手に入れようとするなんて、そもそも人の道に反しているのではないか、と、まあ、そんな風に思ったのです。

しかし、それと同時に私は、何でこれほど馬鹿馬鹿しい言説が、十九世紀末以降のアメリカで、それほど流行したのか？　ということに大いに興味を持ちました。こんなヘンテコリンな言説が生まれ、そして広まったとなれば、そこには何か理由があるに違いない……。

フィニアス・クインビーと「キリストの科学」

「人間が思考したことはすべて現実化する」などという奇妙奇天烈《きみようきてれつ》な言説が、一体全体どこから生まれてきたのか。それをたどって行きますと、フィニアス・クインビー（Phineas Parkhurst Quimby, 1802-66）という人物に行きつきます。

クインビーは元々時計職人だったのですが、一八三三年に当時としては死病だった結核を患《わずら》います。で、これはもう死ぬほかないのかなと、半《なか》ば自分の人生を諦めかけるのですが、そんな時「乗馬は健康にいい」という噂《うわさ》を耳にした彼は、ダメ元で馬に乗り、ヤケになってところかまわず走り回ってみた。すると、あら？　なんだか体の調子がいい……。

そう、乗馬という普段やったことのない運動に夢中になって興じているうちに、彼は自分が結核であることを一時的に忘れてしまったんですね。つまり彼の心の中にあった「自分は結核だからもうすぐ死ぬ」という思考を手放してしまった。そうしたら、それと共に結核の症状も消えて健康になってしまったと。

一言で言えば、「病は気から」。自分は病気だと思って深刻に悩んだこと自体が病気を現実化させていただけであって、病気のことを忘れてしまえば、あるいは「自分は病気ではない」と思い込めば、症状は雲散霧消《うんさんむしょう》する。少なくともクインビーにとって結核は単に気の問題であって、結核であることを忘れた途端、ケロッと治ってしまったんです

そう！「人間が思考したことはすべて現実化」したわけですよ。病気だと思えば病気になり、病気じゃないと思えば病気ではなくなるのだから。そのことにクインビーは気がついた。病気というものは「自分は病気だ」と思っている人の心が生み出した幻想に過ぎず、実際には存在しないものだということを、クインビーは自らの実体験を通じて確信します。そしてこの確信をもとに、自分と同じように病気に苦しんでいる人たちを治してあげようと考えたクインビーは、メイン州ポートランドに治療院を開くんですね。そしてここを訪れた患者たち――その数は一万二千人に上り、その多くは医者に見放された重病人だった――の多くが、病から解放されたと言いますから、治療者としてのクインビーの名声がたちどころに全米に轟《とどろ》いたのも当然でしょう。

かくしてクインビーは、「病気は快癒した」と患者に信じ込ませることによって病気を治す治療法、すなわち「精神療法」(mind cure) の始祖となるのですが、彼自身はこの仕組みを「キリストの科学」(Christ Science) と呼びました。と言うのも、新約聖書の中でイエス・キリス

トが示された奇跡と、自分が見出したこの治療法は、本質的に同じものだと考えたから。

イエス・キリストが奇跡を起こすシーンというのは新約聖書の中に何度も描かれるのですが、実はその奇跡の大半は病人の治療です。三十八年もの間、寝たきりだった病人に向かってイエスが「起きて自分の床《とこ》を畳《たた》め」と命じたら、たちまちその人は起き上がってスタスタ帰って行った（『ヨハネによる福音書』第五章八節）とか、そういう類の奇跡。要するにイエス・キリストは、病人に向かって「お前の病気はもう治っている」と宣言し、その病人に「自分はもう病気ではない」と信じ込ませることによって病を治していたのですが、このイエス・キリストの奇跡は、先ほど述べたフィニアス・クインビーの治療法とまったく同じであると言ってい い。だからクインビーは自らの治療法に「キリストの科学」という名前を付けたんですね。

で、このクインビーの「キリストの科学」の原理はその後、彼の元患者であったメアリー・ベーカー・エディ（Mary Baker Eddy, 1821-1910）に引き継がれ、一八七九年、キリスト教系新興宗教団体であり、精神療法施設でもある「クリスチャン・サイエンス」（Christian Science）が設立されることになります。

このクリスチャン・サイエンスの一時の勢力というのは大変なもので、一八九三年にはわずか千五百人ほどだった会員数も一九〇六年には四万人、一九二〇年には二十七万人に増加。また一八八八年には「ディヴァイン・サイエンス」（Church of Divine Science）が、また一八八九年には「ユニティ・チャーチ」（Unity Church）が設立されたのをはじめ、クリスチャン・サイエンスとよく似た新興宗教／精神療法団体が雨後の筍《たけのこ》のように次々と設立されたのですから、十九世紀末のアメリカでは、信仰心や精神力によって病気の治療を目指す各種精神療法の人気が急速に高まっていたと言っていい。

精神療法の流行

では一体なぜ、アメリカにおいてこれほど精神療法が流行ったのか？

答えは簡単、アメリカは国土が広いからです。

アメリカのように広い国土を持った国ですと、人口密度はすごく低くなります。今ですらそうですから、十九世紀のアメリカなんて、なおさらそう。例えばその昔、一八七〇年代から八〇年代にかけての開拓時代のアメリカの中西部の町を舞台にした『大草原の小さな家』というテレビドラマがあって、日本でも放送されて大人気になったことがありますが、あれを見ると、当時のアメリカの典型的な田舎町がどの程度の人口密度であったかがよく分かる。

町には医者が一人くらいはいるものの、それとて歯医者と接骨医と獣医を兼ねた何でも屋で、難病の治療法に対する知識もなければ常備している薬剤の種類だって限られたものでしかない。ましてや大草原の中のポツンと一軒家ともなると、医者の所に行くにしても、医者を呼び出すにしても、非常に手間がかかる。つまり深刻な病気にかかった時に頼りになる医者や病院が少ない（遠い）という意味で、アメリカほど医療インフラの頼りない国もないんですね。

例えば「メンソレータム」のように切り傷にも湿疹にも火傷《やけど》にも効くという万能薬（英語では

「panacea」と言います）がアメリカで数多く開発され、もてはやされたのも、それが医療インフラの不備を補うものだったからです。

で、そんな医療インフラに乏《とぼ》しいアメリカで、「私は病気ではない！」と強く念じる精神力だけで病気が治るという噂が出てきたとしたら、誰もが飛びつくのも当たり前。アメリカという国は、その地理的条件からして精神療法が広まりやすい素地があったと言っていいでしょう。

ところで、そもそも病気というものが人間の心が生み出した幻想に過ぎないのであるとすれば、どうして多くの人が病気にかかり、死んでいくのか。

自らの治療法の確立のために旺盛《おうせい》な研究活動をしながら、ずっとそのことを考えていたクインビーは、一八四三年から一八四七年にかけてのどこかの時点でエマニュエル・スウェーデンボルグの教説に出会います。そう、本書第1章で登場したスウェーデンボルグ、伝統的なキリスト教カルヴァン主義の教えを否定したあのスウェーデンボルグです。で、「神というのは、髭を生やした老人のような容《かたち》を持ち、気まぐれに怒っては人間を罰するような『人格神』であるはずがない」とするスウェーデンボルグの教説を受け入れたクインビーは、スウェーデンボルグの思想を自分流にアレンジしつつ、宇宙は慈悲深く「愛」そのものと言っていい霊気で満たされていて、強いて言えばその霊気こそが「神」であると考えるようになっていく。

宇宙のすべてが「神」であり「善」であるならば、「悪」というものは原理的に存在し得ず、「悪」が存在しないのであれば、「悪」の一つの形態である「病気」も存在しないことになります。しかし、それにもかかわらず、「この世に『悪』はある」と言い続けた団体があった。キリスト教会、特にカルヴァン派のキリスト教会ですね。しかもこの団体は、「死ねば地獄に堕《お》ちる（かもしれない）」という脅し文句を振りかざして、人々に教会への帰依《きえ》を迫り、そしてその結果、人々の間に「地獄」というありもしないものに対する恐怖が蔓延していた。

となると、キリスト教会が人々を洗脳するためにちらつかせた恐怖、それが人々の心中に凝り固まって「病気のような状態」に陥らせていたのではないか——クインビーはそう考えたんですね。

つまり、クインビーの観点からすれば、この世にはびこる「病気」なるものは、すべて伝統的なキリスト教会が信者を支配するために案出した道具だった、ということになる。またそうであるとすれば、クインビーが編み出した精神療法は、単に一つの病気治療法というだけでなく、長年にわたってアメリカの人々を震え上がらせてきたカルヴァン主義的キリスト教教義への解毒剤としての意味合いもあったことになる。

換言すれば、クインビーはスウェーデンボルグ由来の「アンチ・カルヴァン主義思想」を、精神療法の実践を通じてアメリカに広めたんですね。そしてクインビーの精神療法が成功を収めれば収めるほど、カルヴァン主義を振りかざすキリスト教会の権威は漸減《ぜんげん》することとなった。十九世紀半ばのアメリカの人々が伝統的なキリスト教教義の呪縛から少しずつ解放されていった過程には、その背景として、このような事情もあったんです。

エマソン登場

そして、キリスト教の「神」に対する概念が「怒る人格神」から「慈悲深い霊的存在」へと変わりつつあった十九世紀半ばのアメリカに登場したのが、同国で今もなお最も人気のある思想家、ラルフ・ウォルドー・エマソン（Ralph Waldo Emerson, 1803-82）でした。

エマソンはアメリカの名門中の名門ハーバード大学で学んだ後、ボストンで教会の牧師の職に就くのですが、次第に教会の教義や教会の在り方に疑問を抱き始め、結局、牧師の職を辞し、思想家・エッセイストとして生きることを決意します。

エマソンの思想は、例えば彼の有名なエッセイである「大霊」（"The Over-Soul"）、および「自己信頼」（"Self-Reliance"）という二つの文章の中に最もよく表明されているのですが、簡潔に凝縮して言えば、「この宇宙の中にあるすべてのものに神性が宿っていて、我々人間はその神性を直接（＝教会などの権威的組織を通さずして）体感できるし、そもそも我々人間もまた宇宙の一部としてその神性を分かち持っている」というもの。しかもそのことは理性を使って追究しなければ分からないといった類のものではなく、人間の内面に備わった五感を使えば直観的に分かるものだ、と。

このエマソンの「人間の内側には神性が、すなわち絶対不動の価値がある。だからその内側から響く声――『直観』――に耳を傾けよ」という教えは、別な言い方をするならば「人間の外側にあるあらゆる権威（例えば教会）を超越せよ」と主張しているのと同じであり、ゆえに

ラルフ・ウォルドー・エマソン

「超越主義《トランセンデンタリズム》」と呼ばれるのですが、この超越主義の根っこのところに、「(人間も含め)宇宙のすべては神の一部だ」という一種の汎神論《はんしんろん》が横たわっていることは明らかでしょう。

では、エマソンはこの汎神論の着想をどこで見つけてきたのか?

おそらく、エマニュエル・スウェーデンボルグからだと思います。エマソンには『代表的人間像』(*Representative Men*, 1850)という著作があって、この中で彼はプラトンやシェイクスピア、ゲーテなど六人の人物を「代表的人間」として、すなわち「偉人」として、その業績を讃《たた》えているのですが、その六人のうちの一人がスウェーデンボルグなんですね。つまりエマソンがスウェーデンボルグとその思想のことをよく知り、その影響下にあった時期があることは明らか。そしてそのスウェーデンボルグの宇宙観が、「(人間も含め)宇宙にあるすべてのものは、『愛そのもの』である霊的存在の流入によって存在する」というものであったことは本書第1章に記した通りですから、エマソンの汎神論的超越主義がスウェーデンボルグの思想の延長線上にあるものであることは一目瞭然でしょう。またそうであるならば、エマソンの思想が既存の伝統的キリスト教会、特に「怒る神」を奉じるカルヴァン主義系キリスト教会の教義とは相容れないのも当然で、彼が教会の牧師の職を辞し、「教会の教えとか教会の権威なんてものは『超越』して、もっと自分自身の内面にある神そのものの声に耳を傾けなさい」というようなことを言い出したのも容易に理解できるところでしょう。

つまりエマニュエル・スウェーデンボルグに端を発する新しいキリスト教の解釈、すなわち慈愛に満ちた霊的存在としての神を奉じる新しい神学が、片やフィニアス・クインビーの精神療法を通じ、片やラルフ・ウォルドー・エマソンの汎神論的超越主義思想を通じて、十九世紀半ばのアメリカに慈雨のように降り注ぎ始めたんですね。「人間を裁き、地獄に落とす『怒る神』なんてもういない！」というわけ。

ニューソート――新しい考え方

さて「ジジイの姿をした人格神」を奉じ、「このジジイを怒らせたら地獄行きだ！」と言って人々の心肝《しんかん》を寒からしめていた伝統的キリスト教の教義に対し、「神というのは姿のない霊的なもので、この神は慈悲深く宇宙に満ち、いわば我々人間もその一部であって、ゆえに人間と霊的な存在はつながっている」としたスウェーデンボルグやクインビーやエマソンの考え方は圧倒的に斬新なものだったので、「ニューソート」と呼ばれることになります。「ニューソート」（New Thought）というのは、読んで字のごとく「新しい考え方」という意味ですね。

で、ニューソートの考え方によれば、人間は神の一部であり、しかもその神とは宇宙を満たす霊的エネルギーそのものの謂《い》いなのですから、人間には底知れぬパワーがあるということにもなる。従来のキリスト教の教義に怯《おび》えさせられていた人間のように、地獄行きを心配して萎縮する必要なんかないわけです。もっと自信を持っていい。いや、持つべきだ。自己信頼すべきだ。何となれば人間は神の一部、神と同等の創造力があるのだから！

事実、エマソンは一八四八年八月の日記に"Life consists in what he is thinking about all day."という自製の格言を記しています。日本語に訳すと、「人が日がな一日考えていることが、そのままその人の人生となる」。要するに、「人間は神と同等の創造力を持つので、考えていることがそのまま現実化する」ということですが、エマソンはそういう格言を思いついてしまうほどに、人間の創造力を信じていたんですね。

精神療法／ニューソートから「引き寄せの法則」へ

さて、エマニュエル・スウェーデンボルグの特異な神学に端を発して生じてきた二つの潮流、すなわち病気ではないと強く思えば病気ではなくなるという「精神療法」と、宇宙は慈愛に満ちた霊的存在（＝神）から成り、人間もその霊的存在の一部なのだから、人間には神と同等の創造力がある、と主張する「ニューソート」が流行していた十九世紀後半のアメリカの状況を踏まえてみれば、その延長線上に何が登場してくるか、容易に想像がつくのではないでしょうか？

そう、創造力を持ったエーテルから成る宇宙に対し、同じく創造力に満ちた人間の思考を使って働きかければ、望むことはすべて実現し、望むものはすべて望んだ人間の元に引き寄せられるとする引き寄せの法則は、精神療法／ニューソートの考え方を直接の起源にし、その延長線上に花開いた、アメリカならではの特異な思想だったんです。そして先に紹介したエマソンの「人が日がな一日考えていることが、そのままその人の人生となる」という格言は、ニューソートの思想が引き寄せの法則にぴったりと接続した、まさにその瞬間を切り取った言説でもあった——つまり、アメリカで最も人気があり、かつニューソートを代表する思想家エマソンは、期せずして引き寄せの法則に特大のお墨付きを与えていたんです。

また、引き寄せの法則が言われ始めた十九世紀後半のアメリカと言えば、いわゆる「金ぴか時代」の真っ只中。大都市を中心に工業化と産業資本主義化が進み、一代で巨万の富を築く人が次々に出現していた時期でもある。本書第2章で取り上げたアンドリュー・カーネギーもその典型ですが、生まれも育ちも貧しいながら、絶対成功してやるという強い意志を持って熱心に働いた結果、成功して大金持ちになった立志伝中の人が大勢いた。

十九世紀後半のアメリカというのは、頑張ったら頑張った分だけ成功できるいい時代だったんですね。だからこそ「人が強く願ったことはすべて現実化する」という引き寄せの法則が人々の間でまことしやかにささやかれるようになっていったのであって、「成功したければ、成功を心に強く願うだけでいい」というようなことを主張する引き寄せ系ＪＫＢが次々と書かれるようになったのも、ある意味、当然だったのかもしれません。

つまり、一見すると常軌を逸しているとしか思えないような引き寄せ系ＪＫＢの誕生の裏には、「カルヴァン主義的キリスト教」の呪縛からの脱却というアメリカ史上最大の思想的大転換と、「アメリカの工業化・産業資本主義化」という、これまたアメリカ史上最大の経済的大転換とが背中合わせに同時進行していたという、ものすごく図柄の大きい歴史的モーメントがあったわけです。

しかも、アメリカの工業化・産業資本主義化が成功したことの背後には、ベンジャミン・フランクリン由来の自助努力系JKBの流行と普及があったのですから、言ってみれば自力本願の自助努力系JKBと、他力本願の引き寄せ系JKBは、究極のところで同じ根っこを共有していたとも言える――とまあ、そんな風に考えていくと、十九世紀末のアメリカにおける引き寄せ系JKBの誕生と流行が、一見すると軽率な風習のように見えて、実は意外に奥の深い現象であることがご理解いただけるのではないかと思います。

チャールズ・ハアネルと「ビル・ゲイツ伝説」

さて、ここまで、人間が強く願ったことはすべて現実化すると主張する引き寄せの法則という奇妙な言説がいかにして出現してきたか、その経緯について長々と説明して参りました。

では、その引き寄せ系JKBとは、特にその初期のものは具体的にはどんなものだったのか。

本章の冒頭で紹介したロンダ・バーンの『ザ・シークレット』には、十九世紀末から二十世紀初頭にかけて登場した初期引き寄せ系JKBライターとして、プレンティス・マルフォードやチャールズ・ハアネル、ジュヌヴィエーヴ・ベーレンやロバート・コリアーの名前が挙がっていたことはすでに述べました。私の個人的な感覚から言いますと、この中で最も引き寄せ系ＪＫＢライターらしいのは、断然、チャールズ・ハアネルです。

チャールズ・ハアネル（Charles Francis Haanel, 1866 -1949）のＪＫＢライターとしての名声を一躍高めたのは、彼が一九一六年に単行本として発表した『ザ・マスター・キー』（*The Master Key System*）という本。よく売れた本でしたが、当時キリスト教会がニューソート思想を危険視していたこともあって発禁にされてしまい、いつしか知る人ぞ知る伝説の本になってしまった。

そんな『ザ・マスター・キー』が再び注目を集めるようになったのは、後にマイクロソフト社の創業者となるビル・ゲイツ氏（William Henry "Bill" Gates III, 1955- ）のおかげです。

ハーバード大学での学生時代、たまたま図書館で『ザ・マスター・キー』を見つけて読んだビル・ゲイツは、この本に大いに触発され、発奮したんですね。で、この本に書いてある通りに行動したところ、彼の望みはすべて実現し、彼が設立したマイクロソフト社は世界的な大企業に成長した――これがいわゆる「『ザ・マスター・キー』にまつわるビル・ゲイツ伝説」というもので、以後、シリコンバレーに群がる若きＩＴ企業家たちが、こぞってこの本を読み漁ったことは言うまでもありません。

さて、ではこの伝説の引き寄せ系ＪＫＢに、何が書いてあったのか。

実はこの本、「成功のための二十四週レッスン」と称する一種の訓練マニュアルで、毎週一章（＝一レッスン）の指示内容をこなすことで、個々の読者が望むゴールへと近づいていく仕組みになっている。つまり、この本もまた先に述べた「12ステップ・ブック」の一種だったと。

では、本書が指南する個々のレッスンとは果たしてどういうものかと言いますと、例えば一日目のレッスンはごく簡単で、「一日十五分から三十分、誰にも邪魔されず一人になれる部屋に入り、背筋を伸ばして座って瞑想《めいそう》しなさい」というような感じ。で、五週目では「友人に最後に会った時の状況を明確に思い描きなさい」、九週目では「好きな花を思い浮かべ、それが種から開花するまでをイメージしなさい」などと指示される。つまり、自分が引き寄せたいと願う状況を具体的に心に描くための訓練を一歩ずつ進めていく形になっているんですね。

そして十二週目には「全能の神と一体であることを自覚しなさい」、二十三週目には「人間はスピリットを持った身体ではなく、身体を持ったスピリットである事実に集中しなさい」となって、いよいよ最終二十四週目になると「わたしたちの住んでいる世界が本当に素晴らしい世界であり、あなたが輝かしい存在であることを肝に銘じなさい」と書いてある。とまあそんな具合に、自分の夢を具体的にイメージ化する訓練を二十四週にわたって行えば、その夢は実現し、誰もが輝かしい存在になれると。初期の引き寄せ系JKBというのは、かくのごとく、「人が強く明確に望むことはすべて実現する」という引き寄せの法則をベースとしたステップ式訓練法だったんですね。

ところで、こういうことを言いますと、「自分の望む未来を具体的に頭の中にイメージ化する訓練を二十四週積む程度のことで、本当に望む通りの未来が来るの？」と、いささか懐疑的になる読者もいることでしょう。ハアネルもそういう読者の反応があるだろうことを予想していたのか、本書の中にちょっと面白い傍証《ぼうしょう》を提示しています。

例えば沢山のアブラムシがたかっている鉢植えのバラの木があるとする。そのバラの木を部屋の中に持ち込み、そのまま水もやらずに放置すれば、その木は枯れてしまいます。するとそこにたかっていたアブラムシはどうなるか？　なんと、突如としてアブラムシに羽が生え始め、一斉に飛び立つのが観察されるそうです。「このままここに居たんじゃ死んでしまうから、羽を生やして別な木のところに行こう！」とアブラムシなりに衆議一決したわけですね。

で、ハアネル曰く、アブラムシのような下等な虫ですら、必要に応じて体の仕組みさえ変え、飛べなかったものが飛べるようになる。それは実験で立証されている。いわんや、人間をや！　人間のような高等生物ならば、強く「こうありたい」と望めば、そのようになるに決まっているではないか！

なるほど、説得力あります……よね？　とにかく、ハアネルはこうして半信半疑の読者を励まし、引き寄せの法則を信じて自分の望みを叶え、輝かしい未来へと羽ばたけというメッセージを伝えているんです。

ウォレス・ワトルズの『金持ちになる科学』

さて、二十世紀に入ったアメリカでは、チャールズ・ハアネルに続けとばかりに、次々と引き寄せ系JKBライターが登場します。例えばハアネルとほぼ同世代のウォレス・ワトルズ

(Wallace Delois Wattles, 1860-1911) もその一人。彼の代表作は『富を「引き寄せる」科学的法則』(*The Science of Getting Rich*, 1910) という本です。

同書によると、この宇宙は「知性のある形のない物質」というたった一つのものから構成されている。で、この形のない物質の中に「形を作りたい」という人間の思考を吹き込むと、それがその思考の通りの物となって眼前に現れる。だから、例えば「豪奢《ごうしゃ》な家が欲しい！」という思考を念じ、形のない物質に働きかければ、なんと！　その家が目の前に出現する――はずなんですが、さすがに願っただけでいきなりボーンとは出てこない。ただ、家を手に入れるための商取引上のプロセスがいつの間にか始まり、最終的には望んだ通りの家が建つことは確か。だから肝心なのは、強く、明確に、欲しいものを心に念じること。世界はあらゆる人間の希望を叶えることが可能なほど豊かであり、かつ、神はその豊かな世界の中で人間が幸福を摑むことを願っておられるのだから、その神の意志に沿って豊かであることを望むのは罪でもなんでもない……。

このような記述を読むと、誰しも「マジ？」と思うわけですが、この本をさらに読み進めると、ワトルズが本当に言いたいことは、願いが直接引き寄せられてくるかどうかということではないことが分かります。そうではなくて、豊かになりたいという望みを具体的な形で心に描き、それが実現することを強く信じることで、その人はポジティヴな心根と明るい人柄を手に入れられるということ――ワトルズが言いたかったのはこれです。自分は絶対、豊かになれるはず、という一点の曇りもない信念が、その人を明るく、また自信満々にする。で、一般論として人はそういう繁栄のイメージに溢《あふ》れた人に惹かれるものだから、その人のところにはどんどん人が集まり、仕事が集まってくるようになって、結果として本当に繁栄してしまう。だから、そういうポジティヴな姿勢を保ちながら、今やっている仕事を一生懸命こなせばいい。今やっている仕事を一生懸命こなすことが、将来必ず舞い込むであろう幸運の受け入れ準備になるのだから……。

なーんだ、結局、そこへ落ち着くのか、それでは自助努力系ＪＫＢと少しも変わらないではないか——そう思うでしょ？

そうなんです。引き寄せ系ＪＫＢというのは、最後の方まで読んでいくと、なーんだ、結局努力が必要なのか、それならごく普通の話ではないか、ということになる。まあ、先にも述べましたように、自助努力系ＪＫＢと引き寄せ系ＪＫＢは、「自力本願」対「他力本願」で一見すると正反対のことを言っているようでいて、最終的には「一生懸命努力しろ」というところに落ち着くことが多い。『富を「引き寄せる」科学的法則』をはじめとするワトルズの一連の著作も、最終的には個人の努力を重視する極めて健全な引き寄せ系ＪＫＢと言っていいでしょう。

ジェームズ・アレンの『「原因」と「結果」の法則』

とは言え、自助努力系ＪＫＢと異なる引き寄せ系ＪＫＢの特徴は、やはり自分が何を望んでいるのか、どういう状況を実現させたいと思っているのかを明確に定め、その望みを常に意識し、強く心に願い続けよと指南するところ。ただやみくもに努力するのではなく、目標を明確に、意識的に定めることの重要性を、自助努力系JKB以上に強調するところに、引き寄せ系JKBの引き寄せ系たる所以《ゆえん》があるんですね。願うことが「原因」となり、それが確実な「結果」をもたらすと。

で、このような引き寄せ系JKBの特徴を遺憾《いかん》なく備えている代表的JKBが、ジェームズ・アレン（James Allen, 1864-1912）の『「原因」と「結果」の法則』（*As a Man Thinketh*, 1902）です。アレンはアメリカ人ではなく、イギリスのJKBライターですが、先に紹介したチャールズ・ハアネルやウォレス・ワトルズと同世代のこの人の書いた『「原因」と「結果」の法則』は、この時代を代表する引き寄せ系JKBとしてアメリカでも多くの読者を獲得し、大いにもてはやされたばかりでなく、その名声は遠く日本にも及んでいて、二十一世紀の日本ですら一向に売り上げの落ちないロングセラーとなっています。

この本、コンパクトなボリュームからして、本と言うよりは何らかのメッセージを伝えるために編纂《へんさん》されたパンフレットに近いものなのですが、では著者のジェームズ・アレンが我々読者に向けて発しているメッセージとは何かと言うと、「この世は完全に公平であり、不公平ということが一切ない世界だ」ということ。アレンによれば、この世の中には「運がいい」とか「運が悪い」とか、あるいは「偶然」とか、そういうものは一切存在しないと言うのですね。

ではこの世で起こっている（かに見える）運・不運というのは何かと言えば、すべてその運・

不運を被《こうむ》っている当該の人物の心掛けである。つまり心の中で不浄なことを考えている輩《やから》の行く末には必ず不幸が待っているし、逆に高邁《こうまい》な精神の持ち主に不幸が訪れることはない。何となれば、心で思うこと（＝原因）は、かならずそれに見合った状況（＝結果）をもたらすから。それは必ずそうなるので、そこには不公平ということがない。この世の法則とは、かくもシンプル、かくも素朴なものであると。

にもかかわらず、そのことに気づき、理解している人は非常に少ない、と、アレンは喝破《かっぱ》します。だから今自分が陥っている不幸な状況を何とかしようとして悪あがきをし、それが叶わぬものだから余計苦しみ、果ては「自分は一生懸命やっているのに、運が味方をしてくれなかった」などと勝手に解釈して世を恨んだりする。つまり「原因」のことを放っておいて「結果」の方を変えようとする愚を犯しながら、その愚に気がつかないでいるんですね。

しかし、結果（＝状況）というのは変えがたいものなので、それを変えようとしても難しいのは当たり前。その一方、原因、すなわち自分の心掛けというのは、自分の意志一つでどうとでも変えられる。「よし、良い人間になろう」と決意すれば済むことなんですね。で、そう決意し、正しい目標を設定し、あとはわき目もふらずにその目標の達成に努力すれば、あーら不思議、たちまちのうちに結果がついてくる。環境ががらりと変わり、望んでいたような幸福を手に入れることができる。だから、原因の方を変えなさい。環境ではなく、自分自身を変えなさい。清い心で気高い目標を目指しなさいと。

ジェームズ・アレンの『「原因」と「結果」の法則』が言っていることは、そういうことです。要するに「自分を変えれば、自分を取り巻く状況が変わる」ということ——そう、本書第2章の冒頭で述べた「インサイド・アウト」の考え方ですね！　結局、自助努力系JKBにしろ、引き寄せ系JKBにしろ、優れたJKBに書いてあることは常に同じ、すなわち自分（＝インサイド）が変われば世界（＝アウトサイド）が変わる、ということなんです。

百花繚乱！　引き寄せ系JKBの系譜

チャールズ・ハアネル、ウォレス・ワトルズ、ジェームズ・アレンと、初期引き寄せ系JKB言説を代表する三人のライターをご紹介してきましたが、この時代ですと、この他にも有名なJKBライターは大勢いて、中でもトマス・トロワード（Thomas Troward, 1847-1916）、ウィリアム・アトキンソン（William Walker Atkinson, 1862-1932）、ラルフ・ウォルドー・トライン（Ralph Waldo Trine, 1866-1958）の三人は影響力も大きかった。特にウィリアム・アトキンソンは、後述するように、「ヨガ」を西洋にもたらした人として名高く、自己啓発思想のみならず、東洋思想の紹介と受容という点でも興味深いところがあります。

そして彼らが基礎を築いた引き寄せ系JKBの伝統は、一九二〇年代以降も途切れることなく後続する若い世代のライターたちに引き継がれ、二十一世紀の今日に至るまで連綿と続いていく。

例えば上記トマス・トロワードの弟子筋には、女性JKBライターの草分けで『願望物質化の「超法則」』(*Your Invisible Power*, 1921)で知られるジュヌヴィエーヴ・ベーレン(Geneviève Behrend, 1881-1960)がいる。アメリカに住んでいた時にトロワードの説く引き寄せの法則のことを知り、まさにその法則を使って即座に二万ドルもの大金を手に入れると、それを資金にして大西洋を越え、当時イギリスのコーンウォールに住んでいたトロワードのところまで行って弟子入りしたというガッツのある女性。また直接の師弟関係にはなかったけれど、同じくトマス・トロワードの言説に強い影響を受けたJKBライターにジョセフ・マーフィー(Joseph Murphy, 1898-1981)という人がいて、『宇宙はあなたの祈りに従う』(*How to Attract Money*, 1955)をはじめとする数多くの引き寄せ系JKBを書いています。

そのマーフィーの友人で、『世界はどうしたってあなたの意のまま』(*At Your Command*, 1939)を著したネヴィル・ゴダード(Neville Goddard, 1905-72)は、エチオピアのラビ(ユダヤ教のお坊さん)の下で修行した経歴の持ち主で、そのせいか彼の著書には旧約聖書からの引用が多い。ゴダードによると旧約聖書の中で最も重要な一節は、神が自分のことを「I AM WHO I AM.」(私は有って有る者)と名乗った箇所(『出エジプト記』第三章十四節)であって、人間もまた自分が自分として存在することを強く意識した瞬間、神と同等のパワーを引き出すことができる。だから「自分は貧乏なので、神様、どうか金持ちにして下さい」と祈るのは大間違い。むしろ自分自身が神になったつもりで「自分は金持ちである」と自覚することが重要、そう自覚すればたちどころに金持ちになれる、というわけ。

ちなみにゴダードの影響を強く受けた後世のJKBライターの一人がウェイン・ダイアー

（Wayne Walter Dyer, 1940-2015）で、彼は『自分のための人生』（*Your Erroneous Zones*, 1976）というベストセラーで知られている人ですが、この本の原題にある「Erroneous Zones」（＝間違いを引き起こすゾーン）とは何かと言うと、要するに「過去」とか「未来への不安」とか、「他人の目」とか「自身に対する過小評価」など、自分を萎縮させ、思い通りの行動を取ることを妨げる外的要因のこと。そういうものに惑わされずにどこまでも自分本位で行け、何をするにも自分の精神に問いかけ、自分が真からやりたいと思うことだけを他人の思惑など気にせずに徹底して追求せよ、そうすれば必ず道は開ける、とダイアーは言います。人間の本質は精神にあり、と主張するところが、引き寄せ系JKBライターの証《あかし》と言えるでしょうか。

それから先に挙げたジュヌヴィエーヴ・ベーレンの同世代人として、もう一人、ナポレオン・ヒル（Oliver Napoleon Hill, 1883-1970）を紹介しておきたいと思います。この人の書いた『思考は現実化する』（*Think and Grow Rich*, 1937）は、その影響力の大きさから言って「二十世紀最大の引き寄せ系JKB」と言っても過言ではありません。この人についてはその経歴があまりにも面白いので、私もいずれまた別な本にまとめるつもりですが、そのヒルの『思考は現実化する』を読んで発奮し、赤貧洗うがごとき少年時代から身を起こしたのがアール・ナイチンゲール（Earl Nightingale, 1921-89）で、彼もまた『ザ・ストレンジスト・シークレット』（*The Strangest Secret*, 1956）をはじめとする一連の著作や録音で、一流JKBライターの仲間入りを果たしています。

精神力を重視するという点では、ノーマン・V・ピール（Norman Vincent Peale, 1898-1993）

のことにも言及しておかなければなりません。一九五二年に『積極的考え方の力』(*The Power of Positive Thinking*)を上梓し、これが五百万部の大ベストセラーになったことで一躍、売れっ子引き寄せ系JKBライターになった人ですが、この人の本職は牧師さんで、この本の中でもキリスト教的観点から引き寄せの法則を説いています。

例えば大きな商談を前に自信を失っているビジネスマンに対して、ピールは「神に祈れ」とアドバイスする。「わたしを強めてくれる方のお陰で、わたしにはすべてが可能です」という祈りを三回ずつ、一日に何度も祈りなさいと。結果、そのビジネスマンは自信を取り戻し、大成功を勝ち取ったそうです。またご主人の浮気が元で離婚の危機にあった中年女性に対しては、「神は美容院を運営している」のだから「有能で、魅力的な自分の姿を思い浮かべ」なさい、そして「夫の良いところを思い浮かべ、調和を取り戻したふたりの様子を描き出すように」しなさいとアドバイスし、彼女がこのアドバイスに素直に従ったところ、彼女の夫はいつしか浮気相手と別れ、彼女がイメージした通りの優しく思いやりのある夫に戻ったとのこと。とまあ、真摯《しんし》な願いが叶った豊富な実例を挙げながら、ピール牧師は「ポジティヴな気持ちを絶やさず、『こうなって欲しい』と強く祈れば、その祈りは必ず現実化する」と主張するんですね。歴史的な観点から言えば、自己啓発思想というのは、元来、キリスト教の教義とは相容れないところがあるはずなのですが、ピールの場合はその両者が見事に矛盾なく融合しているところが実に面白い。

ピール以後、牧師さんでありかつJKBライターでもあるという例は結構あります。『宇宙の力を使いこなす方法』（*The Dynamic Laws of Prosperity*, 1962）を書いたキャサリン・ポンダー（Catherine Ponder, 1927-）もその一人で、彼女は「女性版ノーマン・ピール」と呼ばれています。この人もその著書の中で「願ったことは必ず引き寄せられる」と主張していますが、ちょっと面白いのは「人生をさらに豊かにしたいのなら、豊かさの入るスペースを作れ」と説いているところ。例えば新しい服が欲しいのであれば、まず古い服を人にあげるなりして箪笥《たんす》にスペースを空けることが必要だと。それと同様に、もし幸せになりたいならば、幸せになるためのスペースを空けなければならない。そのためには、過去の怨恨など自分の胸の内に巣食う悪いものをまず捨てなさい、友人と不和になっていたなら、その人のことを許しなさい、と説いている。なるほど、「幸せになるためのスペースを空ける」って、なかなかいいアドバイスですよね！

またもう少し現代に近いところですと、ジョエル・オスティーン（Joel Osteen, 1963-）も牧師兼JKBライターとして有名で、この人の最初の著書である『あなたはできる――運命が変わる7つのステップ』（*Your Best Life Now: 7 Steps to Living at Your Full Potential*, 2004）は、アメリカだけで四百万部のベストセラーとなったシロモノ。この本によると、人間のすることはすべて神がご照覧だと。例えばあなたが過去のことに囚われてうじうじとつまらない日々を過ごしているとしたら、それも神はご照覧で、「こいつ、どうするつもりかな？　このままつまらない人生を送るつもりなら、私の目には適わないから、それなりの褒美でいいだろう」とお考えになる。その一方、過去と決別し、「私は今日、この日から立ち直るぞ！」と宣言し、その心掛け通りに行動したとすれば、やはり神はそれを見ておられて、「よーし、その意気だ！　応援してやるぞ」とお考えになる。神の恵みは無尽蔵であり、仮に人間が開かない扉の前で絶望していたら、必ずやその隣にある別の扉を示して下さるのだから、いつまでもくよくよしていないで、勇気を出してその別な扉を開けてみればいい。結局、ジョエル・オスティーン牧師が提示しているのは、キリスト教の中から「怒る神／罰する神」という概念を完全に取り去って、人間が最善に生きようとすれば、神は必ずそれを認めて豊かにして下さるという、いわば「褒める神／恵む神」の概念だけでドンドン押していくというやり方。そんな優しい神のお使いですから、オスティーン牧師の人気たるや凄いもので、彼の説教には四万人以上の人が集まるのですから、もはやロックスター並みと言っていいでしょう。

ロンダ・バーンの役割

ここまで十九世紀末から二十世紀にかけて活躍した引き寄せ系ＪＫＢライターたちをざっと紹介してきましたが、もちろんここに挙げたのはほんの一部に過ぎず、この他にも著名なＪＫＢライターというのは山のようにいます。そして彼ら／彼女らは、それぞれに個性的な切り口で、しかし本質的には異口同音に、「人間が考えたことは、すべて現実化する」ということを謳《うた》っている。まさにそのことによって、どんな出自、どんな環境にあっても、あなたにやる気さえあれば、そのやる気ひとつで自分の望む未来を実現できると、読者を励ましているんですね。

そのようなことを踏まえて言いますと、本章の冒頭にロンダ・バーンの書いた『ザ・シークレット』という本のことに言及しましたが、結局、彼女が成し遂げたこと、そして『ザ・シークレット』という本が成し遂げたことというのは、十九世紀末から二十世紀初頭にかけて、アメリカにおけるJKB市場を席捲《せっけん》した引き寄せ系JKBの数々を、二十一世紀に入った世界に向けてあらためて紹介したということになるのではないでしょうか。そしてそれによって、確かに、引き寄せ系JKBの爆発的再ブームが起こったのですから、それはそれで価値のあることだったとは言えるでしょう。

ただ、それと同時に、『ザ・シークレット』がベストセラーになったおかげで、引き寄せ系JKBに対する厳しい、あるいはやっかみ半分の、批判の渦が巻き起こることになったのも事実。例えばカレン・ケリーが書いたロンダ・バーン批判の書『ザ・シークレットの真実』(Karen Kelly, *The Secret of "The Secret,"* 2007)もその一つですが、「強く願うだけでいかなる望みも引き寄せることができる」とする引き寄せ系JKBの主張をあざ笑うような風潮が生まれてしまった。

そのように考えると、『ザ・シークレット』という本は、色々な意味で、「寝た子を起こして」しまったのかもしれません。

この章を読んで「面白い!」と思った人に、以下に挙げる本をおススメします。

・ロンダ・バーン『ザ・シークレット』角川書店
・チャールズ・F・ハアネル『ザ・マスター・キー』河出文庫
・ウォレス・ワトルズ『富を「引き寄せる」科学的法則』角川文庫
・ジェームズ・アレン『「原因」と「結果」の法則』サンマーク出版
・ナポレオン・ヒル『思考は現実化する』きこ書房
・ウェイン・ダイアー『自分のための人生』知的生きかた文庫
・ノーマン・ヴィンセント・ピール『積極的考え方の力』ダイヤモンド社

Coffee Break

「引き寄せ系JKB」の落とし穴

本章では引き寄せ系JKBについてあれこれご紹介してきましたが、自己啓発本の中でも引き寄せ系には実に色々な種類のものがありまして、ビックリさせられることばかりです。

例えばバシャールという人(?)の書いた『BASHAR 2006――バシャールが語る魂のブループリント』(VOICE、2006)という本。引き寄せ系JKBとしては、なかなかよく書けている本ではあるのですが、最後の最後に落とし穴が……。

バシャールがこの本の中で繰り返し述べているキーワードは「ワクワク」です。「ワクワクする生き方をしなさい」というのが、バシャールの自己啓発思想の基本なんですね。えー、そんなの当たり前でしょ? と思ったあなた。でもバシャールに言わせると、大抵の人はそこを間違うんですね。

向上心のある人は、まず「目標」を定めます。で、その目標に向かって努力をする。だけど、その目標に到達できる人は少なくて、大概はそこまでいかない。となると、当然のことながらガッカリしてしまって、無力感とフラストレーションに因われてしまう。

バシャールが「間違っている」と言うのは、ここです。

特定の目標に到達するかどうか、成功するかどうかは、人生の目的ではないんですね。人生の本当の目的は「ワクワクした生き方をすること」だけ。だから、自分の生き方を問うのであれば、「今、自分はワクワクしているか?」という風に問えとバシャールは言います。で、人生というのは、常に自分が主体的に行う選択であるのだから、常にワクワクすることを自らの意志で選んで行うことが重要であって、そうすればあなたの「魂の青写真」（これはバシャールの用語で、各人に設定された幸せの方向性みたいなもの）と、あなたがワクワクを基準にして選択した行為がシンクロする。そして両者がシンクロすると、その瞬間、エネルギーに満ちた波動が発生し、その波動がその人にとって素晴らしいものを引き寄せてくれる。だから「やり遂げるべき目標」を設定するのではなく、まずは今、この瞬間をワクワクしながら生きなさい、そうすれば、そのことによって自ずと達成と言えるような何かを未来から引き寄せることになるよと。

ちなみに、ここでバシャールの言う「未来」とは、時間軸上の未来ではなく、パラレル・ワールドとしての未来を指します。で、そのパラレル・ワールドとしての未来は、現在の自分を鏡のように反映するものだと、バシャールは説明します。

この「鏡のように」という比喩はとても分かりやすいのですが、バシャール曰く、鏡をしかめっ面で睨《にら》みつけていたところで、いつまで経っても「笑顔の自分」は見られない、自分から笑顔にならなければ、鏡は「笑顔の自分」を映し出すはずがないと。だから、まず自分が変わりなさい、そうすればその変化を反映して、「変わった自分」にふさわしい未来が訪れるはず――バシャールが言わんとしているのは、そういうことですね。世界は常に「インサイド・アウト」で変わるものだよ、と。

とまあ、この本を読んでいると、なかなかいいことが書いてあるわけですよ。よーし、「ワクワクする生き方」を選んで、インサイド・アウトで素敵な未来を引き寄せるゾ！と思うでしょ？

ところが！

バシャールには、他の引き寄せ系JKBライターとは異なる点が一つありまして……。

それは、著者のバシャールが地球人ではない、ということ（爆！）。

そう、バシャールは地球人ではなくて、「エササニ星人」だったんです。エササニ星人はもう物理的な肉体など必要としないほどに進化していますから、地球人との交信はもっぱらダリル・アンカというチャネラーを通して行われます。この本も実は、バシャールからのメッセージをダリル・アンカが書き留めた、という体で書かれていたのでした。

で、バシャールはそんな風ですから、地球の歴史についても我々無知な地球人に色々教えてくれます。

例えば、初めてバシャールたち異星人が地球に来た時、地球上には爬虫類《はちゅうるい》が這い回っていたと。そこでバシャールたちが自分たちのＤＮＡをその爬虫類にちょっと注入してみたところ、恐竜が誕生した。つまり「Ｔレックス」はトカゲと宇宙人のハイブリッドだったんですね！

ちなみに、バシャールによると、我々人間も実は異星人とのハイブリッドなんですって。で、そのハイブリッドには地上種と水中種があって、地上種になったのが人間、水中種になったのがイルカとクジラだと。いやあ、私も以前から「どうしてイルカとかクジラって、人間に対してあんなに親しげなんだろう？」と不思議に思っていたんですけど、これで理由が分かりました。我々人間とイルカ／クジラは血を分けた兄弟だったんだ！

……って、おいっ！

かくのごとく、引き寄せ系ＪＫＢの場合、「この本、ＪＫＢとして、よく書けているなあ……」なんて感心しながら読み進めていると、こういう落とし穴が待っていたりすることが、まままあるんですよね。まあ、いいこと、ためになることが書いてあるのであれば、「実は、これを書いているのは宇宙人で……」と言われたとしても、気にしなければいいのですけどね。

Chapter

4

引き寄せの実践

前章ではロンダ・バーンの『ザ・シークレット』なるベストセラーが、引き寄せ系JKBブームの時ならぬ再燃を促したという話から、そもそも「引き寄せ系JKB」なるものがいかにして誕生したのか、その誕生経緯を説明しました。

確認のために今一度繰り返しますと、引き寄せ系JKBの根幹にある「引き寄せの法則」というのは、もともとは「人間を罰する人格神」に帰依する伝統的キリスト教へのアンチテーゼとして「人間に恵みを与える霊的存在《エーテル》としての神」を奉じたエマニュエル・スウェーデンボルグの教説に端を発し、その後「回復を強く念じれば病気は治る」とするフィニアス・クインビーの「精神療法」や、「人が日がな一日考えていることが、そのままその人の人生となる」と論じた人気思想家ラルフ・ウォルドー・エマソンの「超越主義」を通過しながら精錬されていった新しい宗教概念（＝ニューソート）から派生した考え方で、それが十九世紀後半以降のアメリカの経済的大発展を背景とする全能感の蔓延の中で、「人が思考したことは、すべて現実化する」という、いささか常軌を逸した言説として普及してしまった、ということだったわけです。

過激化する引き寄せ系ＪＫＢ

とは言え、プレンティス・マルフォードやチャールズ・ハアネル、あるいはウォレス・ワトルズやイギリス人のジェームズ・アレンといった初期引き寄せ系ＪＫＢライターたちの言説を見ると、確かに「人が思考したことは、すべて現実化する」ということを主張してはいるのだけれども、それは「目標をしっかり定めて、その目標に向かってたゆまず努力すれば、目標達成は決して夢ではない」ということを言うための方便であって、結局は自助努力系ＪＫＢと同じことを主張しているに過ぎないことがよくある。つまり引き寄せの法則なるものが人口に膾《かい》炙《しゃ》し始めた当初は、引き寄せ系ＪＫＢと自助努力系ＪＫＢは、見かけほど違うものではなかったんです。

ところが一九二〇年代以降、引き寄せ系ＪＫＢは次第に過激化していきます。この頃から「人の思考が宇宙を構成するエーテルに直接働きかけ、思考された通りの現実を引き寄せてくる」という、世にも非科学的な言説が、大手を振ってまかり通るようになるんですね。

それは一体なぜなのか？

量子力学と「引き寄せの法則」

答えは「量子力学の発展があったから」です。意外なことのようですが、実は引き寄せ系

JKBの過激化には、当時最新の物理学が深く関わっていたのです。

皆さんは「量子力学」っていう言葉、ご存じでしょうか。アインシュタインの一般相対性理論と同じく、古典的なニュートン力学では説明できない現象を説明する、現代物理学の根幹を成す理論ですね。より簡潔に言えば「電子についての学問」。物質をミクロの視点で見ると、原子と分子と電子からできていることが分かるのですが、このうち電子は、通常の物質とは異なるふるまいをする。そこで電子のような特殊な存在を「量子」と呼ぶこととし、これを研究するのが量子力学と言うことになる――もちろん、こう書いている私には何のことやらさっぱり分かりませんが。

で、その現代物理学理論が足場を固めたのが一九二〇年代なんですが、一般人にはとうてい理解し得ないこの一連の理論の中で、一つの言説に世間的な注目が集まることになる。それが「(粒子)波動説」という言説です。ウィキペディアを参照すると、これは一九二四年に第七代ブロイ公爵ルイ＝ヴィクトル・ピエール・レーモンなる高貴なフランスの理論物理学者がソルボンヌ大学に提出した博士論文の中で打ち立てた理論で、電子が粒子性(通常の物質としての性質)と波動性(状態としての性質)を併せ持つ特殊な存在であることを明らかにしたものなのですが、審査に当たったソルボンヌの教授陣ですら彼の理論を理解できなかった。そこで彼らはかのアインシュタイン博士のところにこの論文を送って参考意見を求めたところ、アインシュタイン博士は即座に「この青年は、博士号よりもノーベル賞を受けるのがふさわしい」と回答したそうです。実際ルイ・ド・ブロイ青年はその五年後、一九二九年に「電子の波動性の発見」

によってノーベル物理学賞を受賞しています。

この若き公爵が発表した「電子の波動性」の学説自体は画期的な物理学上の大発見だったのですが、その快挙がマスコミを通じて報道された時、それを読んだ一般の人々は、極めて素人的でいい加減な解釈をしてしまった。つまりルイ・ド・ブロイの理論とは、「すべての物質は、実はある種の振動だ」ということなのだろうと短絡的に思い込み、この誤った解釈が独り歩きを始めてしまったんです。鉄とか石とか、人間の目にはカッチンコッチンの固い物質のように見えるものであっても、あれは実は振動する電子の集合体だったんだ！　といった具合に。

で、そういう物質と振動にまつわる言説が出回り出した時に、我が意を得たりとばかりに勢いづいたのが時のJKBライターたちでした。「だから我々は最初から言っているじゃないか！　万物はそれぞれ固有の周波数を持って振動するエーテルの塊だって！」と。

つまり、「宇宙にある万物はすべて固有の周波数を持ったエーテルであり、人間もエーテルならば人間の思考もエーテルであって、人間が思考すれば、その思考は宇宙にすっ飛んで行ってエーテルを材料にして同じ周波数を持つモノを創り出し、それを思考した人間の元に連れ帰ってくる」と主張する引き寄せの法則は、一九二〇年代半ばの最先端の物理学理論によって肯定されてしまったわけですよ、ある意味。

しかも、それだけではないんです。一九二〇年代後半のアメリカというのは、「ラジオの時代」でした。一九二六年にNBCが、翌一九二七年にCBSがラジオ放送を開始し、以後、ラジオが一般大衆の娯楽の中心になっていく。もちろん、テレビ放送が始まるはるか以前の話です。

ここでちょっとラジオ放送の送受信のプロセスを考えてみましょう。まず放送局が制作した放送内容を特定の周波数を持った電波に変えて放出する。次にリスナーが自宅のラジオ受信機のダイヤルを回して、自分の聴きたいラジオ番組に周波数を合わせる。そうすると空間を漂っていた電波をラジオがキャッチして（＝引き寄せて）、自分の部屋に招き入れる――そういうことですよね？　つまり、特定の周波数を持って振動しながら空間を漂っていた電波に対し、リスナーがラジオを操作して、同じ振動・同じ周波数にチューニングして導いてやれば、その電波を自分の手元へと引き寄せることができると。

一九二〇年代後半、当時最新の科学的娯楽であったラジオの仕組みを理解し、その恩恵を享受した後で、ＪＫＢライターたちが「引き寄せの法則もこれと同じ仕組みだ」と声を揃《そろ》えて言い出したとしたら、当時の一般大衆はどう感じたでしょう。少なくとも「馬鹿馬鹿しい！」と一笑に付すことはなかったのではないでしょうか。

だからラジオの発明と流行もまた、引き寄せ系ＪＫＢの主張を裏書するものとして、一役買っていたんですね。

それともう一つ、ラジオと並んで引き寄せ系ＪＫＢの流行に貢献したのが「飛行機」です。

ご存じの通り、ライト兄弟が初めて飛行機を飛ばしたのは一九〇三年のことですが、その後、飛行機はどんどん進化し、一九一九年には欧州で旅客機の運行も始まっています。そして一九三〇年代に入るとアメリカは欧州を抜かして航空産業の一大拠点となる。つまり、この時代までに人間は誰しも空を飛べるようになったんですね。

では、どうして人間は空を飛べるようになったのか？　答えは簡単、「誰かが空を飛びたいと考えたから」ですね。つまり、人間が考えたことは、それが「空を飛ぶ」というような非現実的な夢であっても、ちゃんと現実化する。飛行機の出現とその発展は、科学技術の進歩の象徴であると同時に、引き寄せ系JKBの言説を力強く後押しする要因にもなったと。

……とまあ、歴史的な視点を踏まえると、「人間が思考したことは、すべて現実化する」と主張する引き寄せの法則の考え方は、科学の進歩によってあっさり否定されるどころか、むしろ逆に強化されたと言っていい。だからこそ引き寄せ系JKBは、一九二〇年代以降、一層過激に、一層文字通りの形で、広まっていったんですね。

そしてその傾向は二十一世紀の今日まで続いています。書店に行って自己啓発本のコーナーに行き、どれでもいいので「引き寄せの法則」を標題に掲げているJKBをご覧なさい。そこには今でも「あなたが強く望めば、望んだ通りの現実が（宇宙の果てから）引き寄せられてきます」という主張が、恥ずかしげもなく載っているはずです。

「引き寄せの法則」の実践作法

さて、ここまでお読みになった方の中には、「そこまで言うのなら、引き寄せ系JKBが主張する『引き寄せの法則』を自分でも試してみたい」と思われた方もいるのではないでしょうか。「あれが欲しい」とか「こうなりたい」とか、何であれ宇宙に向けて真剣に願ったことが本当に現実化すると言うのなら、一度くらい実際に試してみたいと。

そこで、ここからしばらく、いわば「実践編」として、各種JKBが推奨する「引き寄せの法則を使う際の作法」について、簡単に説明していきます。なお、以下に示すのは、特定の引き寄せ系JKBから引用したものではなく、何冊かの代表的な引き寄せ系JKBの記述を総合したものですが、引き寄せ系JKBはどれもほぼ同じことを書いていますので、これが引き寄せの法則を有効に使うための定番のノウハウだと思って読んでいただければと思います。

1. イメージ化

まず自分が引き寄せたいと思っているものを明確にイメージします。実は引き寄せの法則を使う時に一番重要なのはこのイメージ化。英語では「ヴィジュアライゼーション」(visualization)と言いますが、何か特定のモノ(例えば「限定品のスニーカー」など)を引き寄せたいと思うのであれば、それを漠然と望むのではなく、どのメーカーの何というモデルなのか、どういう色、どういうデザイン、どういう手触りなのかといった細かいディテールまでしっかりイメージして、それを受け取っている自分自身の姿まできっちりイメージ化することが肝要。

もちろん、引き寄せたいものがモノでなくても構いません。例えば試験でいい成績を取りたいのであれば、「百点満点」の答案用紙を受け取っている自分の姿をイメージするのもいい。

スポーツに打ち込んでいる人であれば、ここぞという時に特大ホームランを打った自分、見事決勝ゴールを決めた自分、テニスでリターンエースを決めてガッツポーズをしている自分、全国大会で優勝し、トロフィーを受け取っている自分……そんな場面を、まるで映画の一シーンのようにまざまざと思い浮かべるのもいいでしょう。そしてそれぞれのシーンの中で、歓喜に満ち溢れている自分自身の姿を想像し、その興奮までもリアルに味わうようにして下さい。要するに引き寄せの法則を使う極意とは、未来の喜びを先取りして味わうことにあるのです。

2. 宣言

次に、引き寄せをさらに確実なものとするために、自分の望む状況を言語化し、それを紙に書き出して明確に宣言して下さい。これを英語では「アファメーション」(affirmation)と言うのですが、宇宙は人間の心を忖度《そんたく》してくれませんから、以心伝心なんてことに頼ることなく、自分の望みを宇宙に向けて明示する必要がある――それが宣言/アファメーションです。

ただ、その際注意すべきことは、「いつかきっとそうなりますように」というように、曖昧な未来の出来事として何かを望むような書き方をしてはいけないということ。例えば「一か月以内に」とか「〇〇年〇〇月〇〇日までに」など、具体的な期限を切って実現を願うようにして下さい。目標は日時を含めて明確に定める必要があります。

そして自分の望むモノ・望む状況とそれが実現する日時を紙に書いたら、それを常に自分の目の触れる場所に貼って下さい。そうすることによって自分が引き寄せたいことを宇宙に知らせるだけでなく、自分自身の潜在意識の中にも焼き付けるようにするのです。

3. 感謝

さて、引き寄せたいモノ・引き寄せたい状況を明確にイメージ化し、宣言も済ませたら、次にやるべきことは、「ありがとう！」という感謝の気持ちを宇宙に向けて放出すること。これはどのJKBライターも異口同音に言っていることですが、人間が発する言葉の中で「ありがとう」という言葉ほど力のあるものはありません。自分の望みを宇宙に託すに当たっては、あたかもそれがすでに実現したかのように、本気の感謝の気持ちを「ありがとう」という言葉に込め、目一杯表現すること、これを是非実行して下さい。この言葉があなたの望みの実現を可能な限り加速させてくれるのです。

4. 嫉妬《しっと》しない／他人の幸福を寿《ことほ》ぐ

引き寄せにトライしている最中は、自分の望みが実現することへの期待が高まりますから、それがなかなか実現しないことにイライラすることがあります。そしてその裏返しで、現時点ですでに望みを叶えている人に対して嫉妬心を抱いてしまうことがあります。

しかし、嫉妬心を抱いてはいけません。「感謝」が引き寄せを加速するのとは逆に、「嫉妬」は引き寄せを減速させてしまうからです。

なぜなら、宇宙は決して差別しないから。宇宙は、夢が叶うまでの時間に差はあるにせよ、誰の願いも平等に叶えるので、そこに贔屓《ひいき》は一切ありません。それを疑って嫉妬することは、宇宙の公平性に対して疑問を抱いたことの表明であり、自分の引き寄せが実現しないのではないかと疑ったことの証拠になります。疑いの心を交えた願いは、絶対に叶いません。

自分が手に入れたいものを、他人が手に入れたのを目撃しても、嫉妬する必要はありません。むしろ他人が手に入れた幸福を一緒に喜ぶべき。なぜなら、その人もまた引き寄せを行ったに違いないのだから。その人の引き寄せが成功したなら、次は自分の番かもしれない。だから、他人の幸福は自分の幸福の前触れとして、大いに喜びましょう。

5. 辛抱強く待つ

最後にもう一つ、これも引き寄せをする上で非常に重要なことですが、自分の望みを引き寄せる際、結果を急いではいけません。

引き寄せ系ＪＫＢによれば、宇宙は人を差別しないのですから、すべての人の真摯《しんし》な願望は必ず成就します。しかし、成就するタイミングについては、これは宇宙次第というところがある。宇宙がベストと考えるタイミングであなたの引き寄せが成功し、願望が成就するようになっているので、そのことに不満を持ってはいけません。

引き寄せの法則は、すぐには実現しません。しかし、それは引き寄せの法則の美点であって、欠点ではないのです。

人間の強い願望、強い願いはすべて宇宙に放出され、引き寄せによって実現しますが、これは素晴らしいことであると同時に、非常に危険なことでもあります。

例えばあなたが学校で誰かと喧嘩《けんか》したとする。その際、相手に対して非常に激しい怒りを抱き、思わず「お前なんか死んでしまえ！」と言ってしまうかもしれません。口にしないまでも、心の中でそう思うことは大いにあり得るでしょう。このようなことが起こった時、仮に引き寄せの法則が即時に実現するとすると、どういうことになるでしょうか？　喧嘩した後、家に帰って反省しているうちに、「自分も言い過ぎたかな。自分にも悪いところはあったかもしれない。『死んじまえ』なんて悪いこと言っちゃったな。明日学校で会ったら謝ろう」なんて思って翌日学校に行ったら、なんと、昨日の喧嘩相手がすでに亡くなっていた！　なんてことにもなりかねません。

人間の心なんて、落ち着きのないものです。しょっちゅう考えが変わったりする。そんなふらふらした考えがすべて実現してしまったら大変なことになってしまいます。

だから引き寄せの法則が実現するまでにある程度の時間差があるということは、非常にいいことなんですね。人間の色々な感情の中で最も強いもの、長年抱き続けているものだけが、ある程度の時間が経ってから実現するというのは、だから、よくしたものなわけです。ですから、どんなに時間が掛かろうと強く切実な願いは必ず叶うと信じて、辛抱強く引き寄せを行って下さい。

さて、引き寄せを行う上での作法として、「イメージ化」と「アファメーション」、「感謝の心を持つこと」、そして「嫉妬せず他人の幸福を共に喜ぶこと」、「辛抱強く待つこと」という五つのコツを伝授してきましたが、いかがでしたか？　これらのコツを踏まえた上で、引き寄せの法則にトライしてみる気になりましたか？

まあ、モノは試しと言いますからね！　半信半疑の方もおられるとは思いますが、せっかく本書をここまでお読みになったのなら、一度くらい試してみるといいと思います。と言うのも、引き寄せの法則を試すことには、一定のメリットがあるからです。

本当に引き寄せることはできるのか？

なぜ一定のメリットがあることが分かるかと言いますと、私自身が実際に引き寄せの法則を試してみたからです（爆！）。

ＪＫＢについての研究に携わるようになって、この世界に引き寄せの法則という考え方があるということを知った私は、非常に強い感銘を受けました。感銘というか、興味を引かれたというか、とにかく「そいつは面白い！」と思ったんですね。だって「人間の思考はすべて現実化する」などという、にわかには信じがたい話を大真面目にする人たちが百年以上前から大勢いて、またそれを本気で信じている人が大勢いるなんてものすごく面白いではないですか！

と同時に、本当にそんなことがあるのだろうか？　もしあるのだとしたら、私も実際に思想を現実化してみたい！　と強く思いました。

おそらく、こういうところが私と私以外の研究者の違いなんだろうと思います。私以外のまともな研究者は、引き寄せ系JKBの主張を「馬鹿馬鹿しい！」の一言で片づけますから。でも私はそんな風には考えなかった。こういうことが百年以上も昔からずっと言われてきた以上、そこに何らかの真実があるのではないか、と考えたんです。

ということで、他人の言うことなんか一切気にせず、私は自分でも引き寄せの法則を試してみることにしました。その際、参考にしたのは前章で紹介したロンダ・バーンの『ザ・シークレット』という本。この本の中でバーンは「引き寄せの法則を自分の目で確かめるには小さなものから始めるのが一番簡単です」と述べ、続いてデイビッド・シャーマーという人の体験談を紹介しているのですが、その部分を引用してみましょう。

人々は私の駐車場での空きスペースの探し方に驚きます。私は『ザ・シークレット』を理解して以来ずっとそれを実践しています。先ず自分の望む位置に駐車スペースをイメージします。すると九五%その場所が空いていて、私はそこに駐車できるのです。残りの五%の時は数分待てば、そこに停まっていた車が出て、私がそこに駐車するのです。私はいつもそうしています。

（一〇九頁）

なるほど、引き寄せの法則を試す第一弾として、「空き駐車場実験」はなかなか面白そうではないですか。

と言いますのも、実は私が勤務している大学では、私の研究室のある研究棟の前に職員用の駐車場があるのですが、そこはいつもクルマが一杯で、なかなかうまい具合に自分のクルマを停めることができないんです。で、仕方なく、かなり遠くにある別な駐車場まで駐車しに行って、そこから自分の研究室まではるばる歩かなくてはならないことが多いのですが、これが結構面倒で……。

そこで、実験と実益を兼ねて、朝、家を出る前に「大学に着いたら、必ず研究棟の前の駐車場に私のクルマを停めるための駐車スペースがありますように」と念じてから、大学に向かうようにしました。

そうしたら、どうなったと思います？

それ以後、私が研究棟前の駐車場にクルマを停められないということはほぼなくなりました。どういうわけか、「ここに駐車しなさい」と言わんばかりに、妙にポッカリと一台分だけ駐車スペースが空いていることが多くなったのです。それまでは二日か三日に一回は遠くの駐車場に停めに行かなくてはならなかったのに、今はそんなことはめったにありません。

信じるかどうかは、あなた次第です。私自身は信じるも何も、実際にメリットがあるのですから、今でも毎日「マイ駐車スペース」を引き寄せていますけどね！

それからもう一つ、引き寄せの法則に関して、こういうこともありました。

引き寄せの法則に関するＪＫＢをむさぼり読んでいた頃、たまたま私はクルマの買い替えを検討していたんです。

で、ある時、大学に出勤するクルマの中で、「どうしようかな。マツダの『ロードスター』を買おうかな……」と考えていたら、対抗車線をまさにそのロードスターが走ってくる。ふうむ。やっぱりカッコいいな。でも、待てよ、イタリアの「フィアット500」もカワイイよな……そう思った途端、対抗車線に「フィアット500」が現れて私とすれ違いました。ビュン。ふうむ。フィアット500は確かにカワイイ。だけど、名車の誉《ほま》れ高いフォルクスワーゲン社の「ゴルフ」というクルマにも一度は乗っておきたいよな……そう思った瞬間、向こうから「ゴルフ」が走ってきてすれ違いました。それも私がいいなと思っていた青い色のゴルフが。

そこでさすがの私も「あ!」と気づきました。引き寄せちまった、と。

そしてその後、悩みに悩んだ末に「よし! 次はフランスのルノー社のクルマを買う!」と腹を決めたのですが、その時、赤信号で停止していた私は、同じく赤信号で止まっている対抗車線のクルマと、自分の真後ろに止まっているクルマが、どちらも私が買おうとしていたルノーであることに気がついたのでした。

信じるかどうかは、あなた次第です。

しかし、こういうことって、実は我々の周囲で頻繁《ひんぱん》に起こっていることなのではないでしょうか? これをお読みの皆さんだって、この種の経験をされたことが一度や二度はあるのではありませんか? 例えば友達同士で先生の悪口を言い合っていたら、その先生が真後ろにいたとか。あるいは、何か欲しいものがあって、そのモノについて欲しいな、欲しいなと思っていると、町のあちこちで人がまさにそのモノを持っているのがやたらに目につくとか、要するに、それが引き寄せの法則です。

とは言え、こういうことを言うと、すぐに反論が聞こえてきます。「それは、そのモノのことを考え続けて、頭の中にそのことしかないから、自然、目につくだけの話でしょ」と。

おっと、痛いところを突かれましたね。実際、そうなのかもしれません。

しかし、こう考えてみたらどうでしょう。

これはエスター&ジェリー・ヒックスというJKBライターチームの書いた『引き寄せの法則　エイブラハムとの対話』(Esther and Jerry Hicks, *The Law of Attraction*, 2006) という本の中に書いてあることなんですけど、朝、クルマを運転して出勤する際、「さあ、これから私は快適な通勤をするぞ。安全かつスムーズなドライブの後、気分良く職場に到着することになる」と口にしてからエンジンをかけ、出発すると、「いやー、遅刻遅刻！　仕事に遅れちまう！」と焦りながら慌《あわ》ただしくクルマに乗り込み、そのまま慌ただしく発進させた場合と比べて、出勤途中でクルマの事故に遭遇する確率は格段に減るというのです。

さて、この現象をどう考えればいいのか？　これは「『事故に遭わないこと』を引き寄せたから」とも言えるし、あるいは単に「その一言によって慎重にクルマを運転する心掛けが定着したから」とも言える。でも、結果は同じです。「事故が減る」という望ましい結果が生じることは同じ。だったら、「引き寄せの法則には実効性がある」と言ってもいいのではないでしょうか？

ですから私も毎朝クルマで出勤する前に、「私は事故を起こさず、事故に遭うこともなく、快適に職場に向かい、私のための駐車スペースに愛車を停めます。ありがとうございました」と呟《つぶや》いています。今のところ私は、常に良き結果を引き寄せていますよ！

「お金持ちになりたい」実験と、そこから分かったこと

さて、「駐車場実験」に見事成功した私は、当然のことながら、実験の第二段階に進みました。

どんな実験をしたと思います？

そう！　私は「なりたい自分」になろうとしたのです——「お金持ちの自分」に！　私はちょっとまとまった額のお金を手に入れるべく、宇宙のエーテルに向けて願いを放出したのでした。

ところで、私と同じような願いを抱く人も多いと思いますので、ちょっと耳寄りな情報を付け足しておきますが、どうせお金持ちになることを願うのなら、いっそ思い切った額の金額を願った方がいいと思います。と言うのも、人間の願いを叶えてくれる宇宙は、人間が決めた価値基準には関知していないから。つまり宇宙には「一円」と「一億円」のどちらが多い額なのか分からないんですね。「一円が欲しい」という願いと「一億円が欲しい」という願い、そのどちらがより大それた願いか、なんてことは宇宙には分からない。どちらも「願望」という点では等しいので、少額なら望みが叶いやすく、巨額なら叶いにくいということはないんです。

ですから私も強気に出ました。「一か月以内に、百億円を手に入れられますように」と。抜

かりなく期限を切ってあるところにもご注目下さい。

さて、一か月後、どうなったか?

「その願いは叶いました!」とあっさり書けたらどんなに素晴らしいことでしょう! でも、残念ながら……というか、皆さんのご想像通り、私は百億円を手にすることはできませんでした(涙)。

しかし、今の私には、なぜその願いが叶わなかったのか、その理由がよく分かります。

それはですね、私の願いに真摯さや切実さがなかったからです。私は「一か月以内に百億円を手にする」という願いが叶うほど、真剣には願っていなかったんですね。

このことについては、是非、皆さんにも一度やってみてもらいたいのですが、一か月の間、来る日も来る日も百億円のことを考え続けてみて下さい。そして日々、毎時毎分毎秒、百億円を手にした自分の姿、そしてそのお金を湯水のように使っている自分の姿を想像し続けてみて下さい。

私は実際にやってみたのでよく分かるのですが、まったく無理でした。二日も持たない。いや、一日すら持ちませんでした。初めのうちは楽しいので、そんな想像にふけるのも楽なのですが、すぐに面倒くさくなってきて、じきに飽きてしまう。どんなに頑張っても、二、三時間連続で百億円のことを考えるのがやっと。

それでハタと気づいたのですけれども、私は、表向き「百億円欲しい!」などと願いながらも、心の底では百億円を手にしたいなどとは少しも思っていなかったんですね。私の願いは二セモノだった。宇宙が私の願いに見向きもしなかったのも当然です。

その後、先に挙げたネヴィル・ゴダードの『世界はどうしたってあなたの意のまま』という本を読んで、私は改めて自分の実験の失敗の理由を悟りました。そこには次のような主旨のことが書いてあったのです。

あるところに老女がいて、この人がある時、教会の牧師さんからイエス・キリストが言ったという「もし、からし種一粒ほどの信仰があれば、この山に向かって『向こうに動け』と言えば、その通りになる。あなた方にできないことは何もない」（『マタイによる福音書』第十七章二〇節）という言葉を教わったんですね。で、この老女は家に帰りつくや自分の家の窓から見える山に向かって「動け！」と命じ、そのことを一心に願って眠りについた。そして夜が明けると同時にこの老女は窓辺に駆け寄ってみたのですが、山は寸分たがわずいつもと同じ場所にあったと。

その時、その老女がなんと言ったと思います？

彼女は「どうせ山は動いたりしないと分かっていた」と言ったそうです。

彼女は言葉の上では「山よ、動け！」と祈ったのですが、心の奥底では「動くはずがない」と思っていたんですね。それが「どうせ……」の一言でバレてしまった。これでは、彼女の願いが叶うはずがないのも道理でしょう。

私の百億円の野望が実現しなかったのも、結局、この老婆と同じことだったのではないでしょうか？　実験的に「百億円欲しい」と宣言し、形式的に願ってはみたものの、心の奥ではそんな大金が自分の手元に来ることなど信じていなかったし、それ以前の問題として、百億円などという大金を私は欲してはいなかった。実際、そんな額のお金を受け取ったとしても、私にはその使い道すら分からなかったことでしょう。そしてそのことを宇宙は的確に見抜いていたと。

というわけで、私の「引き寄せ実験第二弾」は、見事、不首尾に終わった次第。

でも、私はこの実験をやって良かったと思っています。この実験をやったおかげで、私自身を含めてたいていの平凡な人間は「現状」というものにそれなりに満足していて、その現状を大幅に改善するための大望を抱く意志がないのだということが分かりましたから。それともう一つ、本当に一つのことを心の底から願い続けるのは想像以上に難しいことだ、ということも。

先に私は、「引き寄せの法則を試すことには、一定のメリットがある」と言いましたが、それは実は、このことを言っていたんですね。つまり、実際にやってみて初めて、自分が本当にそれを望んでいるのかどうかが明確に分かるということ。人は皆「自分には大きな夢がある」と思いがちです。でもそれが本物の夢なのか、それともただそう思いたがっているだけなのかは、引き寄せの法則を試してみればすぐ分かる。本当は自分には大望なんてないんだ、という現実に直面するのは辛いことですが、しかし、その現実を直視しなければ、その人の人生はただ漠然と過ごすうちに終わってしまう。ですから、自分の夢が本当の夢かどうかを知るためにも、引き寄せの法則にトライしてみることには意味があると、私は思います。

私の「百億円プロジェクト」に関して言えば、結局のところ、私は表向き百億円の夢を願いながら、無意識のうちに「今の生活にさほど不満はないし、百億円なんてなくても別にいいや」と思っていたのでしょう。その無意識の日々の継続的な思いが宇宙に聞き届けられ、それで私は百億円を手にすることもなく、現状通りの日々を過ごすことになったんですね。

確かに、私の思考は、現実化していたのです。

それでも願いは叶う

しかし、逆に言えば、平凡ではない人間、すなわち現状に満足せず、本物の大望を抱いている人が引き寄せの法則を使ったとしたら、ひょっとしてそれは叶うのかもしれません。先に例を挙げたビル・ゲイツのケースもそうですが、この広い世の中にはそういう例がいくらもある。

例えば、十九世紀前半のジョージ・ミュラー（George Frederick Müller, 1805-98）も引き寄せの法則を実現した一人として非常に有名です。

ミュラーはイギリス人の聖職者なんですが、彼が生きた十九世紀半ばのイギリスではしばしば疫病（コレラ）の流行があって、疫病で親を亡くした孤児が大勢いた。それで、孤児たちの荒《す》んだ生活ぶり見かねたミュラーは、どうにかして彼らの面倒を見ようと、自らの手で孤児院を作ろうと決意したんですね。ところが一介の牧師に過ぎないミュラーはほとんど一文無しで、孤児院を建てるお金なんかない。

そこでミュラーはどうしたかと言うと……神様に祈ったんですね、一心に。孤児院を作るお金を下さいと。そうしたら、不思議なことに、彼の元にどんどん寄付金が集まってきた。そこで彼はそのお金で最初の孤児院を作りました。一八三五年のことだそうです。

ところが立派な建物が完成したのに、一向に孤児が集まらない。そう、ミュラーは「孤児院を建てるお金を下さい」と祈ったけれど、「その中に入れる孤児を下さい」とは祈らなかったんですね。だから建物しかできなかった。

そのことにハタと気づいたミュラーは、次に「この孤児院が一杯に埋まるほどの孤児を私に下さい」と祈りました。そうしたら孤児がそこら中から集まってきた。いや、集まり過ぎて最初に建てた孤児院がたちまち手狭になってしまった。

そこでミュラーは「もう一棟、孤児院を作りたいので、お金を下さい」と祈りました。そうしたらたちまちのうちに寄付金が集まってきたので、彼はまた孤児院を建てました。そういう具合にミュラーは祈るだけで当時のお金で百五十万ポンドを得、五つもの孤児院を作り、二千人の孤児たちの食事と服の面倒を見、さらに教育まで行ったのでした。

さて、祈るというシンプルな活動だけで五つも孤児院を作ったミュラーは、すっかり有名になってしまったので、A・T・ピアソン師という人が彼のもとを訪れ、インタビューをすることになりました。そのピアソンの目撃譚《たん》が面白いのですが、それによると、ミュラーが祈る時は「おお！　神よ！」とかなんとか、派手に演出された祈り方をするのではなく、小声でボソボソと祈っていたそうです。

で、そんな風にボソボソ祈っているミュラーの姿を見かけたピアソンが、彼は今、一体何を祈っているんだろうと聞き耳を立てたところ、ミュラーは次のように祈っていたそうです。「二千人の子供たちが明日の朝食べるご飯がないのです。どうか、子供たちに朝ご飯を恵んで下さい」と。

目の前に自分が面倒を見ている二千人の孤児がいて、その子たちが明日の朝食べるご飯がない！　だとすれば「それを恵んで下さい」と祈るミュラーの祈りがニセモノであるはずがありません。そういう真摯な祈り、願望であったからこそ、ミュラーの望みは現実化したのではないでしょうか。新約聖書の中に書いてあるイエス・キリストの「求めよ、さらば与えられん」という言葉を、ミュラーはそのまんま実行していたんですね。

なお、ミュラーは来日もしていて、彼の影響を受けた石井十次《じゅうじ》（一八六五 - 一九一四）が「岡山孤児院」を設立するなど、日本の慈善事業の歴史の上にも大きな足跡を残しています。そういうことから言っても、日本人の一人としては「引き寄せの法則なんて馬鹿らしい」なんてとても言えた義理ではない……のではないでしょうか？

ベストセラー作家が最初にしたこと

……とまあ、ちょっと極端な例を挙げましたが、さすがに十九世紀のイギリスの坊さんの話では、十四歳の皆さんにはピンとこないかもしれませんね。

ならば皆さんにも馴染みのありそうな例をもう一つ挙げましょうか。

今、日本で活躍されている女性作家のお一人に林真理子さんという方がいらっしゃいますが、その林さんに『野心のすすめ』というご著書がある。もちろん、タイトルからも窺《うかが》えるように、立派なＪＫＢです。

さて、この本には林さんが作家としてデビューする前のことが書いてあるのですが、それによると若き日の林さんは、コピーライターとしては少し名前が売れ始めていたものの、その程度の成功には全然満足してはいなかったのだそうです。実は林さんにはもっと大きな野心が、すなわち「売れっ子の作家になりたい」という野心が、あったんですね。

そこで林さんはどうしたか。

大胆にも、売れっ子作家と同じ行動を取ったそうです。

当時――ひょっとしたら今でもそうかもしれませんが――出版社が売れっ子の作家を、東京のお茶の水にある「山の上ホテル」というところに宿泊させ、作家がさぼらないよう出版社の監視下に置いた上で無理やり原稿を書かせるという風習がありました。いわゆる「作家を缶詰《かんづめ》にする」という奴ですね。だから「山の上ホテルに缶詰になった」というのが、いわば売れっ子作家の証であったわけ。

そこで林さんは、これを真似たんですね。と言っても当時の林さんはデビュー前の無名作家ですから、出版社がお金を出してくれるはずもない。そこで林さんは自費で山の上ホテルに部屋をとって、あたかも自分が一流作家で、今まさに缶詰にされているのだと思い込みながら、そこで一心に原稿を書いた。

その時、林さんが書いていたのが『ルンルンを買っておうちに帰ろう』という彼女のデビュー作。そして林さんはまさにこの本がベストセラーになったことで、望み通り、世に出ることになりました。その後の林さんの活躍は、皆さんも知る通り。

「売れっ子作家になる」という望ましい未来を、すでに実現したことであるかのように演じ切ったこの林真理子さんの行動、これこそまさに「引き寄せ」です。「絶対に売れっ子作家になってやる」という強い願望を、これほど具体的に行動に移し、宇宙に向かって放出したのですから、その望みが実現したのも当然でしょう。

引き寄せの法則を使うというのは、要するに、こういうことなのです。

「引き寄せの法則」に対する批判

さて、前章と本章において、アメリカ由来の自己啓発思想である引き寄せの法則について縷々《るる》ご説明してきましたが、いかがでしたでしょうか。面白いと思われましたか？

ところでこの引き寄せの法則という考え方や引き寄せ系ＪＫＢというのは、一方で非常に人気があると同時に、これに対して批判的な人も大勢います。と言うか、世に数多ある自己啓発本の中で、引き寄せ系ＪＫＢほど強い批判に晒《さら》されているジャンルはありません。

それはなぜか？

本章でも説明してきましたように、引き寄せの法則を奉じる引き寄せ系ＪＫＢが異口同音に主張するのは、「人間の思考はすべて現実化する」ということです。それは、良い面で言えば「人間の夢はすべて叶う」ということですが、悪い面から言うと「あなたが今、悪い状況にあるとしたら、その悪い状況を招いたのはあなた自身だ」ということでもある。つまり、引き寄せの法則を受け入れてしまうと、そこから先、自分の身に降り掛かるすべてのことは自己責任、ということになってしまうんですね。

サラリーマンが社長にまで出世できず、万年係長で定年を迎えたのも、あなた自身がそういう人生を望んだせい。アスリートがオリンピックでメダルを獲れなかったのも、あなた自身が「メダルを獲れない自分」を望んだせい。十四歳のあなたが生徒会長に立候補したのに落選したのも、あなた自身が「落選した自分」を渇望したせい。すべての結果はあなた自身がそれを望んだからであって、あなたの敗北はすべて自業自得……。

とまあ、引き寄せの法則を突き詰めていくと、結局、こういう結論になってしまうのですが、この「すべては自己責任」という考え方に対して批判的な人というのは大勢いる。だもので、引き寄せ系ＪＫＢは信奉者も多い反面、批判されることも非常に多いんですね。

世の中の多くの人は、「自分が望むものを手に入れられないのは、環境のせいだ」と考えています。例えばサラリーマンの場合、自分の生まれ育った家は貧しくて大学に通えなかった、出世できなかったのはそのせいだ、とか。あるいは、会社に入社した時、たまたま同期に優秀な人が大勢いて、それで自分は見劣りしてしまったのだ、とか。配属された部署の上司が無能で失敗ばかりしていて、自分はそのおかげで出世に不利な立場に置かれたのだ、とか。要するに、自分ではどうしようもない事情によって自分は常に不利な立場を歩かなければならなかった、というわけ。ですから、そうした環境的なファクターを無視して「すべてはあなたが望んだこと、あなた自身の責任だ」と言われるのは心外なんです。そういう風に考える人たちにとって、引き寄せ系JKBの言うことは「まるで事情が分かっていない」ということになる。

つまり、「すべては自己責任」という主張は、引き寄せ系JKBにとっての踏み絵でもあるんですね。「すべては自己責任」ということに首を縦に振れば、あなたは引き寄せ系JKBの良き読者になれるし、横に振ればもうその主張はそれ以上耳に入らないでしょう。

どちらがあなたにとって「優しい」考え方なのか

さて、問題はここから先です。

「すべては自己責任」という引き寄せ系JKBの主張に対して、あなたは首を縦に振りますか、それとも横に振りますか？

ふうむ。分かれましたね。

では、首を横に振った人に尋ねたいのですが、なぜあなたは首を横に振ったのでしょうか。

おそらく――おそらくですが、「すべては自己責任」という引き寄せ系JKBの立場を受け入れられない人は、「そう考えるのは、厳しすぎる」と考えたのではないでしょうか。人が今ある状態になったのは、その人にはどうにもならない外部的な理由があったはず。それなのに、そういう外部的な理由のことを考慮せず、すべての責任をその当人だけに負わせようとするのは酷であり、厳しすぎると。

なるほど。

しかし、ここが運命の分かれ道ですから、よく考えて下さい。

引き寄せ系JKBが主張する「すべてはその人の責任」という説と、「いや、人の運命には、その人にはどうしようもない事情が関わっているものだ」という説と、どちらがその当人にとって優しい考え方なのでしょう。本当に前者が厳しい考え方で、後者が優しい考え方なのでしょうか？

まあ、これは考え方の問題ですから、どちらが正しくて、どちらが間違いということではありません。人それぞれ、自分の思う通りに考えればいい話です。

ただ、私自身の考え方を披露《ひろう》させていただくならば、私は前者の方が優しい考え方だと思います。

と言いますのは、「人の運命には、その人にはどうにもならない事情が関わっている」と考えてしまうと、そこにはもう、救いがないからです。絶望的な状況に生まれ落ちてしまったら、もうその人自身の意志や努力に関係なく、絶望する以外の道がない。しかし、「すべては自己責任」であるとするならば、その絶望的な状況を打破するかどうかは自分の意志一つだ、ということになる。そのまま運命に流されてしまうのも一つの道ではあるけれど、いや、ここで踏ん張ってこの逆境を跳ね返してみよう、できるかどうかは分からないけれども、やれるだけやってみようというもう一つの道が目の前に開けてくる。

最後の最後に「どちらの道を選ぶかは自分次第だ」という選択肢が残されている、と考える方が、私は優しい考え方だと思うのです。いや、優しいかどうかと言うより、「どんな状況下でも、最後の選択をするのは自分だ」と考えることこそ、人間の尊厳の最後の砦《とりで》なのではないかと。

世界は変えられない、変えられるのは自分だけ

このことを考える上で、本章の最後に一つ、ある逸話のことをお話ししておきましょう。

皆さんは『夜と霧』(*...trotzdem Ja zum Leben sagen: Ein Psychologe erlebt das Konzentrationslager*, 1946) という本を読んだことがありますか?

この本の著者であるヴィクトール・フランクル (Viktor Emil Frankl, 1905-97) は精神科医・心理学者ですが、ユダヤ人であったことから第二次世界大戦中にアウシュヴィッツにあったナチス・ドイツのユダヤ人強制収容所に収容され、あやうくガス室の露《つゆ》と消えるところを辛《かろ》うじて生き延びたという経歴の持ち主でもある。『夜と霧』は、そんな彼の過酷な収容所時代の思い出を記したものです。

ですからこの本を読むと、生と死が境を接するような極限状況に置かれた人間が何を考え、何を感じ、どのような行動を取るかがよく分かる。時に、読んでいて苦しくなるほどに。

例えばナチスに検挙され、牛馬のように貨車に詰め込まれてアウシュヴィッツに連れて来られたユダヤ人たちは、そんな絶望的な状況下でもまだ若干の希望を持っているんですね。ナチスだって同じ人間なのだから、いきなり全財産を没収するようなことはしないだろう、「これは結婚指輪で、自分にとっては命より大事なものなのです」などと事情を話して申告すれば、そういうものまで奪われることはないだろうなどと考えている。しかし、そんな淡い希望もアウシュヴィッツに到着した途端に潰《つい》えてしまう。ここではそんな甘い考えは通用しないということはすぐに分かる。

しかもナチスの強制収容所運営はまさに悪魔的で、収容所の責任者は収容所の運営を自分ではせず、ユダヤ人収容者自身にさせるんですね。それも、とりわけ暴力的でサディスティックなユダヤ人を選び、彼らを使って同胞のユダヤ人を監視させる。そういう連中は、食事の面でも優遇され、エリート意識を持った彼らは、ナチス・ドイツの官吏よりもさらに過酷に同胞たちを扱うそうです。

でも、そうやってナチスの官吏から、あるいはその手先となった同胞から殴られっぱなしに殴られているうちに、収容所のユダヤ人たちはだんだん殴られることに慣れていく。人間というのは、最低の環境にすら、あっという間に慣れてしまうものなのですね。そして収容所に押し込められた仲間が一人また一人と選別されて次々にガス室送りになり、死体となって燃やされていくことにすら慣れつつ、その一方で、自分の命を少しでも永らえさせるために貪欲になっていく。何しろフランクルは精神科医にして心理学者ですから、加虐者たるナチスの連中の心理と、被虐者たるユダヤ人収容者たちの心理を、当事者として目撃し、分析していく。読むのが辛くなるような話が次々と出てきて、私自身、何度も読むのをやめようかと思ったほど。

でも、そういう辛い話が続く中で、時折、こういうことも書いてある。

フランクルたちが朝も早くから強制労働させられるために凍《い》てつく道を歩かされていた時、隣を歩いていた収容所仲間がフランクルに向かってこうつぶやいた——「ねえ、君、女房たちがおれたちのこのありさまを見たらどう思うだろうね……！　女房たちの収容所暮らしはもっとましだといいんだが。おれたちがどんなことになっているか、知らないでいてくれることを願うよ」と。

その刹那《せつな》、フランクルをはじめ彼のつぶやきを耳にした被収容者たちは、一斉に愛する妻のことに思いを馳《は》せたといいます。なぜそれがフランクルに分かったかというと、フランクル自身が次のような思いに捉われたから。

今この瞬間、わたしの心はある人の面影に占められていた。精神がこれほどいきいきと面影を想像するとは、以前のごくまっとうな生活では思いもよらなかった。わたしは妻と語っているような気がした。妻が答えるのが聞こえ、微笑むのが見えた。まなざしでうながし、励ますのが見えた。妻がここにいようがいまいが、その微笑みは、たった今昇ってきた太陽よりも明るくわたしを照らした。

そのとき、ある思いがわたしを貫いた。何人もの思想家がその生涯の果てにたどり着いた真実、何人もの詩人がうたいあげた真実が、生まれてはじめて骨身にしみたのだ。愛は人が人として到達できる究極にして最高のものだ、という真実。今わたしは、人間が詩や思想や信仰をつうじて表明すべきこととしてきた、究極にして最高のことの意味を会得した。愛により、愛のなかへと救われること！　人は、この世にもはやなにも残されていなくても、心の奥底で愛する人の面影に思いをこらせば、ほんのいっときにせよ至福の境地になれるということを、わたしは理解したのだ。

（『夜と霧』、みすず書房、六〇 - 六一頁より抜粋）

どんなに過酷な環境にいても、どんなに辛い労働、ひどい侮辱、耐え難い飢えに苛《さいな》まれていても、愛する人の面影を抱くことで、すべてを克服できるという確信。しかもフランクルは、この天啓を得た直後、「ひょっとして妻は別な収容所ですでに死んでいるかもしれない」という恐ろしい思いに襲われ、後で実際にそうであったことが分かるのですけれども、それでもこの確信は揺るがなかったというのです。つまり、愛する人が生きていようが、死んでいようが、それは問題ではなくて、ただ妻への愛というものが存在するだけでよかったと。

実は、私がこの本を読んでいたのは、私の父が亡くなった直後で、父の葬儀の準備をしている時でした。まさに私自身が愛する父を失った悲しみに暮れていた時に、この本のこの箇所を読んだんですね。それで私は、ああ、と思いました。同じだなと。父が生きているか、死んでいるかは関係がなくて、ただ父が私を愛し、私が父を愛していたということ自体が救いなんだなと。

この本の内容がいかに辛いものであっても読み通そうと私が思ったのは、この箇所を読んだから、と言っても過言ではありません。

で、このあたりから本書は過酷な環境にある人間の「選択」ということに焦点が当たってきます。フランクルは「選択」について、こう言っています――「つまり人間はひとりひとり、このような状況にあってもなお、収容所に入れられた自分がどのような精神的存在になるかについて、なんらかの決断を下せるのだ」(一一一頁)。

ここでフランクルが言っていることは、いかに肉体的な自由を奪われた環境にあっても、人間には自分がどういう行動を取るかの最終的な選択肢が残されているし、その選択肢を奪うことは誰にも――ナチスの悪魔どもにも――できない、ということです。

強制収容所での生活は厳しく、あてがわれる食事も粗末で少ない。その上過酷な強制労働を課せられるのですから、皆が皆、飢え切っているわけです。そんな時、自分よりもさらに飢え、さらに体が弱っている人が隣にいた時にどうするか。自分に配給された一切れのパン、それを急いで自分の口の中に放り込んだとしても誰も責めはしない。しかし、その一切れのパンを、自分より飢えた人にそっと差し出すこともできる。自分で食べて自分の肉体を満足させるか、それとも自分より飢えた人にあげて精神的満足を得るか——強制収容所のような理不尽なこの世の地獄の只中にあってすら、人間にはそのどちらの行動を選ぶか、選択の自由があると。

不条理な世界の在り様を直接変えることは難しいけれども、人間にはいついかなる時にも目の前に選択肢があって、どういう選択をするかによって自分がどのような人間であるかを選ぶことはできる。そしてその選択をすることによって、その人は、実は、世界の在り様を実質的に変えてしまっている。なぜなら、強制収容所の中で自分より飢えた人に黙って一切れのパンを差し出す行為は、ナチス・ドイツの残虐行為のすべてを敗北させる力があるのだから。

ヴィクトール・フランクルの『夜と霧』が、自己啓発本の観点からも名著と言われる所以がここにあります。人間は、たとえどれほど過酷な運命に翻弄されようとも、常に、その状況下で、自分はどういう行動を取るかを決めることができるということを、この本ほど雄弁に語っている本はないのですから。どんな運命の下に生まれつこうが、そこで「何クソ！」と奮起し、俺は運命なんぞには負けないぞと思い、その思いを行動に移す自由と権利が人間にはある。そのことに気づかせてくれるものこそが自己啓発本なのであって、ヴィクトール・フランクルの『夜と霧』は、まさにそういう本なのです。この本のドイツ語の原題が『それでも人生に然りと言う』であることも、これで納得できるのではないでしょうか。

自己責任上等！

さて、ヴィクトール・フランクルの『夜と霧』を踏まえた上で、もう一度引き寄せ系ＪＫＢにおける引き寄せの法則の意味について考えてみましょう。

今のあなたから見て、世界は過酷なものかもしれません。必ずしも居心地のいいものではないかもしれない。しかし、それでもあなたの前には選択肢があって、あなたがどういう行動を取るかを選ぶことはできるわけです。その選択の自由が確かにあなたにはある。そしてあなたが自分の自由意志で選んだその行動によって、あなた自身は大きく変わるでしょうし、場合によってはあなたを取り囲む世界自体が変わることすらある。

私はこの希望に満ちた展望こそ引き寄せ系ＪＫＢの主張の本質であって、それは決して馬鹿馬鹿しいものでも、厳し過ぎるものでもないと思っています。

あなたはどうですか？　そう思いませんか？　それともあなたはやっぱり、自分の今ある状況のすべてを自己責任にされるのは御免だと思いますか？

自己責任上等！　と思ったあなた。そう思ったのなら、まずは自分が今置かれている状況は、意識的にせよ、あるいは無意識的にせよ、すべて自分自身の選択によって引き寄せたものだと腹をくくりましょう。自分がそれを引き寄せたから、世界はそういう側面を自分に見せているのだと。

その上で、もしあなたが、「こんな状況は嫌だ！　自分自身を変えたい！　そして自分を変えることで、自分を取り巻く世界を変えたい！」と強く思うのであれば、あなたは間違いなく引き寄せ系JKBの良い読者です。何となれば、引き寄せ系JKBとは、自分を変え、そしてそれによって世界をほんの少しでも変えたいと思っている「インサイド・アウト志向」の人のための本なのですから。

この章を読んで「面白い！」と思った人に、以下に挙げる本をおススメします。

- ジョージ・ミュラー『祈りの力』マルコーシュ・パブリケーション
- 林真理子『野心のすすめ』講談社現代新書
- ヴィクトール・E・フランクル『夜と霧（新版）』みすず書房

Coffee Break

自己啓発思想と映画

自己啓発思想や自己啓発本はアメリカ社会の中に深く浸透していますから、アメリカ人の生活の中でこれらが話題になることは日常的にあります。

ただ、一般的な傾向として、自己啓発思想／自己啓発本が話題になる時は、大概、批判の対象として、と言うより、揶揄の対象として話題になることが多いのも事実。

例えばアメリカ映画を観ていると、自己啓発思想／自己啓発本が、いわば「小道具」として登場することがよくあるのですが、そういう時には決まって一種のジョークとして扱われます。

一例を挙げますと、一九九九年に公開され、アカデミー賞五部門を受賞した『アメリカン・ビューティー』という映画。この映画の中でも大事な場面で自己啓発本が登場するのですが、その扱われ方は、やはり笑うに笑えないジョークでした。

この映画、アメリカ中産階級に属する一つの家庭の崩壊（と再生？）が主題となっていまして、実際、主人公のレスター・バーナムとその妻キャロラインの夫婦仲は最悪。キャロラインは、夫のレスターが自分との結婚生活に見切りをつけ、そればかりか破廉恥《はれんち》にも高校生の娘ジェーンの同級生アンジェラに恋をしていることを知り、怒りに任せて彼を殺しに行こうとする。

この時、キャロラインは、夫を殺すことの正当性を自己啓発本に求めるんですね。で、おそらくは自己啓発セミナーか何かで紹介されたと思《おぼ》しきオーディオ版自己啓発本の中の一節（「私は犠牲者たることを拒否する！」）を力強く復唱しながら、彼女は銃を手にする。もちろん、本当には殺さないのですけれども、しかし、自己破滅をもたらすような殺人という行為を自己啓発本によって唆《そそのか》されるというところが可笑《おか》しいところで、このシーンを観た多くのアメリカ人は、自己啓発本そのものはもちろん、それに洗脳されているキャロラインの愚かさに、大いに笑ったことでありましょう。

それからもう一つ、これもまた二部門でアカデミー賞を獲った名画ですが、二〇〇六年に公開された『リトル・ミス・サンシャイン』でも、自己啓発本が小道具として使われていました。

実はこの映画もアメリカの中産階級家庭の崩壊と再生を描いたものなのですが（アメリカ映画とかアメリカ演劇の主題って、こればっかりですよね！）、この映画に登場する一家の主、リチャード・フーヴァーは自己啓発セミナーの講師で、今まさに自分が書いた自己啓発本を文学エージェントに売り込んでいる最中。ところがその売り込みがなかなかうまくいかず、実質的には失業者状態になっている。

どうすれば人生を成功に導けるかを指南する自己啓発セミナーの講師にして自己啓発本執筆者が、一番成功していないという状況、これがなんとも可笑しいわけですよ。「負け犬になるな!」と獅子吼《ししく》している人が、どう考えても負け犬状態なのですから。

で、このままでは中産階級らしい暮らしもままならなくなってくるという危機的状況の中で、一家の末娘オリーヴが、子供向けの美人コンテスト「リトル・ミス・サンシャイン」の予選を通過し、本選に進むことになるんですね。ロスで行われる本選に参加するには、旅費や宿泊費もかかるので、一家の現在の家計状況からすると出費が痛いのですけれど、もし本選を戦わずして負けたらそれこそ一家全員が負け犬になってしまう。リチャードとしては、自己啓発セミナー講師にして自己啓発本ライターのプライドにかけても、娘を本選に出場させないわけにはいかない! ということで、一家総出で一台のおんぼろワゴンに乗り込み、ミスコン会場のあるカリフォルニアを目指す旅が始まる……というのが『リトル・ミス・サンシャイン』の筋書きということになります。

とまあ、これらの映画を観ていますと、アメリカにおいてあれだけ人気のある自己啓発本は、その一方で、ものすごく揶揄され、馬鹿にされるものでもあるのだな、ということがよく分かる。人気者にはアンチも多い、ということなのでしょうが、自己啓発本の研究者としては、とっても微妙な感じです。

なお、『アメリカン・ビューティー』も、『リトル・ミス・サンシャイン』も、映画としては抜群に面白いので、自己啓発思想／自己啓発本のからみはさておくとして、おススメではあります。興味のある方は是非！

Chapter

5

人間関係をめぐる自己啓発本

さて、ここまでアメリカ生まれの思想である「自己啓発思想」について、またそれに基づく人生の指南書である「自己啓発本（＝ＪＫＢ）」について説明し、特にＪＫＢについては「自助努力系ＪＫＢ」と「引き寄せ系ＪＫＢ」の二種に分けて、その誕生経緯や内容面での特色について解説してきたわけですけれども、二十世紀も半ばに近づく頃、ＪＫＢの世界にも一つの変化が訪れます。従来からあった「自助努力系ＪＫＢ」や「引き寄せ系ＪＫＢ」とは異なる、「第三のＪＫＢ」が登場するんですね。

従来型のＪＫＢ、とりわけアメリカに工業化の波が押し寄せた十九世紀後半から二十世紀初頭にかけてのそれは、「一代で財を成す」というところに焦点が当たっていました。先にも述べた通り、その時代には「鉄鋼王」と呼ばれたアンドリュー・カーネギーをはじめ、「石油王」のジョン・D・ロックフェラー、「銀行王」のジョン・P・モルガン、「鉄道王」のコーネリアス・ヴァンダービルトやリーランド・スタンフォード、あるいは「発明王」のトーマス・エジソンや「自動車王」のヘンリー・フォード等々、アメリカには一代で巨万の富を稼ぎ、「王」と呼ばれるようになった大富豪が大勢いた。彼らこそがアメリカを代表する成功者であり、またそうである以上、この時代のＪＫＢが成功者のモデルにしたのがこれらの「王」たちであったことも当然です。

また、状況がそういうものであったとすると、当時のアメリカのＪＫＢが想定する成功者像が、基本的に「起業家」であったことも当然と言えるでしょう。『あなたも起業して、一代で『王』になれ！』というわけ。

「起業」から「出世」へ

ところが、その後、状況は変わっていきます。

二十世紀に入って四半世紀も過ぎた頃には、さすがの「チャンスの国アメリカ」においても、そうそうそこら中にチャンスが転がっているという感じではなくなってくるんですね。つるはしでガッとやったら、何と石油が噴き出した！　なんてことには、余程の運に恵まれない限り、ならない。またそうなってくると、「巨万の富を稼ぐなんてことは『前世紀の夢』に過ぎない」という感覚が当時のアメリカの若者たちの中に蔓延し始めたのも当然でしょう。実際、産業化の進んだアメリカでは、二十世紀が進むにつれてブルーカラー（＝現場労働者）よりもホワイトカラー（＝サラリーマン）の方が数の上で上回るようになっていきますから、一九三〇年代に入る頃には「大人になる」ことが「ホワイトカラーのサラリーマンとして働く」こととほとんど同意になる。まあ、現在の日本と同じような状況が生まれたわけです。

で、起業家になることが夢のまた夢となり、普通の人は当たり前のようにサラリーマンになる時代が到来した時、それまで「野心ある起業家」を想定目標にして人々の背中を押してきたJKBは、もはや、無用の長物となったかと言いますと……実はそうでもなかった。人間のいるところ必ず野心あり。サラリーマンとなり、雇われの身となったアメリカ人にも、やはり野心の種はあったんですね。何となれば、会社の中にも「平社員」「係長」「課長」「部長」「重役」そして「社長」の別があるのですから。だったらこの社内階級のヒエラルキーを人より速く駆け上がりたい――そんな新しい種類の野心が、人々の心に宿り始めたのも当然でしょう。

そう、「社内における出世」がJKBの新たな目標として設定されたんです。

デール・カーネギーの登場

誰も彼もがサラリーマンになり、成功の夢が「起業して巨万の富を得ること」から「会社内における出世競争に勝つこと」へと設定し直された二十世紀半ばのアメリカにおいて、「出世競争に勝つこと」を指南するサラリーマン向けJKBとして驚異の大ベストセラーとなったのが『人を動かす』(*How to Win Friends and Influence People*, 1936)という本であり、これを書いて新世代JKBライターのチャンピオンとなったのが、デール・カーネギー(Dale Breckenridge Carnegie, 1888-1955)という人でした。

では、アメリカ中のサラリーマン向けに社内出世指南をして一躍時の人となったデール・

カーネギーとは、一体どういう人物だったのか？（以下、前述のアンドリュー・カーネギーと区別するため、デール・カーネギーを「デール」と呼ぶことにします）

ミズーリ州のメリーヴィルという小村の貧農の子として生まれたデールは、高校卒業後、師範学校に進学したものの、教員にはならずにニューヨークにある有名な演劇学校に通って俳優を目指します。しかし結局これもものにならず、経済的に切羽詰まった彼は、「パブリック・スピーチ」の技術を人に教授して金を稼ぐというアイディアを思いつく。と言うのも、師範学校時代、貧しかった彼は何事にも消極的で、学友から馬鹿にされることも多かったのですが、たまたま学内のスピーチ・コンテストで優勝したことをきっかけに自信をつけ、以後は人が変わったようにポジティヴになることができた、という経験を持っていたから。演説に長じることは、人生に立ち向かうための自信を涵養《かんよう》することにつながる――これはデール自身の実体験に基づく実感であり、この経験とノウハウなら自分にも教えられるという自信が彼にはあったんですね。

かくしてデールは一九一二年、ニューヨーク一二五丁目にあったＹＭＣＡ（キリスト教系慈善団体）の成人向け夜間講座の講師として、演説指導者としてのキャリアをスタートさせることになります。そして、従来型の演説指導法がしばしば政治問題などの論争的な話題を取り上げ、派手な身振りと大仰な美辞麗句で訴えかける手法を伝授していたのとは異なり、身近な話題を取り上げ、穏やかで親しみやすい口調で聴衆に語り掛けることを目指したデールの演説指導法は立ちどころに評判となり、ほどなくして人気講師の名声を手にすることになる。

名著『人を動かす』誕生秘話

ところで、そんなデールの演説講座を聞きにきた受講生たちの大半は、別に演説することを生業《なりわい》にする職業に就こうとしていたわけではありませんでした。彼らの多くはごく普通のサラリーマンで、ただ人前に出て話をするのが苦手という共通の悩みを持っていた。彼らは引っ込み思案な性格を少しでも直し、自分が勤める会社の上司や同僚や部下たち、あるいは顧客たちとのやりとりを円滑にしたいというささやかな希望を持ってデールの講座に通っていたんですね。要するに彼らがデールのクラスに期待していたのは「演説の技術」ではなく、むしろ「人付き合いのコツ」だった。そのことに気づいたデールが、サラリーマン向けに「人付き合いのコツ」を伝授するような自己啓発本を書くことを思いついたのは、ですから、ごく自然な成り行きだったと言えるでしょう。

デールは自ら書店や図書館に赴《おもむ》き、参考になりそうな本を探すのですが、その種の「人心掌握術《しょうあくじゅつ》」を扱った参考図書が当時のアメリカには一冊もなかった。そこでデールは、ならば自分で調べるしかないと思い立ち、すぐさま行動に移します。彼は歴史に名を残した偉人はもちろんのこと、まったく無名の市井《しせい》の人や、時には名のある犯罪者に至るまで、およそ「人たらし」と呼ばれるような人たちがどのように人と付き合い、人心を掌握したかといった逸話をかき集めたんですね。そして集めた大量の逸話の中から「人付き合いのコツ」と言うべきものを抽出したデールは、それを自分の講座の受講者たちに伝授した。

しかし、デールの本当にすごいところはここから先。彼は過去の「人たらし」たちの人心掌握術を集めてそれを受講生に伝えただけでなく、そこで学んだ人心掌握術をそれぞれの職場などで実地に試してみるよう受講生たちに促し、さらにそれがどの程度の成功を収めたのか、あるいは失敗したのかを次の授業の中で発表させ、その成功や失敗の原因を他の受講生たちと共に再検討して、どこに改善点があるかを探っていったんです。つまりYMCAにおけるデールの演説講座は、パブリック・スピーキング（＝演説）のノウハウを教える教場から、ヒューマン・リレーションズ（＝人間関係学）の実験室へと変貌を遂げたと言っていい。

かくして受講生たちとの双方向のやり取りを通じて「人付き合いのコツ」を突き詰めていったデールは、その成果をまとめ、本として出版することにします。『人を動かす』と題されたその本は、一九三六年十一月、一ドル九八セントの値段で発売されたのですが、初版の発行部数はわずか五千部。何しろ無名の講師の初めての本、それも講義で使う教科書のような本ですから、そのくらい売れれば御《おん》の字だろうと思っていたんですね。ところが実際に売り出してみると、たちまちこの本は熱狂をもって市場に迎え入れられ、一年のうちに五十万部を売り上げる大ベストセラーになってしまった。出版社から印税として九万ドルの小切手を受け取った時、デールは呆然としてしまい、しばらくそれを机の引き出しに入れたまま、手を付けることができなかったそうです。

『人を動かす』の売り上げはその後も留まるところを知りませんでした。初版の出版から三年の後となる一九三九年十一月には百万部の大台を突破、その後ペーパーバックの廉価版が出たり、各国語に翻訳された翻訳版が世界中で売られるようになったことなども功を奏して売り上げはさらに伸び、今日までに世界中で千五百万部が売れたほか、二〇一一年に『タイム』誌が定めた「史上最も影響力のあった本リスト」の第一九位に選ばれる名誉にも浴しているのですから、この本は二十世紀アメリカを代表する自己啓発本の一つになったと言っていい。

逸話系ＪＫＢ

では、それほど売れた『人を動かす』は、具体的にはどのようなＪＫＢなのか。

本書の特徴を言うとなれば、まず第一に指摘しなければならないのは、これが「逸話集」であるということ。魅力的な「人たらし」だった実在人物のエピソードをこれでもかというほど積み重ねることで、人の心を掴むコツのようなものを提示していくというスタイルを、最初から最後まで貫いているんですね。しかも逸話の紹介の仕方が実にユーモラス。例えばこんな具合。

夏になると、私はメーン州へ魚釣りにいく。ところで、私はイチゴミルクが大好物だが、魚は、どういうわけかミミズが好物だ。だから魚釣りをする場合、自分の好物のことは考えず、魚の好物のことを考える。イチゴミルクを餌に使わず、ミミズを針につけて魚の前に差し出し、「一つ、いかが」とやる。人を釣る場合にも、この常識を利用していいわけだ。（中略）

だから、人を動かす唯一の方法は、その人の好むものを問題にし、それを手に入れる方法を教えてやることだ。（中略）

この方法を心得ていると、子供でも、子牛でも、またチンパンジーでも、意のままに動かすことができる。こういう話がある。エマーソン（注：十九世紀アメリカの著名な哲学者）とその息子が、子牛を小屋に入れようとしていた。ところがエマーソン親子は、世間一般にありふれた誤りを犯した――自分たちの希望しか考えなかったのである。息子が子牛を引っぱり、エマーソンが後ろから押した。子牛もまたエマーソン親子とまったく同じことをやった――すなわち、自分の希望しか考えなかった。四肢を踏んばって動こうとしない。見かねたアイルランド生まれのお手伝いが、加勢にやってきた。彼女は、論文や書物は書けないが、少なくともこの場合は、エマーソンよりも常識をわきまえていた。つまり、子牛が何をほしがっているかを考えたのだ。彼女は、自分の指を子牛の口に含ませ、それを吸わせながら、優しく子牛を小屋へ導き入れたのである。

（『人を動かす』〈文庫版〉創元社、四九‐五〇頁より抜粋、一部字句改変）

お手伝いさんの指をちゅうちゅう吸いながら大人しく小屋に引かれていく可愛い子牛と、その後ろ姿を見送りながらぎゃふんとなっている大哲学者父子の取り合わせの妙もさることながら、この逸話一つを読んだことで、人を操るには自分の希望を相手に押し付けるのではなく、まずは相手の希望が何であるかを考え、それを餌にしつつ、うまいこと自分の希望の方に導いていけばいいんだ、ということがよく分かる。
「逸話を使ったJKB」というのは、要するに、こういう感じです。
面白いので、もう少し本書からの引用をしてみましょう。お次は合衆国大統領セオドア・ルーズヴェルトについての逸話を使いながら、身分の上下に関係なく、他人に誠実な思いを寄せることの重要性を説いた一節。

セオドア・ルーズヴェルトの絶大な人気の秘密も、やはり、他人に寄せる彼の深い関心にあった。彼に仕えた黒人の使用人ジェイムズ・エイモスが『使用人の目から見たセオドア・ルーズヴェルト』という本を書いている。その本に、次のような一節がある。

ある日のこと、私の妻が大統領にウズラはどんな鳥かと尋ねた。妻はウズラを見たことがなかったのである。大統領は、ウズラとはこういう鳥だと、噛んで含めるように教えてくれた。それからしばらくすると、私たちの家に電話がかかってきた（エイモス夫婦は、オイスター・ベイにあるルーズヴェルト邸内の小さな家に住んでいた）。妻が電話に出ると、相手方は大統領ご自身だった。今ちょうどそちらの窓の外にウズラが一羽きているから、窓からのぞけば見えるだろう、とわざわざ電話で知らせてくれたのだ。この小さな出来事が、大統領の人柄をよく示している。大統領が私たちの小屋のそばを通る時は、私たちの姿が見えても見えなくても、必ず、「やあ、アニー！　やあ、ジェイムズ！」と、親しみのこもった言葉を投げていかれた。

雇い人たちは、こういう主人なら好きにならざるをえないだろう。雇い人でなくても、だれでも好きになるはずだ。

（七七 - 七八頁）

人に好かれる人物になるためにはどういうことを心掛ければいいか、この逸話一つ読めば、凡百の理屈を並べられるより、よほどすんなりと腑に落ちるのではないでしょうか。

本書に登場する逸話は、何も哲学者や大統領など著名人のものばかりではありません。「友を得る法」を論じた一節に登場するのは、なんとデール自身が子供の時に飼っていた犬のティピーです。

友を得る法を学ぶには、わざわざ本書を読むまでもなく、世の中で一番優れたその道の達人のやり方を学べばいいわけだ。その達人とは――我々は毎日路傍でその達人に出会っている。こちらが近づくと尾を振りはじめる。立ち止まって、なでてやると、夢中になって好意を示す。何か魂胆があって、このような愛情の表現をしているのではない。家や土地を売りつけようとか、結婚してもらおうとかいう下心はさらにない。

何の働きもせずに生きていける動物は、犬だけだ。鶏は卵を産み、牛は乳を出し、カナリアは歌を歌わねばならないが、犬はただ愛情を人に捧げるだけで生きていける。

私が五歳のとき、父が黄色の小犬を五十セントで買ってきた。その小犬の存在は当時の私にとって、何物にも代えがたい喜びであり、光明であった。毎日午後の四時半頃になると、小犬は、決まって前庭に座り込み、美しい目でじっと家のほうを見つめている。私の声が聞こえるか、あるいは、食器をぶら提げている私の姿を植込みの間に見つけるかしようものなら、まるで鉄砲玉のように息せき切って駆けつけ、ほえたり、跳ねまわったりする。

それから五年間、小犬のティピーは、私の無二の親友だった。だが、ある夜、三メートルと離れない目の前で、ティピーは死んだ。雷に打たれたのである。ティピーの死は、終生忘れがたい悲しみを私の子供心に残した。

ティピーは心理学の本を読んだことがなく、また、その必要もなかった。相手の関心を引こうとするよりも、相手に純粋な関心を寄せるほうが、はるかに多くの知己が得られるということをティピーは、不思議な本能から、知っていたのである。繰り返して言うが、友を得るには、相手の関心を引こうとするよりも、相手に純粋な関心を寄せることだ。

（七二‐七三頁、一部字句改変）

ね。目の前に「美しい目」をして跳ねまわるティピーが見えるでしょ？　そしてそれと同時に、ティピーのように純粋で無条件の愛を向けること以上に優れた友だちの作り方はないのだということが、この逸話一つで読者の心にすんなりと入ってくる。

……とまあ、こういった具合に、「人心掌握のキモ」を分かりやすく伝えてくれる興味深い逸話が次から次へと出てくるのですから、デールの『人を動かす』という本がアメリカで、そして日本でも、やたらに売れた（る）というのも決して不思議ではないでしょう。

デール・カーネギーの「黄金律」

さて、ここまで述べてきたように、本書『人を動かす』には、人に好印象を与え、人から興味を持たれ、人を味方につけるための様々なノウハウが逸話を通じて説かれているのですが、その多様なノウハウの中でも最も効果的なノウハウ、すなわちデール・カーネギーが考える究極の「人付き合いのコツ」があります。

何だと思います？

それは「他人の長所を心から認め、惜しみなく褒めること」です。

デールが長年にわたる人間関係学の研究を通して発見したのは、人間にとって最も大きな喜びとは「他人から認められること」だ、ということでした。だからその「誰もが人からしてもらいたいこと」を人にしてあげれば、その人は喜んであなたの友となり、あなたが期待することをしてくれるし、そのことは回り回ってあなたの会社内での出世を助け、結果として大きな利益をもたらすことになる、と。

新約聖書に「何事でも人々からしてほしいと望むことは、人々にもそのとおりにせよ」（『マタイによる福音書』第七章十二節）というイエス・キリストの教えがあって、この教えは「黄金律」

と呼ばれているのですが、この黄金律は会社内の人間関係の改善にも、ビジネス上の成績アップにも、そして昇進にも応用可能だということ、これこそが二十世紀アメリカを代表する人間関係系JKBライター、デール・カーネギーが成し遂げた最大の発見だったんです。

十四歳にとっての人間関係

以上、二十世紀半ば近くになってJKBの読者層が「野心満々の起業家タイプ」から「会社内での出世を目指す小市民タイプ」に変わり、それに伴ってデール・カーネギーの『人を動かす』に代表される「人付き合いのコツ」を伝授する人間関係系JKBの人気が急上昇してきた、というようなお話をしてきたのですが、本書をお読みの十四歳の皆さんには少し退屈だったかもしれません。

しかし「人付き合いのコツ」というのは、別にサラリーマンになった人のためだけに必要なものではありません。学校の中にだって人間関係はありますからね。まず友人関係があるし、中学生ともなれば男女間での恋心だって芽生えてくる。担任の先生との相性の問題や、時として陰湿ないじめにまつわる問題もあり得る。そんな種々様々な人間関係の綾《あや》を考えれば、むしろ学校内の人間関係の中でこそ「人付き合いのコツ」は必要とされるのではないでしょうか。

加えて、十四歳の皆さんからすると、「親との付き合い方」もまた、頭を悩ませる問題の一つでしょう。思春期真っ只中の皆さんとしては、親の小言はもちろんのこと、そもそも親から関心を持たれること自体ウザいし、かといって衣食住を親に頼っている以上、親の干渉を完全に無視するわけにもいかない。この面倒でやっかいな親との関係をどう維持していくかということに頭を悩ませている人も多いはず。

アルフレッド・アドラーの至言

まあ、人間関係に頭を悩ますというのは、実は当たり前なんですね。何となれば、オーストリアの著名な心理学者であるアルフレッド・アドラー（Alfred Adler, 1870-1937）も言っているように、「人間の悩みは、すべて対人関係の悩み」なんですから。

……今、何気なくサラっと言ってみましたが、「人間の悩みは、すべて対人関係の悩み」って、ちょっとスゴイ言葉ですよね！　私は初めてアドラーのこの言葉に接した時、「なるほどっ！」と思ってひどく感動したことを覚えています。

確かに、ですよ。確かに、この世で人間が抱える悩みって、つまるところすべて対人関係の悩みであるような気がする。少なくとも、私自身に関して言えばまったくそう。対人関係以外のことで悩んだり、深く傷ついたりしたことは一度もない。

では、一体どうしてこの世の悩みは、すべて対人関係の悩みなのか？　アルフレッド・アドラーについては、岸見一郎・古賀史健《ふみたけ》両氏による恰好《かっこう》の入門書である『嫌われる勇気』（ダイヤモンド社）というJKBがありますので、この本に書かれていることに沿って、アドラーの真意を説明してみましょう。

アドラーは、人間は共同体を前提にした存在であると考えていました。なぜなら、人間は決して一人では生きられないから。人間というのは、生まれた瞬間から共同体の中で人となるのであって、「個人」なるものは共同体という前提があって初めて存在し得る。

しかし、このことはしばしば、人間の住む世界を息苦しいものにすることがあります。と言うのも、人間というのは常に「自分が存在する意義」を確認したい動物であり、そのために自分が共同体内の他の人より優秀だということを、是が非でも確認したいと思うから。

とは言え、「優越性の確認」が自分の存在意義を確認する唯一の手段であるとなったら、人生はすべて他人との競争、勝つか負けるかの二択ということになってしまいます。そして自分の周囲にいる他の人間が全員自分のライバルであり、倒すべき敵であるとしたら、もはや円満な人間関係なんてあり得なくなるのも当然でしょう。

例えば「劣等コンプレックス」のことを考えてみましょう。同世代の優秀な人たちが世間で活躍している中、自分はしょぼい生活をしていて、オレは駄目な人間だ、役に立たない人間だ、オレの人生は無駄だ、と考えてしまうことはよくある。しかし、これは人間関係を「競争」と捉えているからこそであって、その結果、すべてが「勝ち負け」の話になってしまい、ライバルは敵だ、競争に負けた自分をあざ笑う世間は敵だ、ということになって、どんどんマイナスのスパイラルに捉えられてしまう。こうなってしまったら、もはやこの世は地獄です。ならばアドラーはこの世を地獄と考えていたかというと、そうではありません。アドラーは、このような状況への解決法を一つ持っていた。そしてその解決法のキーワードとなるのが「貢献」と「課題」でした。

アドラーは「人は共同体の中でしか生きられない」ということと「人は自分の優越性を示すことで自分の存在意義を感じ取る生き物である」ということ、この二つの前提を認めながら、だからといって人は互いに競争しなければならないとは考えなかった。そうではなく、彼はここで「貢献」という考え方を持ち出します。「自分は自分なりのやり方で、共同体に貢献している」という風に感じることができれば、他人と競争などしなくても十分、自分の存在意義を感じることができるはずだと。そして、この世のすべての人は、それぞれその人に合った形で共同体へ貢献することができるのであって、その個別の貢献の仕方をアドラーは「課題」と呼んだんですね。課題はそれぞれの人間に別個に与えられるものですから、個々の人間がそれぞれ与えられた課題をこなし、そのことを通じて自分の属する共同体に貢献し続けてさえいれば、他人との競争にはならない。「誰が一番共同体に貢献したか」などという優劣を決めるような考え方は意味を持たなくなり、誰もが他人の人生と比較することなく、自分自身の人生を全うすることができるわけです。

ただ、ここで注意しなくてはならないのは、「自分自身の課題」と「他人の課題」を厳密に区別しなければならない、ということ。この二つをごっちゃにすると、やっぱり人間関係は悪い方に向かうことになります。

例えば親と子の関係を考えてみましょう。親が子供に期待し、学校でいい成績をとれ、いい大学に行け、いい会社に就職しろ……と口うるさく言い、子供はそれに応えようとして苦労したり、あるいは応えられずに苦労したりして、結果、親子の関係が悪化する、ということがよくある。

この場合、子供の人生は子供の課題であるのに、その課題に親が介入しようとしたという点で、まず親が間違っているわけですね。他方、子供の側も、親の期待に応えようとした段階で、親の課題を自分の課題のように考えて、一生懸命他人の課題をこなそうとしたのですから、その時点で間違いを犯している。つまり、親と子のどちらも自分の課題と他人の課題を取り違えたために、双方とも間違ってしまったわけです。

しかし、先ほども言いました通り、個々の人生というのはその人にだけ与えられた課題なのですから、親はもっと自分自身の課題に集中し、子供の人生に口を出すことを慎むべきなんですね。また子供は子供で、親や周囲の人間の意向を気にすることなく、自分のやりたいこと、やるべきことに一心に取り組んでいけばいい。その上で、親と子供が互いを尊重し合い、手助けが必要である時に限って、必要な分だけの手助けをすればいいんです。

もちろん、今述べたのは理想的なパターンであり、実際にはそううまくいくとは限りません。が、それにしても、「人生は競争だ」「他人に勝たなければ、生きる意味がない」というワンセットの人生観を、「個々の人生は、当該の人にだけ与えられた独自の課題である」「課題をこなすことで、人は独自の形で共同体に貢献できる」という人生観に入れ替えることに成功したならば、その瞬間、殺伐《さつばつ》とした世界がにわかに温かく人間味溢れる世界に変貌するであろうことは理解されるでしょう。少なくとも後者の人生観を取り入れることで、あなた自身が殺伐たる競争社会から卒業することは可能なはず。『嫌われる勇気』という本を読むと、アドラーがこんな風な考えを持っていたことが分かります。

つまり、世界の在り様そのものを変えることはできないけれども、その在り様をどう解釈するかということは、自分の意志一つでいかようにも変えられるんですね。そして自分の考え方を変えた上で改めて見直せば、必然的に世界の姿が別なものに見えてくる。だとしたら、それは世界を変えることと実質的には同意であると。

ん？　自分を変えることで、世界を変える？　この考え方って「インサイド・アウト」ですよね？　しかもアドラーの究極の目標は、悩みを抱えた人がその悩みから解放され、幸せになること……。となると、アドラーという人は、精神分析の創始者たるオーストリアの心理学者、ジークムント・フロイト（Sigmund Freud, 1856-1939）と肩を並べる偉大な心理学者であると同時に、もう立派なJKBライターだ！　実際、アドラーのことを「自己啓発思想の元祖」と呼ぶ人たちもいるのですが、それも納得です。

トーマス・A・ハリスの『幸福になる関係、壊れてゆく関係』

とまあ、アルフレッド・アドラーのアドバイスに従って、「人生は競争じゃない！　自分は自分の課題を果たし、自分なりのやり方で社会に貢献すればいいんだ！　そのことについて、他人にとやかく言われる筋合いはないんだから、何か言われても無視しよう！」と決意し、その方針で人生の海を渡って行けば、誰でもきっと幸せになれるはず。

多分ね……。

でも、仮に人生の大方針としてはアドラー流で行くとして、対人関係は日々のことですから、ちょっとした言葉の行き違いで感情的な対立が生じ、親と喧嘩した、友人と喧嘩した、恋人と別れた、なんてことは毎日のようにある。そういうのをすべてアドラーのアドバイスだけで乗り切るというのは、さすがに無理な気がしなくもない。

ではどうすればいいか？

ここで登場するのが、トーマス・A・ハリス（Thomas Anthony Harris, 1910-95）の『I'M OK-YOU'RE OK：幸福になる関係、壊れてゆく関係』（*I'm OK, You're OK*）という自己啓発本。人間関係改善に関するJKBの最右翼と言っていい本です。人間関係改善を指南するJKBを扱ってきた本章の最後に、この本のご紹介をしておきましょう。

この本、一九六七年に出版されるや、たちまち全米でベストセラーになった「交流分析」の入門書です……と言うとなんだか難しそうに聞こえますが、全然そんなことはありません。実際、エリック・バーン（Eric Berne, 1910-70）という人が創始した「交流分析」（*TA: Transactional Analysis*）という精神分析の一手法を広く世間一般に知らしめるのに大いに貢献した本と言われていて、その種の本としては例外的に読みやすいし分かりやすい。

では実際に、本書にはどのようなことが書いてあるのか？

その前に、まず本書の前提となる「交流分析」について説明しておきましょう。

先にチラッと言いましたように、交流分析は精神分析の一手法なんですが、そもそも精神分析というのは、フロイト以来、心の病に苦しむ人を癒すための治療法でした。しかし、アドラーも指摘していたように、人間というのはそもそもこの世の中に一人で生きているのではなく、必ず人間関係の網の目の中で生きている。そして心を病んだ人間というのは、その人間関係の網の目の中、すなわち対人関係のトラブルによって心を病んだのですから、病んでいる当人だけを治療したところで効果が薄いのは当たり前。病の原因となった対人関係のトラブルの方こそ改善しなければならない理屈です。

ならば、「他人との交流の仕方」を変えることこそ、心の病を根本的に治す秘訣なのでは？というのが、つまりは交流分析の立場なんですね。で、ハリスの『幸福になる関係、壊れてゆく関係』は、まさにこの交流分析の立場から、対人関係のトラブルを避ける方法を教えてくれるというわけ。

で、実際、この本を読むと、確かにこの考え方は正しい！　と思えてきます。それほど、人間関係の分析法として、実によくできている。

「よくできている」というのは、分析の方法が極めてシンプルだから。難しい用語など何一つ使うことなく、直観的に理解できるごくごく少数の概念と用語だけで、まあ、ものの見事に人間関係の綾を分析してしまう。

では、そのシンプルな方法・用語とはどういうものか、と言いますと、まず交流分析では人間の心理を三つの要素に分割します。その三要素とは「ペアレント」「チャイルド」「アダルト」

の三つ。

まず「ペアレント」から説明すると、これは自分の親（親代わりの養育者を含む）の考え方の模倣的反復。要するに「あれやっちゃダメ」とか「あなたはこうすべきだ」など、堅苦しい規範を人に押し付けようとする心理のこと。

一方、「チャイルド」は自分が子供だった頃に蓄積された記憶です。親に叱られた時の嫌な気分や劣等感、さらには親に対する反抗心などが溜まっている場所と言ってもいい。

では「アダルト」とは何かと言うと、客観的な事実や実際の経験に基づく理路整然とした大人の判断力のこと。これは自然に備わるものではないので、意識して身につけようとしなければ身につきません。


さて、「ペアレント」「チャイルド」「アダルト」とはそういうものだとして、どんな人間の内面にもこの三つの側面があり、対人関係の中で様々な形で登場します。事実、人が他の人と会話をしている場合、常に「ペアレント」「チャイルド」「アダルト」のどれかを使って会話しているんですね。

そのことを『幸福になる関係、壊れてゆく関係』の中に書いてある例で説明しますと、例えばバスに乗っている乗客が、

A 「どうやらまた（到着時刻が）遅れるみたいね」

B「いつも遅れるわね」
A「時間通りに着いたことってある？」
B「全然ないわ」
A「今朝も主人と話してたのよ、最近はバスのサービスが悪くなったってね」
B「その通りよ。これも時代よね」
A「本当に大変なことよね。それだけは確かよね」

……という会話をしていた場合、これは二人の「ペアレント」同士が会話をしていることになる。で、「ペアレント」対「ペアレント」とか「チャイルド」対「チャイルド」といったように会話が同じレベルで平行的に行われている場合、両者に相互補完性があるので、延々と続けることができます。ただし、こうした会話は現実のデータに基づいているわけではないので、本当にバスの到着が遅れるかどうか、バスのサービスが悪くなっているのかどうかなどは、関係ありません。

では「アダルト」対「アダルト」の会話とはどういうものかというと、こんな感じ。

A（運転手に対して）「このバス、予定時刻通りに到着しますかね？」
B「はい、着きますよ。十一時十五分にね」

これは理性的に情報を求めたAに対し、これまた事実に基づいた回答としてBが返答しているので、アダルト対アダルトの会話になります。双方納得した上で問題解決していますから、会話がダラダラと長引くこともない。

さて、先ほども言ったように、会話が同じレベルで続けられ、相互補完的であるなら、その会話はスムーズなんですが、二つのレベルが交差すると、とたんにその会話はスムーズではなくなります。

例えば夫が「私のカフスボタンはどこ？」と尋ねた場合、もし妻が「洋服ダンスの一番上の左の引き出しよ」とか、「私も見なかったわ。一緒に捜《さが》しましょう」と答えれば、これはアダルト対アダルトの交流になるので、まったくトラブルなし。しかし仮に妻が「どこに置きっぱなしにしてたの？」と答えた場合、これはアダルトの問いに対してペアレントの回答をもって答えたことになるので、喧嘩になります。夫は妻のペアレントから「あなたはいつもモノを散らかすから、肝心な時にこういうことになるのよ」と責められたのですからね。その結果、夫が「お前が片付けておくべきだろ」などと怒鳴り、妻が「どうしていつも怒鳴るのよ」と答えた場合、今度は両者の交流はペアレント対チャイルドですから、事態はさらに紛糾の度を増していくと。

また、アダルトによる対応が下手な人というのは、会話の中で不必要に勘繰《かんぐ》ることも多いんですね。例えば夫が「それどこで買ったの？」と聞いた時に、妻が「これは、私の無駄遣《むだづか》いを責めているのだ」と勘繰って、「どうして買ってはいけないの？」と答えたりする。これもまたアダルト対チャイルドの交流となるので、人間関係は悪化します。

いやあ！　こうしてみると、世の夫婦喧嘩なんてものは、「交流レベルの齟齬《そご》」で全部説明がついてしまいますね！

あまり面白いので、もう少し複雑な交流例を挙げてみましょうか。

例えば夫が缶切りを捜しながら妻に向かって「缶切りをどこに隠した？」と尋ねたとする。これは質問の内容自体は単に缶切りの場所を問うているのですからアダルトなんですが、「どこに隠した？」という言い方を選んだことによって、「お前の整理整頓はなってない。一度くらい、ちゃんとあるべきところに置いておいてくれよ」という皮肉が混じっている。これはペアレントです。ですから、夫はアダルトとペアレントを混ぜたことになる。

これに対して妻がどう反応するか。もし「あなたどうかしているんじゃないの？　目が見えないの？」と対応したら、もう缶切りのことなんかそっちのけで喧嘩になります。しかし、妻が出来た人で、「テーブルスプーンの横に隠しましたわ、ダーリン」と対応したら、これは夫のアダルトの質問に相互補完的にアダルトで答えると同時に、家事に対する夫の皮肉に愛想よく応じたことになる。なんと賢い!!　これで夫婦関係の小さな危機は見事に回避されました。

とまあ、こうして見ていくと、結局、対人関係の中で一番重要なのは、その人のアダルトがペアレントやチャイルドに引きずり回されず、きちんとリーダーシップを保っていられるかに懸かっているということが分かると思います。

人間関係が壊れる理由

もちろん、必ずしもそうはなりませんから、人間関係というのはしばしば破綻《はたん》します。じゃあ、どうして破綻するのか。

そこで、交流分析では先に挙げた三つの概念に加え、対人関係の在り方を四つのパターンに分類します。その四つとは、「私はOKじゃない―あなたはOK」「私はOKじゃない―あなたもOKじゃない」「私はOK―あなたはOKじゃない」「私はOK―あなたもOK」の四つ。

ハリスによれば、人間というのは幼児期からして必然的に「私はOKじゃない」という感覚（要するに劣等感）を持つというのですね。まあ、赤ん坊というのは基本的に無力・無能力なのですから、それは仕方がないですよね。

しかし、赤ん坊は同時に、親から愛情深くナデナデしてもらえる（ちなみにこの「頭ナデナデ」は、専門用語で「ストローク」と言います）。これは赤ん坊にしたら超気持ちいいものなので、これがあるがゆえに、「人生、そんなに悪いものでもない……かも？」くらいのところまで行く。逆に、育児放棄とかでこのナデナデ・ストロークが与えられない場合、赤ん坊にとっては致命的な打撃となります。

で、とにかく赤ん坊は基本的に「私はOKじゃない」という自己認識を持つと同時に、自分を優しく世話してくれる親に対しては「あなたはOK」だと考える。この「私はOKじゃない―あなたはOK」というのが第一パターンで、すべての人間はこのパターンから人間関係をスタートさせます。

問題はですね、大人になってからも、第一パターンのまま行ってしまった場合です。

この場合、「周りはOKだけど、自分はダメ」と思っているのですから、周囲の判断に振り回されたり、あるいは周囲の人の賞賛を得るために八方美人になったりする。あるいは逆に、自分はダメな人間だ、ということに開き直って、「ならば、その通りのダメ人間になってやるよ」とばかり、ダメな人間を自ら演じて、本当にそういう風になってしまう。

で、こういう具合に劣等感を抱えた人間の行動の一つの典型が「劣等感の確認」というヤツで、相手に否定してもらいたいがゆえに、まず自分で自分を卑下《ひげ》するんですね。しかも、否定してもらうのが狙いですから、いくら相手が肯定的なことを言っても、やはりそれを否定して自分を卑下し続ける。例えばこんな具合に。

A「私は平凡だし面白くもない人間だから、デートなんて一生できないわ」
B「おしゃれなサロンでヘアスタイルでも変えてみたらどう?」
A「そうね、だけど高いでしょう?」
B「じゃあ雑誌で、自分でできるイメージチェンジの研究をしてみたら?」
A「そうね、だけどそれもやったことはあるのよ。私のヘアスタイルはこれでいいわ。セットしてももたないもの。でも束ねると少しはマシかもね」
B「化粧したらカッコ良くなるんじゃない?」

A「そうね、だけど私の肌って化粧アレルギーなのよ。一回やって、肌が荒れちゃった」

とまあ、こういう調子で延々と続く。実際、いますよね、こういう人！

さて、次のパターンを説明しましょう。

赤ん坊も産まれて一年を過ぎる頃には、それなりに色々なことができるようになると同時に、色々な失敗もするようになるので、叱られることが多くなる。快適だった乳児期の状況から、何かすれば叱られる不快な幼児期に差し掛かったんですね。もちろん、親が首尾一貫していて、良いことをした時には褒め、悪いことをした時に叱る、ということを続けていれば、幼児にも段々、どういう時にどういう反応が来るか予想できるようになるのですが、親がしっかりしていなくて、自分の気分次第で叱ったり無視したりすると、幼児には親の反応の原則が理解できないままとなる。で、そういうことが続いて混乱した幼児は、「私はOKじゃない——あなたもOKじゃない」という第二パターンに入り込んでしまいます。

この第二パターンに陥った場合、周囲に見習うものがないのですから、子供のアダルトの成長は止まります。その後、どんなに周囲の人間が愛情深いストロークを与えても、それは「ダメな人」から与えられたものだからということで、当人はその真価を評価できない。ハリスによれば、自閉症の人というのはこのタイプに分類されるそうですが、このタイプはカウンセラーのことも「ダメな人」と見なすので、カウンセラーのアドバイスも通用しないことになり、非常に扱いが難しいことになります。

さて、次に第三のパターン、すなわち「私はOK―あなたはOKじゃない」のケースですが、これは幼児期に親から虐待された子供がしばしば陥るパターン。ちょうどいじめられた動物が一人籠《こも》って自分の傷を自分で舐《な》めて治すがごとく、過酷な幼児期を自力でサバイバルした子供が、「俺は一人で大丈夫だ、だけど周囲の人間は全部ダメだ。悪いことはすべて他人のせいだ」と固く信じてしまう場合ですね。これはもう、良心というものを持てない状態なので、このまま行くと極悪の犯罪者になってしまうことすらあり得る。

と、ここまで見てくると、第一から第三までのすべてのパターンは、基本、全部ダメなわけですよ。人間関係がこの三パターンにしか分類できないのなら、社会は成り立たず、世界は暗黒になります。しかし、幸いなことに、第四のパターン、すなわち「私はOK―あなたもOK」というパターンがある。これがあらゆる人間関係にとって唯一の成功パターン、唯一の希望なんです。

とは言え、第四のパターンは、放っておいても自然にこうなるというものではありません。感情に基づいた第一～第三のパターンとは異なり、これは意識的・言語的な決断によって個々に掴み取られるものなんですね。

では、第四のパターンに自分を持っていくにはどうすればいいかと言うと、結局、自分の中のアダルトを成長させるしかない。自分の中のチャイルド（すなわち「私はOKじゃない」という概念の原動力）を抑え、かつ、他人が持っているチャイルドの側面にもいち早く気づき、相手のチャイルド的言動にアダルトでもって対応する即応力を身につけることができるようになってはじめて、「私はＯＫ―あなたもＯＫ」のタイプの交流が可能になります。しかし、アダルトというのは、ペアレントやチャイルドと違って、自動的に強化されるものではないので、先に述べたように、意識的・言語的な決断によって絶えず心掛けていないと身につきません。

今まで述べてきたことからすると、アダルト主体の交流というのは、実はすごく難しい。人間社会のトラブルなんて、結局全部、ペアレントとチャイルドが荒れ狂った末に起こることばかりであることに、本書を読んだ誰もが気づかされるでしょう。

気づけば変われる

では、どうすればいいか？

結局、交流分析を学び、なぜ人と人の関係がなかなかうまくいかないのか、そのうまくいかない仕組みに気づいた上で、それを修正すべく、意識的に自分のアダルトを育て、そのアダルトで他人と交流することを心掛けるしかない。大事なのは、まず気づくことなんですね。気づけば、変われるんだから。

で、その際、交流分析が優れているところは、理論が非常にシンプルなので、その分析法が誰にでも――子供にも――理解できるということです。実際、最初に「ペアレント」「チャイルド」「アダルト」の概念を教えれば、子供ですら自分の問題行動を客観的に分析できるようになる。この「客観的に」というところが重要です。

例えばカウンセラーが、子供に向かって「僕（＝カウンセラー）のことを殴るふりをしてごらん」と指示し、殴ってきた子供の腕を押さえて、「今、僕のしていることは何？」と尋ねると、「殴るのを止めさせているだけだからアダルトです」と答える。次にカウンセラーがその子に殴り返すふりをして、「これは？」と尋ねると、「殴ることに対して、殴り返しているのでチャイルドです」と答える。次にカウンセラーがその子を抱きかかえてお尻を叩くフリをして、「これは？」と問うと、「ペアレントです」と答える。子供でも完璧に「ペアレント」「チャイルド」「アダルト」の何たるかを理解するんですね。

実際、交流分析の基礎を教えた子供たちのグループで、一人の子供が暴れ出したことがあったそうですが、この時、彼を押さえたカウンセラーが先ほどと同じ質問をして、今、自分のしていることがアダルトの対応であることを本人に理解させ、気持ちを落ち着かせた上で、「さあ、いつも僕たちがやっていることを、みんなに見せてあげよう。僕の手を取って、いつも言っている文句を言おうよ」と提案し、「私はOKです……あなたもOKです」と唱えさせたところ、すっかり自分を取り戻したその子は、再び仲間の輪の中に入っていったそうです。その間、わずかに三分。もし交流分析以外の手段でその子に対処しようとすれば、おそらくその日一日費やしても、果たしてその子の荒れた心を修正できたかどうか……。

とまあ、こんな具合に、交流分析の基礎を教えておけば、子供が何か問題行動を起こした際、本人に客観分析させて、「今、君の中の何が君にこういう行動を取らせたのかな？」と尋ねれば、当人自らチャイルドに振り回されていたことに気づき、あっさり改めると言います。

そりゃ、子供だって「お前が悪い」と言われるのではなく、「自分の中の何かが悪さをした」と自覚すれば、受け入れやすいですからね。そしてこの受け入れやすさこそ、客観化のメリットなんです。

目指すところは同じ「私はOK、あなたもOK」

さてさて、トーマス・A・ハリスの『幸福になる関係、壊れてゆく関係』について長々とご紹介してきましたが、かつて十九世紀末の自己啓発本が大起業家にして大富豪の「王」たちの後に続け！　という感じの本であることが多かったことからすれば、二十世紀半ば以降の自己啓発本の多くが、周囲の人間との間に波風立てずに生きていこう！　的なものになってしまったことに対して、「大分スケールダウンしたな……」という感じがしなくもない。まあ、それが「サラリーマン社会の到来」が生み出した当然の帰結ということであると考えれば、致し方ないところではあるのですけれども。

しかし、それはさておくとして、二十世紀の「人間関係系JKB」の歩みを思い返してみれば、本章の冒頭でご紹介したデール・カーネギーの人心掌握術、すなわち「他人の長所を心から認め、惜しみなく褒めること」という黄金律も、またアルフレッド・アドラーの心理学が出した良好なる人間関係の極意、すなわち「私は私の課題を果たすから、あなたはあなたの課題を果たしてくれ。お互い、共同体の仲間同士なんだから」ということも、つまるところ「私は

OK―あなたもOK」という思いを相手に伝えることだ、と言えなくもない。三者三様の言い方をしてはいますが、目指すところは同じなんですね。

ならば、実際に試してみようではありませんか？　まずはあなた自身が、他人との関係において「アダルト」な対応をすることを心掛ける。そうしたら、あなたとあなたの周囲にいる人たちとの関係が少し変わるかもしれない。その時あなたは、自分を変えることで世界を変えたことになるわけです。

この章を読んで「面白い！」と思った人に、以下に挙げる本をおススメします。

- デール・カーネギー『人を動かす』創元社文庫
- 岸見一郎・古賀史健『嫌われる勇気』ダイヤモンド社
- トーマス・A・ハリス『I'M OK―YOU'RE OK：幸福になる関係、壊れてゆく関係』同文書院

Coffee Break

成長する『人を動かす』

本章では「人間関係系ＪＫＢ」の傑作として、デール・カーネギーの『人を動かす』という本のことを詳しく紹介しましたが、この本、本当に面白いので、本書の中からもう一つ、とっておきの逸話をご紹介しましょう。アメリカの天才歌手で、視覚障害のあったスティーヴィー・ワンダーの少年時代にまつわる逸話です。

ポール・ハーヴェイはラジオのレポーターとして知られているが、『後日物語』と題した番組の中で、心からの賞讃で一人の人間の人生が変わる話をしていた。何年も前、デトロイトのある学校の女先生が、授業中に逃げた実験用のネズミを、スティーヴィー・モリスという少年に頼んで、探し出してもらった。この先生がスティーヴィーにそれを頼んだのは、彼が、目は不自由だが、その代わりに、素晴らしく鋭敏な耳を天から与えられていることを知っていたからである。素晴らしい耳の持主だと認められたのは、スティーヴィーとしては、生まれてはじめてのことだった。スティーヴィーの言葉によれば、実にその時――自分の持つ能力を先生が認めてくれたそのときに、新しい人生がはじまった。それ以来、彼は、天から与えられた素晴らしい聴力を生かして、ついには「スティーヴィー・ワンダー」の名で、一九七〇年代有数の偉大な歌手となったのである。

(『人を動かす』創元社、四三 - 四四頁より抜粋)

ううむ、なるほど！　確かに人から認められるというのは、誰にとっても嬉しいことだし、そのことによって人生そのものが変わることがあるんだなあ……。

と、私も人並みにこの逸話を読んでひとしきり感心していたのですが……。

ん？　ちょ、待てよ……。

『人を動かす』という本が出版されたのは確か一九三六年。で、スティーヴィー・ワンダーが生まれたのは？　一九五〇年！　って言うか、そもそも本書の著者であるデール・カーネギーは一九五五年に亡くなっているので、スティーヴィー・ワンダーが一九七〇年代に「有数の偉大な歌手」として活躍したことを、彼が知っていたはずがないのでは??

そうなんです。

実は、今、書店で売っている『人を動かす』は、オリジナルではないんですね。

本章でも述べましたように、デール・カーネギーの名著『人を動かす』は、逸話をもとにして人間関係改善のためのノウハウを伝える「逸話系ＪＫＢ」なのですが、この種の本にとって致命的なのは、その逸話が古くなることです。ある時代に有名だった人の逸話は、その時代を知っている同時代人にとっては興味深く、その内容も腑に落ちるものになるでしょうが、時が経ってその有名人のことを知っている人が少なくなると、その人にまつわる逸話もまた一気に魅力が失せてしまう。

ですから「逸話系ＪＫＢ」は、時折内容を見直して、古臭い逸話を落として新しい逸話に更新する必要があるんですね。

というわけで、デール・カーネギーの名著『人を動かす』も、デール・カーネギー財団が中心になって、時折、その内容を更新しているんです。現在、この本の中にスティーヴィー・ワンダーの少年時代の逸話が載っているのは、そういう更新の結果なんですね。

日本でも『サザエさん』や『ドラえもん』、『クレヨンしんちゃん』や『ちびまる子ちゃん』など、作者がすでに鬼籍に入っているのに、相変わらず書き継がれているまんが／アニメがいくつかありますが、それらと同様、名著『人を動かす』は、デール・カーネギー亡き後も依然として成長し続け、ベストセラーの地位を保ち続けているのです。

Chapter 6

女子のための自己啓発本

「十四歳からの自己啓発」をコンセプトにこの本を書き始めた時から、この本だけは絶対に取り上げようと思っていた本があります。それはマーヤ・ヴァン・ウァーグネン（Maya Van Wagenen）が書いた『マーヤの自分改造計画――1950年代のマニュアルで人気者になれる?・』(*Popular: A Memoir: How a geek in pearls discovered the secret to confidence*, 2014）という本。

これ、どういう本かと申しますと、テキサス州ブラウンズビルという小さな町で地元の高校に通っていた著者のマーヤが、クラスの中でも目立たない存在だった自分自身に嫌気が差し、地味キャラを卒業して一躍クラスの人気者になってやろう！　と一念発起、その決意を実現するまでに費やした一年間の記録です。

マーヤが、クラスの人気者になるために様々な作戦を立て、それを実行していったのは高校生の時のことですから、年齢的には十五、六歳頃の話になる。となれば、本書をお読みの読者の皆さん、とりわけ女子の皆さんにしても興味があるでしょうし、「地味な自分から脱皮して、人気者になる！」というプロジェクトである以上、その内容が自己啓発本、すなわち「JKB」になるであろうことはハッキリしている。これはもう、本書で取り上げないわけにはいかないでしょう！

二重らせん構造のＪＫＢ

ところで『マーヤの自分改造計画』という本に関して非常に興味深いのは、その副題の部分。本書の副題は「１９５０年代のマニュアルで人気者になれる？」となっていますが、これは一体どういうことか？

実はマーヤが自己改善に取り組もうと思いついたのは、一九五〇年代初頭に出版された『ベティ・コーネルのティーンのための人気者ガイドブック』（*Betty Cornell's Teen-Age Popularity Guide*, 1951）という本を偶然見つけたことがきっかけでした。およそ六十年前に書かれたこの「ティーン向け自己啓発本」は、クラスの人気者になるためにやるべきこと、自己改善すべきことを項目立てて列挙し、それを「課題」として一つずつこなしていくことを勧めたアドバイス本。世のすべての自己啓発本のルーツであるベンジャミン・フランクリンの『自伝』の「十三の徳目」の習得法とまったく同じであって、その意味では非常にオーソドックスな、由緒正しき「12ステップ・ブック」の系列に連なる本ということになりますが、そんな大昔のティーン向け自己啓発本の中に書かれている様々なアドバイスを、二十一世紀の今、忠実に実行したら、本当にクラスの人気者になれるのか？……というのが、マーヤの個人的な自己改善プロジェクトの発端だったんです。

つまり「クラスの人気者になる方法」を伝授した『ベティ・コーネルのティーンのための人気者ガイドブック』という大昔のティーン向け自己啓発本がまずあって、そこに書かれている方法を六十年後のアメリカで忠実に試してみたらどうなるかを綴《つづ》ったのが本書『マーヤの自分改造計画』ということになる。いわばこの二冊のティーン向けJKBは、六十年の時を間に挟みながら、二重らせんのように絡《から》まり合っているんですね。

「学校」という名の階層社会

それにしても、二十世紀のど真ん中である一九五一年にティーン向けの自己啓発本が出版されていたというのは、考えてみればちょっと面白い現象ではあります。と言うのも、自己啓発本というのは、成功や立身出世のためのノウハウを伝授するものなので、基本的には社会人向けの文学ジャンルだから。それなのに、まだ社会人になっていないティーン向けの自己啓発本が一九五〇年代初頭からすでに出回っていたとなると、それは一体なぜか？　という疑問が生じてくる。

しかしこの疑問は、『マーヤの自分改造計画』を読み始めるとすぐに解けます。本書冒頭に、マーヤの通う高校の現状が語られるのですが、そこには厳然たるスクールカーストが存在していたんですね。マーヤによると、彼女の高校では「人気者」にも階層があって、上（＝人気のある方）から順に、

1　バレーボール部女子
2　フットボール部男子
3　お金持ちのセレブ
4　バンドメンバー
5　聖歌隊
6　アーティスト系ゴス女子
7　セクシーなかっこうのあんまりキレイではない女子
8　妊娠中
9　コンピュータおたく
10　図書室おたく
（以下、圏外）
社会的はみだし者
教師
臨時教員

……という具合に決まっていた。バレーボール部に所属している女子生徒やフットボール部に所属している男子生徒は人気があって、肩で風を切っていられるけど、分厚い眼鏡をかけた理系男子（コンピュータおたく）とか、本好き文系女子（図書室おたく）あたりは、廊下を歩くにも端の方をコソコソと……。そんな状況が目に見えるようです。

要するに「すべての市民が平等」を建前とする民主主義社会のアメリカにおいてすら、「学校」という特殊な組織には、まるで中世の封建時代のような純然たる階層社会が残存していたと。だからこそ下の方の階層に属する生徒が自己改善によってこの階層ピラミッドを駆け上がることは、まぎれもなく「立身出世」であり、となれば、それを指南する自己啓発本（＝ＪＫＢ）があっても少しもおかしくない。そのように考えてみると、確かに現代社会の中でＪＫＢを最も切実に必要とする人々がいるとすれば、それはひょっとすると中学生とか高校生なのかもしれません。

マーヤの挑戦

さて、それでは肝心のマーヤは、この階層社会の中のどの辺に位置していたのか？

実は高校二年生までのマーヤはこの階層の「圏外」、すなわち「社会的はみだし者」のカテゴリーに分類される女の子でした。友達と言えば、ケンジーという名の韓国系のちょっと世を拗《す》ねたような感じの女の子ひとりだけ。ケンジーももちろん「社会的はみだし者」に属する子ですから、同じ程度に不人気な女子二人が、同病相哀れむごとくつるんでいたと。まあ、学校社会ではよく見られる状況です。

で、不条理とは知りながら、「ティーンエイジャーというのは、こういう厳しい階級社会の中でそれぞれ分《ぶ》をわきまえて暮らしていくものだ」と半ばあきらめていたマーヤなのですが、そんな彼女に一つの転機が訪れる。それが先にも言いました、『ベティ・コーネルのティーンのための人気者ガイドブック』なる古い本を偶然手にしたこと。この本を読んで、「ここに書いてあるアドバイスを忠実に実行していったら、ひょっとして私も人気者になれるんじゃない？」と考えた彼女は、学校という名の厳しい階級社会にチャレンジすることを思いつきます。

では、ベティ・コーネルの指導の下、マーヤが試みた自己改善計画とは一体どういうものだったのか？

その第一歩は、やはりと言うべきか、「容姿の改善」でした。人気者になるには、まず自分の容姿に自信を持たなければダメ。と言ってもまだ高校生ですから、整形手術を受ける、というところまでは行きません。でも、整形手術という手段に訴えなくてもできることは沢山ある。

例えばまずぽっちゃり体型を何とかすること。不摂生に間食をせず、また脂肪の多いものばかり食べず、身体に良い食材で作られた食事を適切な量食べることに気を回すこと。そして姿勢を正すこと。清潔であることを心掛けること。髪の毛の手入れをきちんとすること。肌の手入れをきちんとすること。

そして容姿の次は服装。派手さを狙うのではなく、身の丈に合った、清潔で自分に似合う服を着る。そして化粧の仕方も覚える。といって、高校生にルージュなどは不必要。健康的な輝くばかりの肌の色や唇の色があるのだから、それを殺さないよう、例えばグロス程度に抑えること。そして感じのいい香水の付け方も会得する。

そして女子たるもの、たまにはスカートをはくこと！

……とまあ、ベティ・コーネルのアドバイスは、さすがに一九五〇年代初頭の時代性を反映し、現在の観点からするといささか時代遅れなものもありますが、ともかくマーヤはこうしたアドバイスを一つずつこなしていく。

が！　こんな穏やかでさりげない自己改善でさえも、難しいんです――こと高校という特殊社会の中においては。

つまり、この程度の微妙な変化でも、クラスメートたちは敏感に感じ取ってしまうんですね。まずマーヤの所属する「社会的はみだし者」の仲間から、「あんた、一体どうしちゃったの⁉」というクレームがつく。階級社会というのは面白いもので、一旦、安定した階級社会が築かれると、それを崩そうとするような異端児の行動を厳しくチェックするところがある。だからマーヤはまず身内の批判を受けなければならない。しかも、それにプラスして階級が上のグループからの好奇の目、あるいは「社会的はみだし者が、なに気取っているの？」というあざけりも受けなくてはならない。一口に「自己改善」と言っても、自分だけ変わればいいというものではなく、そういった周囲からの様々な抵抗や揶揄の中を突き進んで行かなければならないのですから、なかなか大変です。

でも、一旦決意したマーヤは、そういった抵抗にもめげず、ベティのアドバイスを一つ、また一つと実行していく。

しかし、物事はなんであれ、やさしいところからハードなところへ移行していくものでありまして、ベティのアドバイスも段々、難しいものになっていきます。

例えばベティのアドバイスに、こんな一節がある。


ひとりの人間として成長したいなら、人気者になりたいなら、自分の殻に閉じこもっていてはいけません。

美しく魅力的であることが役に立たないとはいいませんが、だからといって必ず人気者になれるわけではありません。ほかにも必要な要素があり、それがとてもたいせつです。その要素とは、人柄です。あなたをひとりの人間としてつくりあげている、言葉では説明できなくても、いちばん目立つものなのです。

外見的な美しさだけでは、じゅうぶんとはいえません。成功するためには、外見だけでなく、内面も美しくなければいけません。では、どうやって美しくなればいいのでしょう？　人柄をよくすることです。かんたんそうにきこえますが、決してそうではありません。愛想がよく、思いやりがあり、気前よく、広い心をもち、礼儀正しいというすべての要素がそろっている必要があります。

いちばん大切なのは、人とうまくやっていくということです。ずっとひとりでいたら、楽しくありません。人と分かちあわなければ、ほんとうの喜びは得られません。つまり、友だちをつくることです。

（『マーヤの自分改造計画』紀伊國屋書店、二〇五 - 二〇七頁より抜粋）

外見を変えるとか、服装を変えるというのは、まあ、自分で心を決めてやろうと思いさえすればできます。しかし、階級社会の高校の中で、その階級の垣根を越えて友達を作るというのは……これはなかなかハードルの高いアドバイスと言えるでしょう。しかし、このアドバイスにも、マーヤはあえて従おうと決意するんですね。そして校内の学食（そこは「人気者グループの席」、「そうでない連中の席」……といったように、そこら中に見えない壁が立ちはだかっていることは言うまでもない）で、本来の席（社会的はみだし者席）を立ったマーヤが、一つずつ上の階級の席を回って、たとえ無視されようと、一人でもそこに友達を作ろうと奮闘を重ねるわけ。

意外なことに、すんなりと……

もうこのあたりまで来ると、私のような還暦近いおっさんですら気が気ではなくなってくると言いましょうか。「マーヤ、頑張って！　階級の壁に負けないで!!」みたいな感じになってくるという……。

が！

分をわきまえないマーヤのこの無茶な行動は、しかし、意外なほどすんなり受け入れられるんです。

つまり、高校における「階級の壁」というのは、当事者たちが思っているほど堅固《けんご》なものではなかったんですね。破ろうと思えば破れる類の壁だった。もちろん、当初は周囲をざわつかせたものの、いつもと違うテーブルに座ったマーヤを、誰も殺そうとはしません。誰もが多少驚きはし、居心地の悪い雰囲気が漂うものの、少なくともグループの中の誰かはマーヤを受け入れ、言葉を交わしてくれる。勇気を出して最初の一歩を踏み出せば、どのテーブルでもランチは食べられるんだということ。この事実に気づいたマーヤは、その後、一つ、また一つと上の階級のグループのテーブルを回っていきます。

そしてついに！　この高校の人気者ヒエラルキーの頂点、すなわち「体育会系女子&男子」のグループにも、マーヤは受け入れられるようになっていくんです。すごい!!

で、マーヤは、そうやって色々な階級の人たちのグループに混じってランチを食べながら、「人気者って、どんな人だと思う？」というアンケート調査をしていくんですね。で、その結果分かったのは、「人気者の定義は一つではない」ということ。そしてさらにマーヤを驚かせたのは、学内最上級の人気者グループの連中ですら、自分たちが人気者のトップに君臨しているとは思っていなかったということ。

つまり、傍《はた》から見ると堅固な階級システムのように見えていたとしても、実質はごくもろいもので、誰もが自信がなかった。で、自信がないから、誰しも他の階級のグループとは接触しないようにしていたんですね。

で、そこにマーヤがその壁を突き破って接触してきたので、皆ビックリしながらも、受け入れたと。

そしてマーヤは、一年間の自己改善計画の総仕上げとして、高校卒業時の一大イベント、「プロム」にチャレンジします。「プロム」というのは、アメリカの高校で行われるフォーマルなダンス・パーティーのことで、最高学年の生徒が男女ペアで参加することになっている。もちろん、この「男女ペアで参加」というところが悩ましいところで、特定のボーイフレンド／ガールフレンドのいない子は、何とかプロムまでに一緒に行ってくれる相手を探そうと必死になったり、あるいは最初から断念して参加を見合わせたりすることになる。

となると、以前のマーヤであれば、「自分を誘ってくれる人なんていないに決まっているから、プロムにも参加しない」ということになっていたのでしょうが、今やマーヤは一年前までのマーヤではないですからね。逆に、同じような思いからプロム参加をためらっているクラスメートたちを自分から全員誘って、「私も行くから一緒に行こう！　プロムで踊ろう！」と焚《た》き付ける。積極果敢な攻めの姿勢ですよ。

そしてこの一年、とにかく知らない子にも積極的に声を掛け、昼はテーブルを回って様々な階級のグループとも分け隔てなく交際し、皆に親切にしてきた甲斐あって、マーヤに誘われた多くの子が、プロムにやってきます。そしてそういう子たちとマーヤは踊りに踊ってプロムを満喫する。一年前には想像もできなかったことが実際に起こるんです。

六十年前に書かれたベティ・コーネルのティーンエイジャー向け自己啓発本は、二十一世紀の今でも通用した！

この本には、そうしたマーヤの奮闘と達成が描かれているのですが、それ以外にもマーヤが大好きだった先生の死とか、自閉症の妹のこととか、父親の転職によって中学卒業と同時に他の町に引っ越すことになったこととか、十五、六歳の少女の生活にふりかかる様々な出来事が綴られています。またメキシコとの国境に近い町ゆえに、麻薬や銃のトラフィックが日常的にあって、高校ですら定期的に警察の捜査の対象になる（麻薬犬にクンクンされる）し、校内で銃撃が起こって生徒が死ぬなんてことも時折ある。そういった現代アメリカの今を垣間《かいま》見ることもできるんですね。そういう意味でも、この本、実に面白い。

でも自己啓発本研究の観点から見て一番興味深いのは、やっぱり世の多くのJKBが異口同音にのたまうこと、すなわち、「自分が変われば、世界が変わる」というのは本当だということが、この本を読むと良く分かるということ。

マーヤは「人気がなく、パッとしない自分」に飽きて、「人気者の自分」を手に入れようとした。そしてその決意を固め、自分を変えることによって、望み通りの人気者になった。それもたった一年で自分を取り巻く世界を一八〇度変えちゃったんですからね。しかも単に学校の人気者になったばかりではなく、この本が出版され、世界中でミリオンセラーになったことで、マーヤは自分の夢であった「作家」になることもできた。なるほど、自分が変われば世界が変わるっていうのは本当なんだなと、そんな風に思えてくるでしょ？

だからマーヤが『ベティ・コーネルのティーンのための人気者ガイドブック』という大昔のJKBを参考にしながら、『マーヤの自分改造計画』という新たなJKBを書き上げたように、この本を読んでいる十四歳のあなたもまた『マーヤの自分改造計画』を参考にして、新しいJKBを書き上げることができるはず。そうなれば、ティーン向け自己啓発本の「二重らせん構造」も、「三重らせん構造」という次の次元へと進化していくことになるでしょう。

女性が落ちる「自信のなさ」という落とし穴

さて、一番紹介したかった『マーヤの自分改造計画』のことを紹介してしまったので、本章はもうおしまい……としてもいいのですけれども、そういうわけにもいかない。実は、自己啓発思想的観点から言いますと、女子……まあここからはより一般化して「女性」と言い直しましょうか、とにかく女性には非常に危険な落とし穴があるんです。

ではその落とし穴とは何かと言いますと、「自信のなさ」。言葉としては単純明快ですが、実際にはそれほど単純な話ではありません。と言うのも、自信というのは、少なくとも女性にとっては、それを持つこと自体、一筋縄ではいかないから。

極端な例を一つ挙げましょう。

シェリル・サンドバーグ（Sheryl Kara Sandberg, 1969- ）という女性をご存じでしょうか。アメリカでは知らぬ人がいないほどの有名人なのですが。

この人の肩書というのはものすごくて、まずアメリカ随一の名門大学であるハーバード大学を卒業した後、ハーバード大学の大学院である「ビジネス・スクール」を修了。そこからアメリカ連邦財務局に就職したのを皮切りに、マッキンゼー、グーグルなど、一流の職場を渡り歩いた後、フェイスブックに移籍。創業者であるマーク・ザッカーバーグの右腕としてCOOを務め、二〇一三年時点での個人資産は十億ドルに上ります。「十億円」じゃないですよ、「十億ドル」。日本円に換算したらざっと一千億円以上。ものすごい成功者ですよね！

で、そのシェリル・サンドバーグが二〇一三年に『Lean In』（*Lean In: Women, Work, and the Will to Lead*）というJKBを書いているのですが、それほどの成功者なんだからさぞや自信満々、才能に溢れた私がこういう風に努力したら、こんな風に成功してしまいました、皆さんも私の真似をしてみたら？　というような内容なのかと思うでしょう？

ところが、さにあらず。

本書の内容は終始一貫して「私には自信がない」という嘆《なげ》き節《ぶし》。それはもうハーバード大学時代からそうで、同じくハーバード大学に通う弟が成績はさほど芳《かんば》しくなくてもなぜか自信満々なのに、彼女の方は常にトップの成績を維持していても全然自信がない。自信がないものだから、積極的になれない。積極的になれないものだから、人との競争が苦手。人と競争したくないものだから、いつでもライバル（男性）の後塵《こうじん》を拝してきた。そしてその傾向は、功成り名遂げた今も同じ。だけど、それではいけないということは自分でも分かっている。だから世の自信のない引っ込み思案の女性たちよ、私だってそうなんだから、一緒に勇気を出して「Lean In」（＝足を一歩前に踏み出すこと）をしましょう！　というのが本書『Lean In』の中で彼女が訴えかけていることなんです。

自信が持てない女性の末路

さて、シェリル・サンドバーグの『Lean In』というＪＫＢを読んでビックリするのは、頑張って努力して、結果的にこれほどのキャリアを積み上げ、世界有数のお金持ちになったにもかかわらず、彼女が相変わらず自信のなさに悩んでいる、ということでしょう。つまり「成功すること」と「自信を持つこと」は、表裏一体の事柄ではなかったということになる。否、おそらく男性にとっては表裏一体なのだと思いますが、どうやら女性にとってはそうではないらしい。

しかし、女性によく見られる「頭も切れ、頑張り屋さんなんだけど、自信がない（＝自己肯定感が低い）」というケースは、実は非常に危険なんです――特に結婚に関して。

結婚に失敗する女性についての研究に基づくＪＫＢは一九八〇年代半ばに集中していて、ダン・カイリー（Dan Kiley）の『ウェンディ・ジレンマ』（*The Wendy Dilemma*, 1984）やロビン・ノーウッド（Robin Norwood）の『愛しすぎる女たち』（*Women Who Love Too Much*, 1985）という二冊の本が特に有名ですが、これらを読みますと、まあ、恐ろしいことが書いてある。

この二著によりますと、女性にとって非常に重要な人間関係は何と言っても幼少期における父親との関係だそうで、ここがうまくいっていて、自分は父親から十分に愛されたという温かい記憶があると、自己肯定感のある健全な女性に育つことになると言うのですね。

ところが、どうもそこが曖昧で、父親に十分に愛されていなかったのではないかとか、どうやら父親は息子を望んでいたようで、娘である自分には興味がないようだとか、父親が自分より出来の悪い兄や弟の方ばかり可愛がり、自分は良い成績をとっても褒められなかったとか、その種の負の記憶を持ったまま成長してしまった女性は、自分自身に対して自信が持てず、その結果、結婚適齢期に入ってからとんでもない苦労をすることになります。

と言うのも、愛なき父親の影響から「自分は男性から愛される価値がない」というネガティヴな信念を抱えたまま成長してしまった女性は、結婚するに当たって、夫とするに値しない自己中心的でだらしのない男性をわざわざ選んで結婚し、無意識のうちに先のネガティヴな信念を立証しようとするというのです。

で、そういうダメな男性と結婚すれば、当然のように結婚生活は破綻してしまうのですが、しかし、その種の女性というのは大抵頑張り屋さんで、「自分さえ頑張れば、この破綻した結婚生活を立て直すことができるはず」という妙な自信だけはあって、ダメな夫の後始末を自分一人で引き受け、何か悪いことが起これば全て自分の責任として受け止めるという自己破壊的な行動を取ってしまう。と言って傍目には愚かと思える彼女たちの行動も、当の本人からすれば整合性のあるものであって、逆に夫として適格な愛情深い男性が周りにいたとしても、そういう男性に対して彼女たちは魅力を感じないというのですから問題の根は相当に深い……。

ともかく、ダメな男ばかり渡り歩いてしまう「男性依存症」の女性たちというのはこの世の中に一定数いるのですが、彼女たちだってそうなってしまう原因が「自分に対する自信のなさ」であると知れば、そこはどうにかしなくては、という気にもなってくるのではないでしょうか。

なぜ女性は自信（＝自己肯定感）を持てないのか？

では一体全体なぜ女性たちは自信（＝自己肯定感）を持てないのか？　それはダン・カイリーやロビン・ノーウッドが指摘するように、「幼少期に父親から十分な愛情を受けなかったから」なのか？　それとも、もっと他に理由があるのだろうか？

この疑問について最も明快な答えを提供してくれるJKBが、キャティー・ケイ&クレア・シップマン（Katty Kay & Claire Shipman）という女性ジャーナリスト・コンビの共著になる『なぜ女は男のように自信をもてないのか』（*The Confidence Code*, 2014）という本。で、この本によりますと、「一般に女性は自分に対して自信がない」という事実は厳然としてある、というのですね。スポーツ界であれ、政治の世界であれ、ビジネスの世界であれ、とにかくそれぞれの世界で最も成功していると思しき女性たちに尋ねると、やっぱり「どうも私は自信が持てない」という答えが返ってくると。

ちなみにこれは単に感覚の問題とか個々人の心の問題ということではなく、実験によって確かめられる事実です。例えば心理学的なテストを行ってみると、一般に男性は自分の実力に見合った自信を持っているどころか、それ以上、つまり三割増しくらいの自信がある（専門用語では「正直な自信過剰〔honest overconfidence〕」という）のに対し、女性はその逆で、実際の実力よりも二割ほど割り引いて自分を評価する傾向があることが分かるのだそうです。そう言えばこれって、先に挙げたシェリル・サンドバーグのケースにぴったり当てはまります。シェリルの弟は、ハーバード大学ではそこそこの目立たない成績しか取れなかったのにいつも自信満々で、他方、シェリルはと言うと、常にトップの成績を維持していたのに自分に自信が持てなかった、というのですから。

しかし、大学の成績程度のことなら笑って済ませられますが、これが社会へ出てからの話となりますと、男性と女性の「自信」をめぐる差というのは致命的になってくる。

例えば重要な社内会議の場でも、男性社員は――たとえそれがアホな意見であれ――堂々と手を挙げて発言できるのに、女性社員の方は、仮に素晴らしく建設的な意見を持っていたとしても「こんなこと言ったら皆に馬鹿にされるのでは」と怖れて挙手をしない。挙手をしないのだから、発言するチャンスもなく、当然、評価もされない。

また昇給の交渉でも、男性は「自分はこんなに成果を出しているんだから、給料をもっと上げて欲しい」と面と向かって上司に掛けあえるのに、女性はそういう図々《ずうずう》しいことをするほどの自惚《うぬぼ》れがどうしても持てない。で、そういうことが積み重なっていった結果、男性社員と女性社員では、出世競争で大きな差が付いてしまう。

もちろん、実際には高い能力を持つ女性は、この不利な状況に気がついているのですが、だからといって、周りの男性と同じように臆することなく発言したり、能天気に昇給交渉に行こうという気にはならないんですね。なぜなら自分に課しているハードルが高すぎて、逆にハードルの低い周囲の男性たちの自信に満ちた行動を愚かなものと考えてしまうから。男性のように屈託なく振る舞いたいという気持ちがある一方、そういう振る舞いを愚かと考えてしまうところもあるのですから、これでは身動きが取れなくなるのも当たり前。

要するに、モノの考え方、頭の働き方が男性と女性ではこれだけ違う、ということですね。

それでは一体なぜ、こういう状況が起こるのか？

本書の著者であるキャティーとクレアは、ひょっとして男性と女性では頭の構造が違うのか？　と思い、脳科学者のところに行って尋ねるのですが、彼らによると確かに男性脳と女性脳では、その働き方が若干異なるところはあるらしい。

しかし、働き方が違うというのは、能力の高低を示すものではないんですね。

例えば「女性は（先天的に）理数系に弱い」という言い方がなされ、それを示すようなデータすらあるけれども、それは事実ではない。筋道の問題であって、男性脳が通る道筋と女性脳の通る道筋は違うとは言え、最終的に同じところに到達するのだから、結果から言えば両者に差はないんです。

では、なぜ「女性は理数系に弱い」というデータが出るかというと、これはもう自信のなさのなせるわざなんです。と言うのも、思春期の前期くらいの時に「女性は理数系に弱い」という言い方がしばしばなされるために、女性たちは「私たちは理数系はダメなんだ」と勝手に思い込み、問題に取り組む前に、努力を放棄してしまうから。そのために悪いテスト結果が出てしまうのだけれども、実はそういう思い込みを放棄して本気でやれば、女性だって男性と同じだけの理数系能力を示すことも分かっている。実際、自信を付けさせるような暗示をかけた後で数学の問題を解かせると、女性も男性と同程度の理数系の能力を示すことが立証されているそうです。

「自信」は後からやってくるものではない！

このことが図らずも示しているように、自信というのは、能力を発揮した後に生じてくるものではないんですね。まさにその逆。能力があるから自信が出るのではなく、自信があるから能力が発揮されるんです。

だから、「自分に自信がない」と思い込んでしまっている女性たちというのは、すっごく損をしているわけですよ。そう思っている限り、能力を発揮できず、能力を発揮できないからさらに自信を持てないという悪循環に落ち込んでしまうのですから。

本書を通じてキャティーとクレアが到達した一つの見地というのは、結局自信とは行動であり、行動によって培われるものである、ということなんですね。

だから、先に取り上げたシェリル・サンドバーグの本のタイトルではないですけれども、とにもかくにも「Lean In（一歩前に踏み出す）」すること。「自信に満ちた人間になろう」という意志を意図的に抱いて、それを行動に移すこと。若いうちに小さな失敗をどんどん犯し、失敗することに慣れること。失敗したって、他人から批判されたって別にどうってことない、ということを体験として自分に覚え込ますこと。これは、意志の問題です。意志の問題というか、選択の問題。自分として、それをやろう、勇気を出して一歩踏み出そうという選択をした途端、すべてが変わり始めると。

やっぱり、自分がいかに変わるか、っていうことなんですよ。すべては自分次第。そして自分が変わった時、世界が変わる。

あれ？　これって、本章の最初にご紹介した『マーヤの自己改造計画』の結論と同じじゃない？

結局、JKBというのは、最終的にはここにたどり着くんですね。自分が変われば世界が変わる。そして自分を変えられるのは、自分だけ。

さあ、そうと分かったら、今これをお読みの十四歳のあなた！　自分改造計画に着手あるのみ！　まず第一歩を踏み出しましょう!!

この章を読んで「面白い!」と思った人に、以下に挙げる本をおススメします。

・マーヤ・ヴァン・ウァーグネン『マーヤの自分改造計画——1950年代のマニュアルで人気者になれる？』紀伊國屋書店

・シェリル・サンドバーグ『LEAN IN（リーン・イン）——女性、仕事、リーダーへの意欲』日経ビジネス人文庫

・キャティー・ケイ&クレア・シップマン『なぜ女は男のように自信をもてないのか』CCCメディアハウス

Coffee Break

「ポリアンナイズム」の危険性

本書第2章において、十九世紀の終わり頃のアメリカにホレイショ・アルジャーという作家が現れ、『ぼろ着のディック』をはじめとする「少年向け自己啓発小説」を沢山書いた、ということに言及しましたが、では、「少女向けの自己啓発小説」というのはあったのでしょうか？

答えから言いますと、ありました。

例えばローラ・ジーン・リビー（Laura Jean Libbey, 1862-1924）という作家の書いた『レオニー・ロック』（*Leonie Locke*, 1884）をはじめとする一連のベストセラー小説がその一つ。もっともリビーの書く少女向け小説というのは、若年工場労働者のヒロインが若くてハンサムな工場主の息子に見初《みそ》められ、すったもんだの末に彼とめでたく結婚するという話ばかりで、「玉の輿《こし》に乗る」という意味では確かにヒロインは「出世」したとも言えますが、主題から言えばリビーの書く小説は「ロマンス小説」に分類される。それを「自己啓発小説」と呼ぶのは少々難しいかもしれません。

では、もっと厳密な意味で「自己啓発的」な「少女小説」というのはあったのか？と言いますと、一つ、とっておきのがあります。エレナ・ポーター（Eleanor Emily Hodgman Porter, 1868-1920）が書いた『少女ポリアンナ』（*Pollyanna*, 1913）という小説。これは間違いなく、「少女向け自己啓発小説」の代表例と言えるものでした。ちなみに『少女ポリアンナ』は、随分前に『愛少女ポリアンナ物語』というタイトルでテレビ・アニメ化されたことがあり、またもっと昔には村岡花子（一八九三 - 一九六八）という日本の女性翻訳家の草分けのような人が『パレアナの成長』というタイトルで本作の続編を訳したこともある。そういう意味では、『赤毛のアン』（*Anne of Green Gables*, 1908）や『あしながおじさん』（*Daddy-Long-Legs*, 1912）と同様、日本でも長く親しまれてきた洋物少女小説と言ってもいいでしょう。

では『少女ポリアンナ』のどこがそんなに自己啓発的なのか？　それを説明する前に、この小説の簡単なあらすじ紹介をしておきます。

アメリカ北部はバーモント州に住む裕福なポリー・ハリントン女史のところに、十一歳のポリアンナという姪《めい》っ子がやって来る、というところから物語は始まります。なぜそういうことになったかと申しますと、アメリカ西部で牧師をしていたポリアンナのお父さん、ジョン・ホイッティアー氏が亡くなって、ポリアンナが孤児になってしまったから。ポリアンナのお母さん、つまりポリー・ハリントン女史の姉にあたるジェニーは、もっと昔に亡くなっています。

で、ポリアンナが身を寄せることになったハリントン女史は、ある理由から世捨て人的な生活をしている偏屈なオールド・ミスで、亡くなった姉の娘となれば自分が面倒を見るしかない、という義務感のみでポリアンナを引き取ることにしたんですね。そんな風ですから、ポリアンナを可愛がろうなどという気はさらさらなく、むしろそんな小娘が来たら自分の静かな暮らしが台無しになるのではないかと戦々恐々、とりあえず屋根裏部屋にでも押し込めておけばいいと、意地悪な心を決めます。

もっともハリントン女史がそう思うのも、無理のないところがありました。実は姉のジェニーは若い頃、地元の裕福な青年から結婚を申し込まれていて、そのままそれを受け入れていれば、裕福な家同士の結婚となり、万事がうまくいくはずだったんですね。ところがジェニーはその青年の求婚を断り、貧しい牧師と結婚して遠くに行ってしまった。一方、ハリントン女史だって若い頃には恋をしたこともあったのですが、残念ながらそれは実らなかった。ですからハリントン女史には、自分勝手な結婚をした姉に対して思うところがあったんですね。しかも自分は結婚できなかったのに、姪っ子を育てる義務だけは背負うことになったのですから、ますます気分はよろしくない。

しかし、そうこうしているうちにポリアンナがやって来ます。そうしたら、これがまたものすごい傑物《けつぶつ》で、まあ、元気、元気。明るくておしゃべりで、エネルギーの塊のような娘だったと。

彼女は幼い時に母を亡くし、また牧師の父も貧乏だったので、地元婦人会が定期的に持ってきてくれる「慈善箱」に入っていたものを活用するほかありませんでした。だから服や下着にしたって、自分の身体に合ったものを着たためしがないんですね。それでもポリアンナは、決して悲観したりはしません。と言うのも、大好きなお父さんに「嬉しいこと探しゲーム（Glad Game）」というのを教わっていたから。

では、その「嬉しいこと探しゲーム」というのは何かと言いますと、「どんなことであれ、物事の肯定的な面を見出す」というゲームなんです。例えばポリアンナはお人形が欲しかったのに、慈善箱の中には松葉杖しか入ってなかったとする。そのこと自体は悲しいことなのですが、これを肯定的に見れば、「自分は松葉杖を使わずに済む健康さを持ち合わせている」ということに改めて気づく契機になるので、それはとっても嬉しいことではないか！　というわけ。とまあ、そんな感じで、ポリアンナは父から教わったこの「嬉しいこと探しゲーム」をしながら、どんなに悲しい状況であってもそれを楽しい状況に変えてきたと。

だから、初めてポリー叔母さんに会った喜びが、叔母さんの冷たい応対と、きれいな絵の一枚も掛かっていない屋根裏部屋をあてがわれたことによって大幅に減じた時も、「絵がなくても窓からの景色がステキな絵のように見えるから嬉しい！」と肯定的に受け取り、この状況をポジティブに喜ぶという芸当を見せる……。

そう！　この破天荒《はてんこう》なまでのポジティヴな生活態度、これこそが『少女ポリアンナ』を自己啓発小説にしている要素なんです。ポジティヴであれば、すべてうまくいく!

　で、一事が万事、あらゆるものを肯定的に捉え、ゴキゲンに対応するポリアンナが来たことによって、ポリー・ハリントン女史の隠遁《いんとん》生活は、様変わりすることになります。否、ハリントン女史だけでなく、それまで女史に言われた用事だけを淡々とこなしてきた召使のナンシーや老庭師のトムも、ポリアンナの存在によって生気を取り戻していくんですね。それどころか、お屋敷の外、すなわち町全体がポリアンナの影響で明るくなっていく。何しろポリアンナは人が好きで、知らない人にもどんどん話しかけてしまうような子ですからね。で、そんな調子ですから、ポリアンナはこの町一番のお金持ちにして、この町一番の偏屈もの、ジョン・ペンドルトン氏にまで積極的に話しかけ、強引に知り合いになってしまうんです。ペンドルトン氏の方は大分迷惑そうだったのですけどね。

　で、そんなある日、ポリアンナは森の中で、ペンドルトン氏が足の骨を折って倒れているのを見つけます。それで、氏の友人で医者のチルトン氏を呼んできて事なきを得る、ということが起こる。かくしてペンドルトン氏の命の恩人になってしまったポリアンナは、ついに氏の好意を獲得、また医者のチルトン氏の知遇も得ると。

　ところが、ペンドルトン氏とチルトン氏には、秘密がありました。それは、ポリアンナの叔母さん、ハリントン女史にも大いに関係するところだったんです。

　実はポリアンナのお母さんのジェニーが結婚の申し込みを受けていた地元の裕福な青年というのは、ペンドルトン氏だったんです。さらに、ハリントン女史が結婚寸前まで行きながら喧嘩別れしてしまったロマンスのお相手が、チルトン氏だったんですね。

かくして、ポリアンナの存在が触媒となって、これらの過去が明らかになり、ペンドルトン氏は昔の恋人の面影を残すポリアンナを養女に欲しいと申し出るのですが、ポリアンナは自分を引き取ってくれたポリー叔母さんを悲しませたくないという理由で、その申し出を断ってしまう。

そんな折、ポリアンナは自動車に轢《ひ》かれ、下半身不随になってしまうんです。これはちょっとショッキングな展開でありまして。で、さすがのポリアンナも、もう自分が歩くことはできないということを知って、例の「嬉しいこと探しゲーム」すらできないほど落ち込みます。

で、ポリアンナがそんなことになってしまったことを知った町中の人たちが、何とかポリアンナをなぐさめ、励まそうとハリントン女史のお屋敷に続々とやってくる。そのことで、ハリントン女史はいかにポリアンナがこの町全体から愛されていたかを知るんですね。

しかも、義務感からポリアンナを引き取り、決して優しく迎え入れたとは言えない自分のことを、ポリアンナが「家族」として愛してくれ、ペンドルトン氏からの養女の申し出すら断っていたことを知ったハリントン女史は、ポリアンナがなんとか再び歩けるようになれないか、必死で模索するようになる。

さて、ポリアンナは事故の怪我から回復するのか？　ハリントン女史とチルトン氏の関係は、果たして進展するのか!?

……というようなお話。まあ、『アルプスの少女ハイジ』と『長靴下のピッピ』を足して二で割ったような話で、実に面白い。

で、この小説、出版された二十世紀初頭のアメリカでは超のつく人気小説となって、初版の出た一九一三年にいきなりミリオンセラーとなります。そればかりか、一九二〇年までに四十七刷が出、ブラジルや日本、トルコなどでも翻訳されています。アメリカでは「ポリアンナ」の名前は様々な商品のブランド名になったほか、ファンクラブ(Glad Club)も結成され、ポリアンナものの無声映画も沢山作られました。まさに「ポリアンナ・フィーバー」といった様相。そしてポリアンナのポジティヴな生活態度は、当時の女の子の手本とされたのでした。

ところが、一九四〇年代に入りますと、こうしたポリアンナ熱はぱったりと止んでしまいます。それどころか「何でもかんでも肯定的に捉える馬鹿げた行動」という揶揄的な意味合いを持つ言葉として「ポリアンナイズム」という言葉まで生み出される始末。実際、この言葉は、今でも心理学の専門用語として否定的な意味合いで使われています。例えば、毒親に殴られても、「これは自分のことを思ってやってくれているんだ」と肯定的に捉え、暴力を受け入れてしまう子供の心理を説明する時などに「ポリアンナイズム」という言葉がしばしば使われる。

要するに、ポリアンナのポジティヴさというのは、それが大いにもてはやされた時代と、完全否定された時代の双方を経てきたことになるのであって、こうした賛否両論の移り変わりを見ていると、「ポジティヴである」ということの難しさや危険性がよく分かります。本書冒頭でも述べたように、今日、自己啓発本に対して否定的な見方をする人が少なくないのですけれども、その理由の一つとして、ポジティヴであることをやたらに持ち上げる自己啓発本への違和感と言うか、気持ち悪さのようなものがあるんですね。

確かに今日、世に出回っている自己啓発本の多くが、ポジティヴであることを称揚しています。で、その言わんとするところが「自分がどういう行動を取るかの最終的な選択権は自分自身にある」という能動性のことであるならば、それはそれでいいと思うのですが、そうではなくて、「ポリアンナイズム」的なポジティヴさ、すなわち「悪いことが自分の身に起こったとしても、それを良い方に解釈せよ」という意味でのポジティヴさを称揚しているものも少なくない。しかし、そういう意味でのポジティヴさというのは、かなり危険なものであろうと私も思います。何しろ、あの元気無双のポリアンナですら、大事故に遭って下半身不随になった時には、その状況に対処できなかったのですから。

ですから、ポジティヴさを称揚するタイプのＪＫＢを見かけたら、そのＪＫＢが「ポジティヴであること」をどういう風に定義しているかを見極めることが重要になってきます。で、もしそれが「ポリアンナイズム」の意味でそう言っているのだとしたら、その本は書店の書棚にそっと戻してしまいましょう。人生の困難な状況を、自分の側が折れることによって耐え忍ぶ、という意味での誤ったポジティヴさは、決してあなたの人生を豊かなものにはしてくれないでしょうから。

ただ、「自己啓発本は馬鹿みたいにポジティヴさを称揚するから読まない」という風に決めつけてしまうのは、少し損な気がします。どんなジャンルにも優れたものとそうでないものがあるように、ＪＫＢの中にも珠玉の作品がある。正しい意味でのポジティヴさを教えてくれるＪＫＢも沢山あります。

要は、そういう珠玉の作品を選んで読めばいいのです。

Chapter 7

愛するとは許すこと

――めくるめく「ACIM《エイシム》」の宇宙観

怒りのぼろきれ

アメリカのＪＫＢライターのジョー・ヴィターリ（Joseph Vitale, 1953- ）という人が編纂《へんさん》した『人生で大切な「気づき」の法則』（*Life's Missing Instruction Manual*, 2006）という本があって、これは色々なＪＫＢライターが書いた自己啓発的な文章のアンソロジーになっているのですけど、ＪＫＢとしてはあまり良い出来ではないので、あえてお薦めはしません。

ただ、このアンソロジーの中にマーク・ジョイナー（Mark Joyner）というＪＫＢライターが書いた「怒りのぼろきれ」という一文があって、これはわずか二ページほどの短い話なんですが、とっても面白いので、ここで紹介しておきましょう。

この話を書いているマークは若い頃パンク・ロッカーだったのだそうですが、彼の地元に「トニー・ホスピタル」という伝説のロッカーがいた。なぜ「ホスピタル」という名前が付いたかというと、サーフィンやスケボーで無茶なことばっかりやって大けがをし、やたらに病院に入院するはめになるから。

そのトニーがマークのところに髪の毛を切りにきた。パンク・ロッカーの過激な髪型は、案外、素人でも作りやすいので、当時のパンク・ロッカーは互いに互いの髪の毛を切り合っていたんですね。そしてその際、トニーはマークに、「rage（怒り）」という文字が浮き出るように髪を剃《そ》ってくれと頼んだ。「怒り」。いかにもパンク・ロッカーっぽいでしょう？　で、マークはそれを引き受けた。

ところがスペース配分を間違えて、「rag」と剃ったところで、もう剃る場所がなくなってしまったんです。「rag」って、「ぼろきれ」っていう意味ですから、「怒り」とは大違い。

これはやばいことになった、伝説のパンク・ロッカーの頭に「ぼろきれ」って書いちまったと、相当にビビるのですけど、仕方ない、マークはおそるおそるトニーに鏡を渡したんです。ぶん殴られるのを覚悟して。

そしたらトニーはどうしたと思います？

トニーは鏡を見てこう言ったそうです。「ぼろきれ《ラグ》。クールだぜ。ラグねえ……」

この時のことをマークは次のように書き記しています。

> ほかの人間なら怒るなり戸惑うなりするところだが、トニーはあっさりそれを前向きにとらえてくれた。その瞬間のことは、いつ思い出しても私の胸を打つ。私はあのときの彼のように動じずにいることは一度だってできなかったし、内心の思いを抑えることもできなかったが、それでもそうなりたいと日々懸命に彼を見習おうとしてきた。
>
> （『人生で大切な「気づき」の法則』、日本実業出版社、一七六 - 一七七頁より抜粋）

しかし、トニーはその後ヘロイン中毒となり、同じくヘロイン中毒となって死んだガールフレンドの後を追って、自殺してしまったんですって。マークは言います。「トニーがなぜあんなことになったのか、知ったふうな口はききたくない。あなたの人生にとって大事なのは、こんなことがあったと知っておくこと。それだけだ」と。

わずか二ページの小さなストーリーですけど、この本全体の中で、この部分だけは可笑しくって、ちょっとしんみりして、非常に印象的です。伝説のパンク・ロッカーにして「ぼろきれ」という文字を頭に刻んだトニー・ホスピタルという男、実際に会ってみたかったという気さえします。

ところで、右に挙げた伝説のパンク・ロッカーのストーリーが我々の胸を打つのは、彼が怒って当然のシチュエーションなのに怒らなかったから、ですよね？　怒る代わりに、彼は友人の過ちをすんなり受け入れ、怒りを手放して、マークのことを許した。そして許されたマークは、その時のトニーの言動を生涯残る記憶として、否、むしろ人生の指針として胸に刻んだ。トニーのパンク・ロッカーとしての名声は、地元限定のものだったかもしれないけれど、あの瞬間、トニーが怒りを手放し、許したことは、マークが語ったストーリーを通じて世界中に届いた。

「許す」ということは、それほど大きな意味を持つことなんですね。そしてそのことは、逆に言えば「許す」ということが人間にとっていかに難しいことであるかを物語っているとも言えるでしょう。

いかに「許す」か

さて、許すということがそれほど難しく、しかもそれほど影響力の強いものであるとするならば、当然、JKBの中にも「いかに許すか」ということについて語っているものがあるはず。実際、そうなのでありまして、JKBの中には「許し」をテーマにしたものが沢山あります。

その数ある「許し系JKB」の中で、一つ、これはというものをご紹介しましょう。それはジェラルド・G・ジャンポルスキー（Gerald Gersham Jampolsky, 1925- ）という人の書いた『愛とは、怖れを手ばなすこと』（*Love Is Letting Go of Fear*）。一九七九年に出版され、世界で四百万部が売れたと言われる有名な本ですが、この本の中でジャンポルスキーは「許し」のメリットを、面白い筋道で説いています。

ジャンポルスキー曰く、「愛」の対立概念は「憎しみ」ではなく「怖れ」であると。で、世界というのは「愛」か「怖れ」の二つの要素だけででき上がっているので、つまるところその二者択一になる。そのどちらを選ぶかは、あなた次第。選択権は、常にあなたの手の中にある。しかし、どちらを選ぶかによって、あなたと世界の関係はガラリと変わってくる。「愛」を選ぶとどうなるか。もちろん、とってもいいことが起こります。

では「愛」を選ぶというのは、具体的にはどうすることかと言いますと、それは「許す」ことだと、ジャンポルスキーは言います。ただし、ジャンポルスキーの言う「許す」というのは、例えば「犯罪者を放置する」というような意味ではありません。そうではなくて、「過去の辛い思いを手放す」こと。

他人にひどいことをされたとか、あるいは自分が他人に対してひどいことをしてしまったとか、普通、人はそういう過去のことを引きずって悩むわけです。けれども、そういうものを全部手放してしまえとジャンポルスキーは主張する。なぜなら、手放すことによって過去から解放され、今を充足して生きることができるようになるから。それが「愛によって救われる」ということだと、ジャンポルスキーは言います。逆に、それを手放さなければ、人は常に自分に敵対する外部世界と対立して生きなければならなくなる。「あの野郎、俺にひどいことしやがって！　絶対許さんぞ！」とか、あるいは「ああ、俺は何てひどいことをしてしまったんだ！」といった呪詛《じゅそ》の中で生き続けることになる。確かに、これは苦しい。

だから、自分の自由意志で「愛」を選択し、過去のことを手放して、すべてを許しなさいと。

愛を選ぶということは、それは自分の選択によるのであって、いわば内側からの改革です。で、そうやって内側を改革すると、世界が自分にとって敵対するものではなくなる。つまり、自分を取り巻く世界が愛の世界になるか、怖れの世界になるかは、自分の選択ひとつだと。その意味で世界というのは、自分とは無関係に客観的に存在しているのではなく、自分自身の心のスクリーンとして存在しているのであって、それを変えることができるのは他の誰でもない、あなた自身ということになる。

いわば私たちの心が「原因」で、世界はその「結果」。決してその逆ではない。

だから「愛」を選びなさい、そして過去をすべて手放し、許し、今を生きなさい……ジャンポルスキーの本書におけるメッセージというのは、そんな感じです。

だけど……。

難しいですよね、許すっていうのは。誰にとっても難しいでしょうけれども、私には特に難しい。私は、めったなことでは怒らないのですけど、本当に怒った場合は「絶対許すまじ」の構えで怒りますからね。

とは言え、確かに怒り続けることは苦しい。いっそ許してしまって、過去のことから自分を解放した方がよっぽど自分のためになるのでしょう。菩薩《ぼさつ》様みたいになって、自分の中から「愛」とやらがこんこんと溢れ出ているようなところを想像して、他人も自分も許し、過去から解放されて、そこに愛の世界を現出させたら、きっと素晴らしいのだろうなと思うことは思う。でも、それができないから余計苦しい。その堂々巡り。

友達と喧嘩して、それがまた親しく本音で付き合ってきたと自分では思っていた親友だったりすると、なんだか一層裏切られたような気がして、「あいつのことは絶対に許さない」と思ったこと、十四歳のあなただって一度や二度はあるでしょう？　そうやって敵を一人増やすことによって、あなたを取り巻く世界が俄然《がぜん》、面白みのない、生きる価値のない冷たい世界になったような感じを受けたこと。相手を許してしまえば自分だって楽になることは分かっていても、どうしてもそれができないこと。ありますよね？

『奇跡のコース』が教えること

「許さない」ことは辛い。でも「許す」ことも辛い。それはそうなんだけれども、ジャンポルスキーは「それでも許しなさい」と言います。それは一体なぜなのか。いかなる理由によってジャンポルスキーは「許す」ことに重きを置くのか。

実は、ジャンポルスキーには確固とした思想というか、依拠する「教え」があるんです。それは『奇跡のコース』(*A Course in Miracle*, 1976) という本が伝える「教え」なのですが、この本についてはちょっと解説が必要です。

『奇跡のコース』はアメリカの名門大学、コロンビア大学の医学部教授であるヘレン・シャックマン (Helen Schucman, 1909-81) という人が出版した本なのですが、実はヘレン自身が書いた本ではなく――信じるか信じないかはひとまず措《お》くとして――イエス・キリストがヘレン・シャックマンに直接テレパシーで伝授した教え (＝福音書) ということになっております。本の出版は一九七六年ですが、イエス・キリストがシャックマンのところに最初に現れたのは一九六五年。この年、第二回ヴァチカン公会議の決定事項として「現代世界の教会」という回勅《かいちょく》が発出され、それまで不可侵とされてきた聖書や教会を、知的研究の対象にすることが認められるようになったんですね。で、そのタイミングでイエス・キリスト御自らヘレンのところに出張してきて (!?)、七年間にわたって彼女に新しい福音を伝えたと。

で、その福音は『テキスト』『生徒のためのワークブック』『先生のためのマニュアル』という、都合三冊の本になりました。『先生のためのマニュアル』はさておき、『テキスト』と『生徒のためのワークブック』さえ読んでおけばとりあえず神の教えが一通り学べるのですから、これは一種の「通信制自習システム」であると言っていい。毎週日曜日に教会に通って牧師さんの説教を聞かなくても神様のことはすべて自習できるというのですから、教会の権威《トランセンデンタル》を嫌い、実用性《プラクティカル》を尊ぶアメリカらしさ全開！　実際、これらの本を出版したところ、たちまち一四〇万部が売れたそうです。そう、イエス・キリストはコロンビア大学の医学部教授をいわば「お筆《ふで》先《さき》」にして、二十世紀後半という時代にベストセラーを書いてしまったんですね！　すごい！　ちなみにこの本『奇跡のコース』はその後二十か国語に翻訳され、日本語にも訳されていますから、皆さんもこの本を読むことができます。

先ほどご紹介したジェラルド・G・ジャンポルスキーの『愛とは、怖れを手ばなすこと』という本も、実は元ネタ……というか準拠枠は『奇跡のコース』です。そして、『愛とは、怖れを手ばなすこと』以外にも、『奇跡のコース』が提示する非常に特異な世界観に基づいた沢山のＪＫＢが書かれていて、私はそれらの本を、「ＡＣＩＭ系自己啓発本」と勝手に名付けています。「ＡＣＩＭ」というのは「A Course in Miracle」の頭文字で、「エイシム」と発音します。

というわけで、以下、代表的なエイシム系ＪＫＢ三冊をこきまぜて、『奇跡のコース』が伝える基本的な世界観と、なぜエイシム系ＪＫＢが「許し」ということに重きを置くのかを解説していきましょう。使用する三冊のエイシム系ＪＫＢとは、マリアン・ウィリアムソン

(Marianne Williamson, 1952-)が書いた『愛への帰還』(*A Return to Love*, 1992)、ニール・ドナルド・ウォルシュ（Neale Donald Walsch, 1943-）が書いた『神との対話』（*Conversations with God, Book 1*, 1995）、ゲイリー・R・レナード（Gary R. Renard）が書いた『神の使者』（*Disappearance of the Universe*, 2003）の三冊です。これら三冊の内容は、どれも『奇跡のコース』に依拠していて、基本的には同じことを言っていますので、いちいちどの説明がどの本から取ったものかは明記しません。その点、あらかじめご了承下さい。

さて、これら三冊の本によると、宇宙の真理というのはたった二語で表せると言います。すなわち「God is.（神は存在する）」という二語ですべてが説明されてしまう。宇宙の始めには神だけが存在しており、神一人が宇宙のすべてでした。神しか存在していないのだから、「神は存在する」と言ってしまえば、それ以上語るべきことは何もないわけです。

ところが自分自身が存在のすべてなものだから、神には自分自身のことがまったく分からなかったんですね。闇があるからこそ光の意味が分かるのであって、物事というのは比較対照する物があって初めて認識することができる。だけど、宇宙が始まった当初は神が存在のすべてだから、神には自分のことが分からなかった。

そこで、神は自分がどういう存在であるかを知りたいと強く欲したんですね。

で、神がどうしたかというと、自分の一部を細かく分けて独立させたんです。と、ここまで言えばお分かりかと思いますが、ここで言う「独立した小さな神」というのは、要するに人間のことです。旧約聖書に「神は人間を自分の似姿に作られた」とありますが、それは実はこういう意味だったんですね！　人間は神の被造物であるとは言え、別物ではなく、あくまでも神の一部だった。そして神は、自分の一部であり、自分と同様に創造的存在である人間に様々な体験をさせることによって、自分がどのような存在なのかを知ろうとした。それが自分を知る唯一の方法だったから。

しかし、人間が神の分身であり、完全な存在だとしたら、人間もまた自分自身を体験することができません。そこで神は人間に自分が神の一部であることを忘れさせました。だから人間は自分が神（の一部）であることを忘れ、自分たちが生きていく場所として「宇宙」なるものを自分たちの想像だけで作り上げるしかなかった。これが宇宙創成、いわゆる「ビッグバン」ということになります。ですから宇宙というのは、実は神が作ったのではなく、人間が作ったものだったんですね！（ホントに？）。

かくして人間は、自らが作り上げたこの宇宙（＝物質界）の中で色々な目に遭うことになりました。愉《たの》しいこと、苦しいこと、悲しいこと。悔しいこと、辛いこと、笑っちゃうこと。善き行いもするけれど、愚かなこともいっぱいしでかす。もちろん、こうした様々な経験も実際に起こったことではなく、すべて自分が神の一部であることを忘れた人間が、空想の中で作り上げた出来事ではあるのですが。かくして人間は、自らが作り出した夢幻の中で善行・愚行を繰り返しながら喜怒哀楽を体験することになり、一方神はそれらを傍から観察することによって自分自身を理解していった。その意味で、この物質界に中で起こっているすべての出来事は、神と人間による神聖な共同作業であると言っていい……。

うーむ！　まるで映画『マトリックス』が描く世界のようではありませんか！　人類の体験がすべて夢の中の出来事だったとは！

とは言え、実を言いますと、私はこのエイシム系ＪＫＢの世界観が嫌いではないんです。世界の在り様が実際にこの通りだと信じているわけではありませんが、でもこのような形で世界の在り様を理解すると、とても素敵だなと思う。

第一、この世のものすべてが神の一部であり、皆そこでつながっていると考えたら、世界中から喧嘩や戦争がなくなります。自分と他人が別個の存在ではなく、一本の木に連なる葉っぱ同士のようなものだと思えば、他人を傷つけることはそのまま自分を傷つけることになりますからね。だから「なぜ人は人を殺してはならないのか」という哲学的な問いにも、すぐに答えが出てしまう。

また、なぜ海や川を汚してはいけないのか、なぜ大気汚染をしてはいけないのか、といった問いにもすぐ答えが出ます。海や川や空気はすべて神の一部であり、あなた自身の一部でもあるから、ですね。その意味で、エコロジーの観点からもこの考え方は素晴らしい。

そして最もいいなと思うのは、この世界観の下では利己と利他が等しくなるということ。他人に親切にする、他人のために汗をかく、そうした利他的行為は、すべて自分自身を愛する行為としてカウントできるなんて、とてもいいではありませんか！

逆に、もし他人の嫌な面を見てしまったとしたら、それは自分の嫌な面の表出として受け取り、自省すればいい。他人はすべて自分の分身なのですからね。

ま、そんな感じで、「自分は世界の一部、世界は自分の一部」と見なしながら生きることができたらどんなにいいだろうと、私は思います。そして、自分の人生の中の出来事のすべてが実は一夜限りのお芝居みたいなもので、それをただ一人の観客である神に見せているだけだって思いながら生きることができたら、すごく楽だろうなと。

人間の「自由意志」を神は見ているだけ

さて、おしゃべりが過ぎたようですので、話を戻しましょう。

先ほど私は「善行」「愚行」という言い方をしましたが、エイシム系JKBでは、そういう考え方を採用しません。従来の（キリスト教）倫理とは異なり、人間として生まれた以上、正しいことを選ぶ義務がある、なんてことは少しも考えていない。

と言うのも、エイシム系JKBの考え方からすると、正しいか正しくないかは人間が勝手に決めつけたもので、実際にはそんな基準はないからです。ですから当然、正しいことをしなくてはいけないというような義務もない。神は人間が自分の自由意志で人生の中でどういう選択をするか、それを純粋に観察しているのであって、その選択については何の価値判断もしないというのですね。また人間が自由に選択することによって何か悪いことが起きた場合でも、神にはそれをコントロールする術《すべ》はないと。

ちょっとビックリしませんか？　私はビックリします。え？（キリスト教の）神は人間の行動について、その善悪を判断するのではないの？　旧約聖書によれば、神は人間が守るべきルールとして、「汝《なんじ》、殺すなかれ」をはじめとする十個の規則、いわゆる「十戒《じっかい》」をユダヤの民に授けたことになっているんじゃないの？

しかしエイシム系ＪＫＢは、これを完全に否定します。それによると、そもそも神は「十戒」のようなルールを決めたことはない。何となれば、もし神がルールを作ったのであれば、被造物すべてにそれを守らせるはずであって、「さあて、皆、私の作ったルールに従うかな？」などと遠巻きに見ているはずがない。「神はルールを作るに違いない」と考えるのは、子供の時に親から躾《しつけ》られ、親の言うことを聞かないと罰があるぞ、という風に教えられてきた人間が勝手に推測したことであって、神はそんなことを決めたことはないし、人間がいかなることをしようが罰したりはしない。

要するに、神が人間に好きにさせているのは、親が子供を好きに遊ばせているのと一緒なんですね。親は自分の子供が原っぱに行ってかくれんぼうをしようが、鬼ごっこをしようが、野球をしようが構わないわけです。何をするかは子供が自由意志によって決めればいいのであって、親が「これをやれ」と命じることはない。親はただ、子供が楽しく遊ぶのを期待しているだけだと。

それと同じように、神は人間に完全なる選択の自由を与えたんですね。「正しい選択をしたら天国行き、悪い選択をしたら地獄行きだ、さあ、お前はどっちを選ぶ？」というのでは、自由選択とは言えません。それに、もし人間に「正しい選択」だけして欲しいのであれば、そもそも「悪い選択」の可能性を神が作るはずがない。

「悪い選択」という可能性をあえて神が作り出したのは、それがなければ「正しい選択」の意味や価値を知ることができないからです。この点について神自身が説明している一節を、ニール・ドナルド・ウォルシュの『神との対話』から引用しましょう。以下に示すのは、神自身の口から出た言葉です。

> 愛とは感情――憎しみ、怒り、情欲、嫉妬、羨望など――がないことではなく、あらゆる感情の総和だ。あらゆるものの集合、すべてである。
> だから、魂が完璧な愛を経験するには、「人間のあらゆる感情」を経験しなければならない。
> 　自分が理解できないことに、共感できるだろうか。自分が経験しなかったことについて、他人を許せるだろうか？　そう考えれば、魂の旅がどんなに単純で、しかもすごいものかがわかるだろう。そこでようやく、魂が何をめざしているかが理解できるはずだ。
> 　**人間の魂の目的はすべてを経験すること、それによってすべてになりえることだ。**
> 　一度も下降したことがなければ、どうして上昇できるだろう？　一度も左になったことがなくて、どうして右になれるだろう？　冷たいということを知らなければ、どうして温かくなれるだろう？　悪を否定していたら、どうして善になれるだろう？　選択肢がなければ魂は何も選べない。魂が偉大さを体験するためには、偉大であるとはどういうことか

を知らなければならない。そこで魂は、偉大さは偉大でないところにしか存在しないと気づく。だから、魂は偉大でないものを決して非難しない。それどころか祝福する。そこには自らの一部、別の一部が現れるために必要な一部があるから。

（『神との対話』、サンマーク文庫、一四三‐一四四頁より抜粋）

だからこそ神は、人間の前にあらゆる行動の選択肢を置いて自由に選ばせているんですね。またそうである以上、人間は人生において、誰に対しても怖れることなく、自由意志で自分のやりたいことを選択していけばいい。そして人間一人一人の自由な選択によって、神と人間は一致協力して、刻一刻と世界を創造しているのであると。

エイシム系ＪＫＢが伝える世界の仕組み、人間の在り方は、ざっとこんな感じです。

なぜ許さなければならないのか

さて、ここで一度、エイシム系ＪＫＢが依拠する世界観について整理しておきましょう。

まず我々が住んでいるこの世界（＝現世、物質界）についてもう一度確認しておくと、そもそもこの世界とは実際には存在すらしていないものであって、すべては人間が作り出した夢であると。ゆえに、そこで日々繰り広げられている出来事もすべてが夢ということになる。夢の中で人間たちが自由意志に基づいて様々な行動をし、それに伴って様々な思いを抱くのを、神はじっと見ている。それは神自身が自分のことを知りたいから。だから、そこで起こっていることに善とか悪といった線引きは一切ないし、悪人というものも存在しない――とまあ、これがエイシム系JKBの世界観なんですね。

とは言え、夢を見ている人間には、自分が夢を見ているという自覚はないので、人生は時に悲劇的で苦しいものになります。世の中には悪い人が大勢いて、そういう悪人どもに自分の人生をめちゃくちゃにされたような気になる時はしょっちゅうある。この状況をどう考えればいいのか？

こういう問いに対して、エイシム系JKBは次のように答えています。すなわち「苦しみ」というものは基本的に存在しないと。あるのは客観的な状況だけで、その状況に対して人間が「辛い！ 苦しい！」と思うことを自由意志で選択すれば、辛く苦しくなるのだと。

一つの例として恋愛トラブルのことを考えてみましょう。例えば、あなたが恋人に浮気されたとする。そのこと自体は単なる事実。だけど、あなたが恋人の浮気のことを気に病んだら、それが「苦しみ」になる。だから、浮気されたことが「苦しみ」であるかどうかは、当人自身の選択次第というわけ。

エイシム系JKBでは、人間関係のトラブルというのは、基本、相手に期待することから起こると考えています。だからいっそ徹底的に自己中心的になって、自分がこの人間関係の中から何を得、それをどう充実させるかということだけに集中して行動を選択していれば、相手から傷つけられるなどということもない。もっと端的に言えば、他人に期待するから「不安」になるので、自分の情熱だけに集中すべきだというのですね。で、関係する当人同士がそれぞれそういう思いを持って結びついていれば、恋人関係／結婚関係から最大限の喜びが得られるはずであると。

もっとも、仮に「不安」というものが生じたとしても、それは決して悪いことではない。というのは、「不安」は「愛」の対称物であって、「不安」がなければ「愛」が何であるか分からないから。だからこそ「愛」そのものである神は、あえて「不安」というものを創った。何しろ神は愛そのものなので、その反対物である「不安」がなければ、神は自分が何者であるか分からないままになってしまうんですね。

では、悪人どもに人生をめちゃくちゃにされ、恋人に裏切られ、苦しみと不安に打ちのめされている我々人間はどうすればいいのか？

許せ——これがエイシム系ＪＫＢの答えです。許しなさい、と。過去の出来事、そしてその出来事から受けた苦しみ・不安、そういうものを全部手放しちまいなさい、と。

過去に辛い体験があったとして、それを受けた時の苦しみや不安を後生大事に持ち続けたら、未来においてもその苦しみや不安は続くことになります。これは、見方を変えれば、過去に現在や未来を作らせていることになる。だけど、過去は過去であって現在ではないし、ましてや未来ではない。

例えば過去において誰かにひどい目に遭わされたとしましょう。もしそのことを今なお恨んでいるとしたら、その思いは現在のあなたを苦しめるし、その恨みをこの先もまだ持ち続けるのだとしたら、未来のあなたをも苦しめることになる。

一方、私に対してひどいことをした過去の「あの人」と現時点での「あの人」はまったくの別人だし、また過去にひどいことをされた「私」と現時点での「私」もまったく別人であると考え、過去のトラブルがもたらした「怒り」を完全に手放してしまえば、その時点であなたは過去から解放され、過去とはまったく関係のない「今」という時間を新鮮に生きることができる。

これが「許す（＝手放す）」ということであり、その許すという行為が、実はそのまま愛の行為、愛の奇跡であって、そのことによって憎い相手が許されるというより、あなた自身が解放される（＝許される）わけです。そして、そうやって何もかも許すと、すべては夢の中の出来事であり、本当のあなたは「愛そのもの」である神の御許《みもと》から一歩も離れたことがなかったことに気づくことになる。そしてその気づきこそが、人間に与えられる究極の「至福」であると。

エイシム系ＪＫＢが「許す」ということの重要性を強調するのは、こういうことだったんですね。

あなたは、許せるか？

さてさて、ここまでエイシム系ＪＫＢが伝えようとしていることを紹介してきましたが、いかがでしたか？　馬鹿馬鹿しいと思われました？

確かに、人間は神の一部だとか、宇宙は人間が想像で作ったとか、人間が体験することはすべて夢の中の出来事だとか、単体で取り上げると「馬鹿馬鹿しい」の一言で済ませられることばかりです。

でも、私自身について言えば、私はこれらの本が自分にとって非常に重要な情報を伝えてくれていると感じます。

と言うのも、先にも言いましたが、私は人を許すことが苦手だからです。特に自分が絶大な信頼を寄せていた人から裏切られた場合、その人のことをどうしても許すことができない。許すどころか、その人に対して全身全霊をかけて怒り、そうして怒り続けることこそが自分自身の存在証明であると思っているところがあるからです。たとえそのために自分の人生の多くの側面がダメージを受けるとしても、それでもなお構わず怒る。

だからエイシム系ＪＫＢに「許せ」と言われると、頑張って頑張って必死に怒っていたその緊張の糸が、プツンと音を立てて切れたような気になるんです。そうだよな、許してしまえば楽なんだよな、と。

すべては夢の中の出来事で、私も、私が憎んでいる相手も、同じく神の一部であり、神の御許でクークー寝息を立てて眠っているだけ。起こった悲劇は、すべて神が自身を理解するためのよすがとして演じられた一夜限りの夢芝居だった。だからそんなことは現時点の私、未来の私とはまったく関係がない――そう考えて、怒りを手放すことができたらどんなにいいだろう。

エイシム系ＪＫＢを読む度に、私はそんな風に感じます。

あなたはどうですか？　許しますか？　怒りを手放して神の御許に立ち返り、至福になる覚悟はありますか？
まあ、これについては、著者である私と、読者であるあなたの、「共通の宿題」ということにしておきましょうかね。

この章を読んで「面白い！」と思った人に、以下に挙げる本をおススメします。

・ジェラルド・G・ジャンポルスキー『愛とは、怖れを手ばなすこと』サンマーク文庫
・ニール・ドナルド・ウォルシュ『神との対話』サンマーク出版
・ゲイリー・R・レナード『神の使者』河出書房新社

Coffee Break

心のクリーニング、「ホ・オポノポノ」の教え

本章では「許す／（怒りを）手放す」というテーマで、エイシム系ＪＫＢのことをお話ししてきましたが、もう一つ、これもまた同様に「手放す」という点に特化した、非常に興味深い自己啓発思想がありますので、それについて簡単にご紹介しておきましょう。

私がここで是非紹介したいと思っているのは、「ホ・オポノポノ」と呼ばれるもの。名前が可愛いですよね！

ホ・オポノポノというのは、もともとハワイに伝わるトラブル解決法で、「ホ・オ」は「目標・道」を、また「ポノポノ」は「完璧」ということを指します。部族同士で何らかのトラブルが発生した時、「本来あるべき完璧な道は何か」ということに立ち返って話し合い、その「正道」に戻してトラブルを解決するという方法なんですね。

で、その伝統的なホ・オポノポノの方法を個人的に用いる……ということはつまり「自己啓発」的に用いるものとして作り直したのがモーナ・ナラマク・シメオナ（Morrnah

Nalamaku Simeona, 1913-92）という人で、この人が提唱した「SーTH（Self Identity Through Ho'oponopono）」こそが今日的な意味でのホ・オポノポノであり、そのモーナ女史の下で学んだイハレアカラ・ヒューレン（Ihaleakala Hew Len, 1939-2022）という人が、このハワイ発の自己啓発思想を世界的に広めることについ最近まで尽力されていたと。

では早速、そのホ・オポノポノについて解説していきましょう。なお、このあたりのことは平良《たいら》アイリーンという人の書いた『アロハ！　ヒューレン博士とホ・オポノポノの言葉』（サンマーク出版）という本に依拠しています。

ホ・オポノポノでは、人間というものを三つのフェーズで捉えます。「アウマクア（超意識）」と「ウハネ（表面意識）」、それに「ウニヒピリ（潜在意識）」がその三つで、我々人間が自分の意志で変えられるのはウハネの部分だけ。で、そのウハネがウニヒピリを上手にケアしていると、我々はアウマクアを通じて「ディヴィニティー」（神／宇宙原理）とつながることができ、万事がうまくいくのですが、逆にウハネがウニヒピリの暴走に引きずられると、万事悪い方に向かう。

そのウニヒピリとは一体何かと言うと、これは「記憶」なんですね。個人としての記憶のみならず、人類が、と言うか、宇宙が存在していた間に溜め込んだ記憶。で、この記憶の巣窟たるウニヒピリは、ウハネに向かって毎秒毎秒、ものすごい数の記憶を投影し続けていると。

ヒューレン自身の説明によると、例えばコンピュータの中に不要になったプログラムとかファイルがあったとする。それ、要らないから消しますよね。だけど、消したからと言って、そのプログラムなりファイルなりがコンピュータから完全に消滅したわけじゃない。表面上は消えたけれど、実はまだコンピュータ上のどこかに残っている。いわば、記憶として。

で、ヒューレン曰く、人間も同じだと。人間の脳で処理できる事柄というのはものすごく少ないけれど、人間の脳が溜め込んでいる記憶はその何千倍とか何万倍になる。で、それが毎秒毎秒、脳の中に入り込んできて人間の知覚をゆがめていくのですが、人間はそれに気づいていない。つまり、人間は自らの意思で考え、自らの意思で行動しているつもりになっているけれども、実は人間のほとんどの思想や行動は、知らぬ間に蓄積されているとんでもない量の記憶によって操られているだけだ、というわけ。

実際、人は皆、一瞬一瞬、何かを感じながら生きていますよね？　例えば街を歩いていて「アレ、道にゴミが落ちているぞ、嫌だなあ」とか、「公園で小さな子供が遊んでいて、可愛いな」とか。でも、実はこういう一つ一つの思いは、全部、ウニヒピリからのメッセージ、ウニヒピリが投げかけてきた記憶に過ぎないんですね。

こういう具合に常に頭の中に様々な記憶が押し付けられている状態では、人は創造主からのインスピレーションを受け取ることができない、とヒューレンは言います。

そこで、ウハネ（＝自分の意識）でもって、ウニヒピリが投げかけてくるあらゆる記憶を手放し、ゼロ・リミットに戻す必要が出てくると。で、この「手放す」という作業が、ホ・オポノポノでいう「クリーニング」というものなんですね。

では、どうすればいいのか。どうすれば、頭の中のクリーニングができるのか。

実はクリーニングするための道具——と言うか、呪文——があるんです。その呪文とは……


「ありがとう（Thank you.）」

「ごめんなさい（I'm sorry.）」

「許して下さい（Please forgive me.）」

「愛しています（I love you.）」


の四つ。この四つの言葉をひたすら唱え、ウニヒピリが投げかけてくる古い記憶の糸を一本一本切っていって、その記憶を手放すと、人はゼロ・リミットに戻ることになり、自由になれる。

で、まずそうやって自分自身を自由にすることから始めないとダメ、とホ・オポノポノは教えています。自分がまず先。で、自分をクリーニングして自由になると、そこから世界が変わり始める。

さて、ここまでのこと、理解できました？

多分、多くの人は理解できていないと思います。

これはよく誤解されることなのですが、クリーニングすべきなのは「自分にとっての悪い記憶」だけではありません。単に「嫌なことは忘れちゃいなさい」という意味ではないんです。そうではなくて、ホ・オポノポノの重要な側面というのは、クリーニングによって、自分の身に起こるあらゆることに責任を負う、という点。

例えば、「どこかの国で戦争が起こって無辜《むこ》の人が大勢死んでいる」というニュースを耳にするとする。その場合、それを耳にした時点で、その戦争はその人の責任になるんです。戦争はどこか知らない遠くの場所で起こっているものではなく、その人自身の中で起こっていることになる。だから、その戦争についての記憶を、先ほどの四つの言葉でクリーニングしなきゃいけない。

あるいは、自分の孫がガンにかかった場合を考えてみましょう。その場合、普通、人は「孫の病気が治りますように」と祈るでしょ？　だけど、それもホ・オポノポノ的には大間違い。ホ・オポノポノの思想からすれば、孫の病気を耳にした時点で、その責任はその人自身のものになるんですね。だから、自分自身の問題として、「『孫の病気』という記憶」を消去しないといけない。そしてまず自分が癒される。すると、それによって孫も癒されると。

要するに、ホ・オポノポノという考え方の中では「世界の問題」とか「他者の問題」なんてものは存在しない。自分の問題しかない。世界の責任は全部、自分で負わないといけないんです。なぜなら、世界なんてものはないから。あるのは自分だけ。世界はすべて自分の中にある。だから、そこで起こることすべてにあなた自身が責任を負わなければならない。

はい、この理屈が分かる人、手を挙げて〜！

大分、少なくなると思うな。

ですが、本書の読者であるならば、このホ・オポノポノ的理屈も、自己啓発思想的にはなんら不思議なところはない、と気づくでしょう。自己啓発思想というのは、もともと、この世で起こっていることはすべて自分の心の反映だ、という考え方をするものですからね。世界を変えたいのなら、まずは自分自身を変えなさい、そうすればそれによって世界は変わるのだ、という考え方。ホ・オポノポノの思想も、それと同じです。自分を癒せば、世界が癒される。そういう意味では、ホ・オポノポノは自己啓発思想の一変種というより、むしろど真ん中の思想という感じがします。

ところで、四つの言葉を唱えて自分自身をクリーニングすると、それによって世界が変わるっていうこと、信じられますか？

これはジョー・ヴィターリ（Joe Vitale）というアメリカのＪＫＢライターが『人生が変わるホ・オポノポノの教え』（ＰＨＰ文庫。原題は*Zero Limits: The Secret Hawaiian System for Wealth, Health, Peace, and More*, 2007）という本に書いていることなのですが、ある時ヴィターリは妙な噂を耳にした。それによると、極悪犯罪者専用の収容施設に派遣されたある心理学者が、その施設にぶち込まれていた多くの犯罪者を、わずかな期間内にほぼ全員更生させるという奇跡を起こして去って行ったというのです。しかもその人は、極悪犯罪者たちに一度も面会していないと。

そんなことができるのか？　と不思議に思ったヴィターリが色々調べたところ、その謎の心理学者というのが、「イハレアカラ・ヒューレン」という名の男であることを探り当てた、っていう……。ヒューレンは、おそらく、その極悪の犯罪者たちの極悪の犯罪歴の書いてある書類を見ながら、自分の責任として、その記憶をクリーニングしていったのでしょうね。

で、ヴィターリはヒューレンにアプローチし、彼からホ・オポノポノのことを学ぶのですが、最初のうちは半信半疑だったものの、ヒューレンの人となりを知れば知るほど、一層深くこの思想の虜《とりこ》になっていったらしい。そのあたりのことも、『人生が変わるホ・オポノポノの教え』の中に詳しく書いてあります。

まあ、信じるか信じないかは、あなたの自由です。

私はと言いますと、本章の中でも言いましたが、私は過去の嫌な思い出に引きずられるタイプなものですから、ホ・オポノポノのことを知って以来、そういう記憶が蘇《よみがえ》る度に「ありがとう、ごめんなさい、許して下さい、愛しています」の呪文と共に手放そうと努めています。また、それだけではなく、今もどこかで行われている戦争のニュースをテレビや新聞などで見かける度に、自分の責任として、クリーニングしています。それが奏功しているかどうかは別として、戦争というような大きな事柄に対してでも、それに終止符を打つために自分にもできる何らかの方策がある、と考えることは、精神衛生上、すごくいい。

というわけで、私個人としては、ホ・オポノポノというものがあることを知ったことは、私の人生にとても役に立っています。もちろん、そうであるからこそ、ここで皆さんにもご紹介しているわけですが。

ちなみに、ホ・オポノポノには例の四つの呪文のほかにもう一つ、クリーニングのために樹木の力を借りるという方法があります。それは「アイスブルー」という言葉を心の中で唱えながら樹木に触れるというものなのですが——興味のある方は是非、お試しあれ！

Chapter 8

来世があると考えると、勇気が湧いてくる!?

私は割とハッキリした夢を見るたちで、しかも夢の内容をよく覚えている方なのですが、あれはたしか二十代半ばのこと、同じ夢を何度も見る経験をしたことがありました。まったく同じ夢を、繰り返し何度も見るんです。

夢の舞台となる時代は、おそらく江戸時代だと思うのですが、私は旅姿をしていて、東海道のどこかと思われる街道を歩いている。侍ではなく商人で、江戸の大店《おおだな》の若番頭のような役目をしているらしい。年齢は三十になるやならずで、大阪かどこかの別な大店との提携交渉か何かを任され、首尾よく話をまとめて江戸に戻るところ。道は平坦《へいたん》ではなく、小高い丘のようなところなので、あるいは箱根のあたりに差し掛かるところだったかもしれません。陽射しは明るいし、主人にいい話を持ち帰るのですから気分は上々。早く店に戻って主人から労《ねぎら》いの言葉を掛けてもらうのを楽しみにしている。

ところがその直後、私は山賊の一味に襲われて、再び江戸の地を踏むことはできないんです。埃《ほこり》っぽい道に倒れ、こんなところで生涯を終える口惜しさに身もだえしながら絶命するところでハッと目を覚ますのが毎度のお定まり。あまり縁起のいいストーリーではありませんが、かといって必ずしも悪夢というわけではなく、むしろ寝覚めはすっきりしていて、「昔そんなことがあったなあ」という懐かしさのようなものが胸の内に湧き上がるのを感じたものでした。そしてそんな懐旧の念から、ひょっとしてこれは私の前世の記憶なのではないかとも思い、なるほど、それで自分はテレビで『鬼平犯科帳』のような江戸時代を舞台にした時代劇を見る度に何だか懐かしいような気がするのかと、妙に納得したことを覚えています。

そんな経験があるもので、私自身について言えば、かなり以前から「生まれ変わり」ということもひょっとしたらあるのかなあ……くらいに漠然と考えていたところはありました。とは言え、もちろん、そのことについてあまり真剣に考えたことがなかったのも事実――自己啓発本の研究を始めるまでは。

そう、実は「生まれ変わり」という現象があるかないかというのは、自己啓発思想史の中では結構重要なトピックなんです。そのことだけで優に一冊の本が書けるくらい。意外でしょ?

では一体なぜ生まれ変わりということが、それほど啓発的なのか。

それは、生まれ変わりがあるとすると、死ぬことが怖くなくなるからですね!

死ぬことは誰にとっても怖い。私だって死ぬのは怖い。私ほどの年齢ともなると、お医者さんからいきなり「残念ですが、あなたはステージ4のガンです」などと告げられる可能性はゼロではないですが、仮にそんな告知を受けたら、意気地なしの私なぞショックのあまり呆然として、しばらくは何も手に付かなくなりそうです。しかもそんな宣告を受けた後では、心が波立ってしまって、残り僅《わず》かな人生を充実させることすらできなくなってしまいそうな気が……。

いや、死ぬのが怖いのは必ずしも年齢の高い人だけではないかもしれません。私自身のことを思い返してみても、最も切実に「死ぬのが怖い」と思っていたのは、むしろ十代前半だったような気がする。その頃、夜、寝床に入ってから、何かの拍子に自分が死ぬことを考えたり、あるいは父や母が死ぬことを考えてしまって、脂汗をかくほど恐怖したことが何度もありました。そのことを思い出すと、ひょっとしたら、今の私よりこれをお読みの十四歳の皆さんの方が、より切実に死というものに対して恐怖を抱いておられるかもしれませんね。

いずれにせよ、「自分が死ぬ」とか、あるいは「自分にとって大事な人が死ぬ」といった概念がもたらす恐怖は、人間の生命の充実を損なう要因として最も手ごわいものだ、と言うことができるでしょう。それゆえに、死の恐怖を多少なりとも軽減させるノウハウは、それだけで立派な自己啓発思想になり得るのですけれども、そんなノウハウの一つが「生まれ変わり」なんです。「今死んだって、どうせまた生まれ変わるんだ」と思えば、死の恐怖も薄らぎますからね。

死を怖れなかったソクラテス

ちなみに、生まれ変わりを想定していたがために死を怖れなかった人の代表格は、何と言っても古代ギリシャの哲学者ソクラテスです。西洋哲学史の中でも超有名な人。

ソクラテスは「対話」を重視した哲学者でした。誰とでも対話をし、その対話を通じて相手の論理の矛盾や齟齬《そご》を上手に引き出す。そしていつの間にか相手の論理そのものによって相手を論破してしまう。当時、ギリシャの物知りは「知者（ソフィスト）」と呼ばれていましたが、ソクラテスは自分が何も知らないことを自覚していたため、自分のことをソフィストとは見なしませんでした。ただ「自分は何も知らないけれども、何も知らないことを自覚しているゆえに、本当は何も知らないのに知っていると思い込んでいる『知者』よりは賢いと言えるのではないか」と考えた。ソクラテスのこの自己認識は「不知の知」と呼ばれます。

で、その不知を知るソクラテスが、対話によって「自分は知者だ」と思い込んでいる人たちの論点の矛盾を突き、ぎゃふんと言わせてしまうのですから、弟子のプラトンやクセノポンなどが記録したソクラテスの言行録というのは痛快この上ない。そして対話を通じて真実を追究していくこのソクラテス独自の思考法は、西洋哲学の中でも特に「認識論」の在り方に大きな影響を与えました。

しかし、ソクラテスとの対話によって矛盾を突かれ、本当は何も知らなかったことを暴露されてしまった「元・知者」の人たちからすれば、彼の言動は不愉快極まりないのであって、彼らにとってソクラテスは目の上のこぶでした。そんなことが背景にあってか、ソクラテスのことを良からず思う人々も次第に増えてきて、ついに「アテナイが認める神々とは異なる神々を信奉し、もって影響下にある若者たちを堕落させた」という不当な嫌疑をかけられることとなり、公開裁判にかけられることになる。そしてソクラテスはそんな不当裁判の中でも自説を曲げなかったので、結果として死刑（毒殺刑）を言い渡されます。

とまあ、そんな事情でソクラテスは期せずして「死」という事態に直面することになるんですね。これは一大事！

ところが——ここが重要なところなんですが——ソクラテスは少しも騒がず、じたばたもせず、自らの運命を粛々《しゅくしゅく》と受け入れるんです。これは実に驚くべきことでした。と言うのも、古代ギリシャ時代の死刑にはいくらでも抜け道があって、例えば獄吏《ごくり》に賄賂《わいろ》を差し出せば簡単に脱獄できたし、あるいは死刑宣告を受ける前に「アテナイからの追放」を自ら申し出れば、そもそも死刑に処せられることもなかったのですから。けれどもソクラテスは「悪法といえども法」として死刑に処せられることをあっさり受け入れてしまった。それどころか、「死ぬのは初めてだし、ちょっと楽しみ！」などと言いながら、師の死刑判決を嘆く弟子たちを逆に慰めたりもしていたんです。

なぜか？

それはですね、死ぬことにはメリットがある、と、ソクラテスが考えていたからですね。

ではソクラテスが言う「死のメリット」とは何か。なぜソクラテスは、死ぬことを怖れなかったばかりか、むしろ死ぬことに一種の期待すらかけていたのか。

ソクラテスは賢い人ですから、当然、死ぬとどうなるか、ということもじっくり考えていました。で、そのソクラテスの推論によれば、小さな種から大きな樫《かし》の木が生まれるように、物事は正反対のものから生起するのだから、生から死が生まれるように、死から生が生まれることは疑い得ない。つまり、生きている人が死ぬのであれば、死んだ人から新しい生命が誕生するのは当たり前だと。

で、そのことは、人間には生まれながらにして知恵や判断力が備わっていることからも明らかだとソクラテスは言います。ソクラテスによれば、「学習」とは何かを新たに学ぶことではなく、人間が生まれつき知っていながら忘れている知識を思い出すことに過ぎないのですが、なぜ人間が生まれながらに知識を持っているかというと、前世でその知識を得ていたからだ、と言うんですね。

となりますと、人間の「死」とは、次に生まれ変わるまでの準備期間に過ぎないということになる。その意味で、死などというものは人間にとって痛くも痒《かゆ》くもないものだと。

さて、死がそういうものだとすると、では肉体から一時的に解き放たれて自由になった魂はどうなるか？

この時の魂は、肉体の重荷がない分、純粋ですから、そういう純粋なものは、同じように純粋なものに惹《ひ》かれるはずだ、とソクラテスは考えました。いわゆる「類は友を呼ぶ」という奴ですね。となると、純粋な魂は、同じように純粋な「叡智《えいち》」に向かって真っすぐ突き進むことになる。そして純粋な叡智こそ、ソクラテスがこの世にいるうちから探し求めてきたものであるのだから、魂が叡智に惹かれて一直線にそちらに向かうのであれば、それはもう願ってもないことであると。

ゆえに叡智を希求する哲学者にとって死は怖れるべきものではなく、むしろ歓迎すべきものである——これがソクラテスの死に対する確固とした認識だったんですね。だから裁判で死刑に処せられるとなったら、もう願ったりかなったり。いよいよ毒の入った盃《さかずき》が手渡されても、ソクラテスは少しも動ずることなく、粛々とその毒杯をあおったのでした。

……とまあ、ソクラテスは推論に推論を重ねることによってこのような認識を得、その認識によって死の恐怖を望ましい未来への予感へと見事に変えてみせたわけです。素晴らしい！

とは言え、これはあくまでソクラテス一流の推論の積み重ねですからね……。その推論を信じられる人にとっては、これで死をめぐる問題もすべて解決！　ということになるのでしょうが、仮にその推論が間違っていたら？「生まれ変わり」とか「死後の世界」なんてものは本当はないのだとしたら？　……と、推論の正当性をちょっとでも疑い出したら、もうソクラテスの方法論では、死の恐怖を無化することはできなくなってしまいます。

というわけで、せっかくソクラテス大先生が「生まれ変わり」とか「死後の世界」ということを言い出して、人間にとって死は一時的なものだから怖がる必要なんて一つもない！　と教えてくれたにもかかわらず、やっぱり多くの人間にとってそんなことはとても信じられることではなく、したがって死は恐ろしいものであり続けたんですね。

ところが……。

二十世紀も後半に差し掛かった一九七〇年代、アメリカでは突如として「死後の世界」に人々の関心が集まるようになります。一九七〇年代と言えば、アポロ十一号が月面着陸に成功した後。人間が月の上を闊歩《かっぽ》する時代が到来した後に、「死後の世界」といういささかオカルトめいた話がアメリカ中で話題になり出したというのですから、妙と言えば妙。でも、これは大真面目な話。オカルトどころか、れっきとした科学者が言い始めたことなんです。その科学者の名前はエリザベス・キューブラー＝ロス（Elisabeth Kübler-Ross, 1926-2004）。スイスからアメリカに移住してきた医者でした。

キューブラー＝ロスの死生学と死後生研究

ロスの医者／科学者としての経歴は、おおよそ一九七〇年あたりを境にして前半と後半に明確に分かれます。

一九六〇年代までのロスは、死というものを「人間を飛躍的に成長させる契機」と捉えていました。だから、終末期医療に携わる医者の仕事は、患者から死を遠ざけることではなく、患者に心ゆくまで死ぬための準備をさせることだと考えていたんですね。

そのことがよく分かる例として、ロスは「ジェフィ」という名の九歳の少年のエピソードを挙げています。ジェフィは病勢が募《つの》り、余命いくばくもない状態だったのですが、彼の父親も母親も息子の一日でも長い生存を望んでいた。ところがジェフィ本人は苦しいばかりの延命措置など少しも望んでいなかった。彼はもうとっくに死を覚悟していたんですね。ただ、彼には一つだけ心残りがあった。何としてもやり遂げたいことが一つだけあったんです。

ジェフィは父親に買ってもらった真新しい自転車、しかし病気のためにまだ一度も乗ったことのない自転車に、死ぬ前に一度でいいから乗りたかったんですね。そこで彼は自分の担当医であるロスを説得して一時退院許可を取りつけ、家に戻ってその自転車に乗った。

しかし、もう体力がなくてそのままでは乗れないので、ジェフィは父親に頼んでその自転車に補助輪を付けてもらったそうです。九歳の少年にとって補助輪付きの自転車に乗るなんて屈辱そのものなんですが、彼は涙をこらえて補助輪を付けてもらった。そしてその自転車に乗って自分の住む町を一周しました。転ぶのではないかと心配した母親がジェフィの自転車の後を走って追いかけようとするのを、ロスと父親が二人がかりで止めたそうです。

ジェフィは満面の笑みをもって自転車に乗り、金メダルを獲ったオリンピック選手もかくやというほど、誇りに満ちた顔で町を一周しました。彼はし残した仕事をついにやり遂げたんです。

しかし、ジェフィにはもう一つ、やるべきことがありました。彼はその日の夜、弟だけを自分の部屋に呼び、二週間後に誕生日を迎える弟に、その自転車をゆずる約束をしたんです。本当は誕生日の当日に手渡したかったのですが、自分にはもう二週間後はないと分かっていたんですね。ただし、自転車を弟にゆずる約束をした際、ジェフィは二つの条件をつけた。一つはこの約束を自分が死ぬまで両親には黙っていること。もう一つは「みっともないから絶対に補助輪なんか付けるな」ということ。

ジェフィは一週間後に亡くなったそうです。しかし、ジェフィとしては、し残していた仕事をやり遂げて満足していたし、両親にとってもジェフィが自転車にも乗れず、病院に入院したまま亡くなるよりは、悲しみが少なかったでありましょう。

で、このジェフィのエピソードだけでなく、死を目前にした大勢の終末期患者たちに直接インタビューを行ってきた中から、ロスは「人生でやるべき仕事をし遂げれば、死は決して怖ろしいものではない」ということに気づきます。そしてこの気づきをもとに、彼女は「より良く死ぬことを考える学問」たる「死生学」(タナトロジー／Thanatology)の研究者となり、一九六九年に『死ぬ瞬間』(*On Death and Dying*)という本を出版する。そしてこの本はベストセラーとなり、延命治療一本槍だったアメリカの終末期医療の在り方に一石を投じることとなったばかりでなく、患者が死を迎える直前まで充実した生活を送ることをサポートする「ホスピス」という施設のアメリカへの導入にも一役買うことになったのでした。

とまあ、エリザベス・キューブラー＝ロスの前半生は、患者の死の直前のことについて深い考察を巡らせることに充てられてきたわけですが、しかし、前述した『死ぬ瞬間』を出した直後あたりから、この方向性は少しずつ変わり始めます。

先にも述べたように『死ぬ瞬間』という本を書くに当たって、ロスは終末期の患者へのインタビューを数多く行い、その中で、間もなく死を迎える患者たちが医療に何を求めているのか、患者たちの真のニーズはどこにあるのかということを割り出していったのですけれども、そのような終末期の患者の中に「臨死体験」をしている人が相当数いた。臨死体験というのは、一度医師から死の判定を受けた後で蘇生した人たちが、死んでいた間に体験したことなのですが、そんな臨死体験者たちに聞き取り調査をしていく中で、ロスは彼ら／彼女らが死の直後にある共通体験をしていることに気づきます。

で、それによると、死の判定を受けた直後、当該の患者の魂は肉体を抜け出して天井近くにふわりと浮き上がり、自らの肉体を見下ろす形になると言うのです。そしてそのようにしてしばらく空中を漂っているうちに、すでに亡くなっている親族や知人の霊が迎えに来る。そこで彼らに従って真っ暗なトンネルのようなところを潜《くぐ》り抜けると、今度はその先に圧倒的に美しい光と愛の世界が現れる。で、この美しい世界に惹きつけられ、至福のうちにこの中に溶け込もうとした刹那《せつな》、何らかの理由で引き戻されて、不承不承、自分自身の肉体の中に入り直したところで、彼ら/彼女らは「蘇生」したと判定されていたんですね。

さて、臨死体験者からこのような体験談を繰り返し聞いたロスは、彼らが紛れもなく死後の世界を垣間見《かいま》たのだと考えました。そして人間の死とは、無に帰することではまったくなく、それどころか、ちょうどさなぎが蝶に生まれ変わるごとく、古い肉体を脱ぎ捨て、美しい魂となって、自分たちの故郷である光と愛の世界に帰ることとなのではないかと考えた。

で、この「死＝さなぎから蝶への変身」というイメージを得たロスに、はるか以前、彼女がまだ十九歳だった頃に訪れたナチス・ドイツのアウシュヴィッツ強制収容所跡地で見たある記憶が蘇ってきます。その収容所を訪れた時、ロスは収容所の建物の壁に無数の蝶の絵が刻まれていることに気づくんですね。ガス室で殺され、その後焼却炉で焼却されたユダヤ人収容者たちが、その死の直前、なぜか一様に蝶の絵を壁に刻んでいたという事実。おそらくは、強制収容所の極限状況の中で、ユダヤ人収容者たちは迫り来る自らの死をさなぎから蝶への変身になぞらえ、せめて魂だけは自由の身となって、焼却炉の煙突から大空へと羽ばたいて行くところを幻視していたのでしょう。この時の圧倒的な記憶と、後に彼女が知ることとなった臨死体験者の体験談とがないまぜとなって、ロスには人間の死が「終わり」であるとは考えられなくなってしまった。むしろ、死とはさなぎから蝶への変身、次のフェーズへの移行であると、そう、結論づけるんです。

かくしてエリザベス・キューブラー＝ロスは、一九七〇年代以後、人間の死の直前のことを考える「死生学」の提唱者であることをやめ、人間が死んだ後の新たな生命活動のことを考える研究者、すなわち「死後生」についての研究者へと変貌《へんぼう》を遂げます。ロスのその方面での研究成果は旺盛な講演活動を通じて公にされた他、後に『死後の真実』(*On Life after Death*, 1991)や『「死ぬ瞬間」と死後の生』(*Death Is of Vital Importance*, 1995)、さらに『ライフ・レッスン』(*Life Lessons*, 2000) といった一連の著書にまとめられることになります。

レイモンド・A・ムーディ・ジュニアが証明した「死後の生」

さて、このような経緯でエリザベス・キューブラー＝ロスは死後生研究に取り組み始めたのですが、彼女の研究は、「人間は死ねば無になる」と考えるアメリカの医学界の常識に反していたため、ロスはこの方向の研究に取り組み始めたことによって、世間的な知名度こそ上がったものの、それと反比例するように、医者／科学者としての名声は否応なく失墜することとなったのでした。

ところが、一九七〇年代も半ばに入った頃、ロスに頼もしい援軍が現れます。とある学者が、「死後の生」の存在を証明するような科学的研究成果を発表したんです。

その学者の名前はレイモンド・A・ムーディ・ジュニア（Raymond A. Moody Jr., 1944- ）。彼はエリザベス・キューブラー＝ロスとはまったく別の経路で死後の世界について興味を抱き、病気や事故によって一度死んだ後に蘇生した人たち――つまり「臨死体験」をした人たち――を研究対象に据え、彼ら／彼女らの経験を詳細に分析・研究した結果を『かいまみた死後の世界』（*Life After Life*, 1975）という本にまとめるんですね。「死後の世界」を言い表すのに、ロスは「Life After Death」と言い、ムーディは「Life After Life」と言っているところがちょっと面白いところですが、それはともかく、ムーディがこの本の中で述べていることは、ロスがその著書の中で主張したこととほとんど同じだった。つまりロス以外の医者／科学者が、ロスの死後生研究を裏書きしたことになったわけ。そしてムーディのこの本が期せずしてベストセラーになったことで、一度は失墜したロスの死後生研究にも、改めてスポットライトが当たるようになります。

本書の内容に触れる前に、著者であるレイモンド・ムーディについて紹介しておきますと、この人はもともとヴァージニア大学の大学院哲学科で倫理学や言語哲学を学んでいた人文学畑の人で、一九六九年に博士号を取得した後、ノースカロライナにある某大学で三年ほど哲学を講じていたのですが、その後医科大学に入り直し、精神医学の研究へと方向転換した変わり種。

そんなムーディが初めて死後の世界のことを耳にしたのは、ヴァージニア大学時代の一九六五年のこと。たまたまその大学の精神医学科の臨床教授から、教授自身の体験として「死んでいた時」の異様な体験を聞かされ、そんなことがあるのかとビックリしたのが事の始まりでした。その後、ノースカロライナの大学での講師時代、プラトンの『パイドン』(この本こそ、ソクラテスが死刑執行を待つ間、死と生まれ変わりへの期待を弟子たちに告げた時の様子を描いた本!)を学生たちと輪読していた時、学生の一人から祖母の臨死体験を聞かされ、先に聞いていた教授の体験談と合わせて、ムーディの心中にこのことに関する興味がムクムクと湧き起こってきた。

そこでムーディは臨死体験をした人について調べ始めるのですが、意外や意外、結構な確率でそういう体験をした人がいて、たちまちのうちに一五〇例くらい集まってしまったんですね。この一五〇例の中には、実際に医師から死を宣告された後で蘇生した真正の臨死ケース、臨死まではいかないまでも交通事故などで臨死体験と同様の体験をしたケース、あるいはそういう臨死体験をした人の話をまた聞きで聞いたことがあるというケースなど、レベルは様々だけれども、とにかくそういう経験自体は決して珍しいものではない、ということが判明した。

ではなぜ、それほどありふれた臨死体験が、今まであまり表に出て来なかったかと言うと、一言で言えば「人は死について語りたくない」から。人は、死について考えたり語ったりすると、ただちに「いずれ自分も死んで無になるんだ」という不吉な思いに捉われ、その恐怖ゆえに極力その話題を避けようとするものなんですね。だからこそ「死んだらどうなる」という話題はタブーであり、語ること自体が避けられてきたと。

しかし実際には臨死体験というのはさほど珍しいことではなかった。この事実にムーディは驚きます。そして、ムーディをさらに激しく動揺させたのは、単に臨死体験をする人の数が予想外に多かったということでなく、彼らが語る臨死体験の内容がどれもほとんど同じであったことでした。

では、その臨死体験とは具体的にはどういうものなのか？

ムーディによると臨死体験には細かく分類すると共通項が十五ほどあるというのですが、大雑把に言うと、死んだ人の身にはおおよそ次のようなことが起こるのだそうです。

まず騒々しく耳障りな音がし、同時にどこかトンネルのようなところを猛スピードで通過しているような感じがする。そして自分が自分自身の肉体から抜け出たことが分かり、まるで傍観者のように上の方から死んだ自分の肉体を見下ろすような形になって、医師たちが懸命に自分に蘇生術を施している様が見て取れる。この時まではまだ自分が死んだ自覚もないので、状況を明確に把握できず、一時的に混乱するのですが、しかし、しばらくすると心が落ち着いてきて、自分が以前の肉体とは別種ではあるものの、一種の新しい肉体をまとっていることに気づく。と同時に、自分より先に亡くなった親しい親類や友人たちが集まって来るのが感じられ、一層、心が落ち着いてくる。

と、その直後、突如として「光の生命」が現れ、今まで経験したこともないような愛と温かさに満たされる。

その「光の生命」は、その人の生涯における主要な出来事を連続的に、しかも一瞬のうちに再生して見せた後、具体的な言葉を介さず、テレパシーのようなものを使って、その人に自分のそれまでの人生を振り返り、総括するよう促す。

そしてその振り返りが終わると、自分が現世と来世の境目のようなところにいることに気づく。向こう側に行けば激しい歓喜、愛、安らぎに満ちた来世に行けることは分かるのですが、ここで現世に戻らなければならないという意識が生じてきて、葛藤《かっとう》が生まれる。やがて、どういうわけか自分の意に反して再び自分の物理的な肉体と結合し、蘇生したことに気づく……。

……とまあ、臨死体験者たちの異口同音の証言によれば、人が死ぬと、今述べたような一連の出来事が起こるらしいんですね。で、このムーディの臨死体験の記述が、先に述べたロスの臨死体験の記述とほとんど同じであることは、誰しもが気づくところでしょう。

ところで、死者が体験することになるこれら一連の出来事を一瞥《いちべつ》して一つ重要なポイントだと思うのは、臨死体験をした人の多くが、「光の生命」と呼ぶほかないような存在に出会うということです。

もちろん、ムーディが聞き取りをした臨死体験者の多くがキリスト教徒ですから、この「光の生命」をもって「イエス・キリスト」と断定する人も多い。新約聖書の中で、キリスト自身が自分のことを「世の光」と規定していますから、熱心なキリスト教徒の多くが「ああ、これが噂の……」と思うのでしょう。しかしその一方、キリスト教徒でない人も同じようにこの「光の生命」に出会うのですから、これをキリスト教徒の願望が作り上げた幻想だろうと決めつけることはできません。

で、ここでさらに興味深いことは、この光の生命に導かれて、人は自分の人生を自己総括させられるということ。しかし、それは決して「裁かれる」という嫌な感じではなく、たとえ恥ずべき黒歴史を見せつけられたにしても、光の生命はそれを非難せず、むしろユーモアをもって「そういえば、こんなこともあったね……」的な感じで人生の振り返りを促してくれるというのです。つまり人はあの世の入口で「天国（報酬）」行きと「地獄（懲罰）」行きの二手に峻《しゅん》別《べつ》されるのではなく、ごく穏やかに人生の反省を促された上で、一律に許される。これはキリスト教徒として育てられ、死んだら天国へ行くか地獄へ行くかのどちらかだと信じ込まされてきた信心深い人たちからすると、実にホッとする瞬間なのだそうです。

臨死体験の自己啓発効果

ただ、臨死体験をして、光の生命に促されて人生の振り返りを経験した人は、必ずやある種の気づきをすることになります。その気づきとは、「人生で大切なことは、他人に対する深い愛を培《つちか》うことである」ということと、もう一つ、「知識の探求をすべきである」ということ。もちろん、もう死んでしまっているのですから、今さらそんなことに気づいたところで後の祭り的なところはあるわけですけれども、しかし死というイニシエーションを経た者だけに手渡される人生の奥義が、愛することの重要性と学ぶことの重要性だというのは、なかなか考えさせられることではあります。

ですから、たまたま死んだ後に蘇生することになって、この奥義を活かせる立場になった臨死体験者たちは、ある意味、すごくラッキーだ、ということになる。実際、臨死体験者は蘇生後、奥義を伝授されたことによって純化されたとか、他の人より偉くなったとか、驕《おご》り高ぶることはないそうですが、ただ、人生で重要なのは愛することと学ぶことだけなんだということを学んだ彼らは、この二つのことを一生懸命心掛けるようになると言います。

その意味で、死ぬことは、すごく自己啓発的なんですね！「百聞は一見に如《し》かず」をもじって言えば、「百冊のＪＫＢは一度死ぬことに如かず」なのかもしれません。

しかし、この気づき以上に、臨死体験者が「一度死んで良かった～！」と思うことがある。

何だと思いますか？

死ぬことが怖くなくなる、ということだそうです。

何しろ、一度、実地で死んでみたのですからね！ 一度死んでみたら、親類とか友人とか、自分より先に死んだ人たちと再会できることが分かったし、さらにそこには光の生命と呼ぶほかないような圧倒的な愛と温かさに満ち溢れた存在がいて、自分のことを歓迎してくれるということも分かった。死ぬということは、自分の存在が無になることでは全然なくて、むしろ死後の世界はこれほど愛に満ちた素晴らしいところなんだ、ということを体験的に知ったのですから、もはや死は恐るべきものではなくなるわけです。

しかし、そのことと矛盾するようですけれども、臨死体験者の多くは、死後の世界がそれほど美しく心地よいものであるということが分かったからと言って、一刻も早くそこに行きたいとは思わないのだそうです。むしろその逆で、死が怖いものでなくなったからこそ、今、生きていることの意味や大切さが一層よく分かり、この人生を十分に満喫した後で死んだ方がいいと思うようになるというのですね。ですから自殺を企てて臨死状態になり、そこから蘇生した人は、もう二度と自殺したいとは思わなくなるのだそうです。

「死後の世界」の向こう側

さて、レイモンド・ムーディが書いた『かいまみた死後の世界』はアメリカで大ベストセラーになり、その後、彼の後に続いて臨死体験の研究をする研究者がどっと増えました。そして研究すればするほど、ますます「死後の世界はあるらしい」ということがハッキリしてきて、一九七〇年代末から一九八〇年代にかけてのアメリカでは、空前の「死後の世界ブーム」が到来します。

でまたそうなると人々の関心は、「死後の世界があることは分かった。でも、その先には何があるの？」というところに向かうことになる。死んだ人が全員、死後の世界に行くのだとして、ならばそこが終着点なの？　有史以前に死んだ人からつい最近死んだ人まで、「死後の世界」とやらに全員集合！　なの？　仮にそうだとすると、死後の世界って、増え続ける人でギューギュー詰めにならないかしら？

ところが、一九八〇年代も後半に差し掛かる頃、そうはならないことが分かってきます。実は死後の世界は、行き止まりの終点ではなく、単なる中継地点だったんですね。

「前世記憶」と「生まれ変わり」

死んだ人間は、そのまま死後の世界に留まるのではなく、どうやら生まれ変わるらしい——。そのことが学術的な研究によって明らかにされたのは、一九八〇年代半ばのこと。きっかけは、イアン・スティーヴンソン（Ian Stevenson, 1918-2007）という研究者による画期的な研究でした。

イアン・スティーヴンソンはヴァージニア大学精神科の主任教授だった人ですが、この人はもともと「前世記憶」に興味があって、それに関する研究を一九六〇年代から四半世紀にわたってコツコツと続けてきた。「前世記憶」というのは……いわば、本章の冒頭に私自身の話として書いたような、「私はかつて江戸時代に大店の番頭を務めていた」みたいな記憶のこと。

まあ、私の話はいい加減なものですが、世界には本物の前世記憶を持って生まれてくる子供が実際に、それもかなり大勢いる。で、スティーヴンソンはそういう前世記憶の例を二千例以上も蒐集《しゅうしゅう》しているのですが、これがまあ、実に面白いんです。

例えば、家族の中に今までそういう子がいなかったのに、その子だけ異様に水を怖がり、川に連れていくと火がついたように泣く、といったことがある。で、やがてその子が少し大きくなって口がきけるようになると、かつて自分は○○という名前で○○という町に暮らしていたのだが、川で溺れて死んでしまった、以来、水が怖いのだなどと妙なことを言い出す。で、まさかと思いながらも実際にその町に行って調べて見ると、確かにかつてその町に川で溺死したそういう名前の子がいたことが判明したりする。

とまあ、前世記憶を持つ子供というのはこんな感じなのですが、この種の例は沢山あって、誰から言いつけられたわけでもないのに、その辺から木の小枝とかを集めてきて箒《ほうき》を自作し、やたらに家の周りを掃除する子がいる。なぜ掃除をするのかと問うと、かつて自分は掃除夫だった、などと言い出す。前世での職業を記憶していて、それを今生《こんじょう》でも続けようとするんですね。同様に、前世でナイトクラブを経営していた記憶を持つ幼い子供が、自宅にクラブを開業しようとして親をビックリさせるとか。あるいは前世でビスケットやソーダ水を売るお店を経営していた記憶を持つ子供が、お店屋さんごっこに熱中しすぎて学校に通うタイミングを失し、以後、学業で落ちこぼれてしまって成人してから苦労するというような例もある。

あと、戦後ビルマ（現ミャンマー）に生まれた子供の中に、かつて日本人の兵隊だった、と前世記憶を語り出す子供がいて、そういう子供の前でイギリスとかアメリカの話をすると、烈火のごとく怒ったそうです。これなど、ある意味、戦争が生み出した悲劇の残り香のようなもので、笑うに笑えないですよね。

笑えないといえば、スティーヴンソンがインドで蒐集した前世記憶を持つ子供の例には、笑えないものが多い。と言うのも、インドの場合、かの悪名高いカースト制度があるので、異なるカーストに所属していた前世の記憶を持つ子供が生まれた場合、ちょっとした悲劇になることがあるから。

例えば元バラモン階級だった記憶を持つ子供が下位カーストの家に生まれた場合など、家人がその子に家事の手伝いをさせようとしても、「そんなことは召使のやることだ。俺を誰だと思っているんだ！」とはねつける、などということが起こったりする。そんなのはまだいい方で、同様にバラモン階級だった前世記憶を持つ幼児が、下位カーストの家人が触った食器が汚いといって手にしようとせず、あやうく餓死しかけるといった例もあったそうです。また逆に、下層階級に育った前世記憶を持つ子供がバラモン階級の家に生まれた場合、つい下層階級的な嗜好《しこう》（例えば豚肉食など）を表明して家族を面食らわせるといったケースもある。

また前世での行いが記憶として残るだけではなく、別な形で顕現することもあります。例えば異様に刃物を怖がる幼児がいて、後に言葉を話せるようになってから、自分は前世において刃物で刺されて殺されたため、刃物を見るのが嫌なのだと告げたそうですが、この子供には前世で刺されたのと同じ部位に生まれつきの痣《あざ》があった。同じように銃を怖がる子供がやがて銃で殺された前世記憶を語り、その撃たれた箇所に銃創に似た痣があったのだとか。

とまあ、本気で探し出すと、この種の前世記憶を持った子供というのは世界中に大勢いることが判明するのですが、では、彼らが前世記憶を持っている理由は何なのか。この点について、スティーヴンソンは様々な仮説を立てます。例えば、前世で殺された記憶を持つ子供の場合など、その殺人事件の報道を何らかの形で本人が聞きつけ、反芻《はんすう》しているうちにいつの間にか自分自身の身に起こったことだと信じ込んでしまったのではないか、とか。あるいは、他人の記憶がテレパシーによってその子に伝わり、その子自身の記憶として植え付けられたのではないか、とか。

しかし、思いつく限りの様々な仮説をすべて慎重に検討してみた上で、最終的にスティーヴンソンが最も妥当であろうと結論づけたのは、「前世記憶を持つ子供は、生まれ変わったのだ」という仮説でした。スティーヴンソンは厳密な意味での科学者ですから、決して「生まれ変わり」という現象を安易に、また完全に信じているわけではありません。しかし、それでも実際に前世記憶を持つ子供を目の前にして、その子がなぜ前世記憶を持っているのか、その理由を厳密かつ詳細に検討した結果、「生まれ変わったから」という仮説が最も矛盾の少ない仮説であると考えたんですね。そしてその結論を、一九八七年、『前世を記憶する子どもたち』(*Children Who Remember Previous Lives*)という本にまとめて出版した。だからこの本は、スティーヴンソンが「前世記憶」への興味から研究をスタートさせて、最終的に「生まれ変わり仮説」を打ち立てるまでの、長い道のりの報告ということになります。それだけに、この本が出版されると大きな話題となり、アメリカでは「生まれ変わり」という現象への興味・関心が一層高まることとなったのでした。

生まれ変わりを想定すると、何が変わるのか?

さて、イアン・スティーヴンソンの衝撃的な研究報告の出版も手伝って、二十世紀後半から末頃にかけてのアメリカにおいて、「生まれ変わり言説」がまことしやかにささやかれるようになったことについてお話ししてきましたが、ここで私自身がこの件についてどのように考えているかということを申し上げておきましょう。

私自身は、JKB研究の一環としてこれら一連の「死後の世界系JKB」に数多く触れてきた中で、「生まれ変わりはある」と信じるようになったというわけではありません。しかし、だからと言って「そんなことあるはずないだろう、馬鹿馬鹿しい!」と一蹴するほど信じていなくもない。「ひょっとしたら、そういうこともあるのかもね」程度の認識と言えば、まあ、大体当たっているでしょうか。

ただし、生まれ変わりを信じることには、明確なメリットがあることは事実です。それも、JKB的な観点から言って決して小さくはないメリットがある。それはもう、間違いのない事実。

ではそのメリットとは何か?

まず、「生まれ変わり」があると仮定すると、死ぬことが怖くなくなるということ。これについてはすでに本章の最初の方で述べたことの繰り返しになりますが、たとえ自分が死んで、その肉体が滅んだとしても、自分の意識が「前世記憶」として保存されるとなれば、とりあえず死ぬことは怖くなくなります。結局、死の怖さの大半は、「自分の意識が無になる」ことですからね。それがないとなれば、残りの「肉体が滅ぶ」という側面に関しては、まあ我慢のしどころでしょう。

とまあ、「死ぬことが怖くなくなる」というのが、生まれ変わり仮説を信じることの最大のメリットなんですが、このほかにもメリットはいくつもある。

例えば、生まれ変わりを信じると、他人に対して嫉妬《しっと》することが一切なくなります。「嫉妬」というのは、よく考えてみると、「人生は一度きりだ」という仮説があって初めて成立する概念です。人生が一度きりしかないのであれば、今生《こんじょう》でライバルに負けた場合、もう「負けた」という事実しか残りません。だからこそ、悔しいわけですよね？　だけど、もし生まれ変われるなら、今回の人生でライバルに負けたとしても、次に生まれ変わった時に、同じく生まれ変わったライバルを圧倒すれば、前世での負けなんてみんなチャラになる。またそう考えれば、ライバルに限らず、誰に対してだって嫉妬を感じる必要がなくなってしまうわけです。

例えば、事業に成功し、リッチな暮らしをしている人のことをテレビなどで見て、この人と自分は大体同い年くらいなのに、この人と比べてオレは全然ダメだなぁ。オレが安い居酒屋で飲んでいる時、この人はきらびやかなパーティーに出て、大勢の美女を侍《はべ》らせて、シャンパンでも飲んでいるんだろうな……なんて思って気が塞ぐことは誰にもある。でも、それは今生での状況に過ぎないのですから、来世では立場逆転！　オレがあいつの立場になるかもしれないと思えば元気も出て、安酒場の一杯の酒が来世での成功の前祝いのような気がしてくる（でしょ？）。

結局、何事も気の持ちようでね。嫉妬で気が塞《ふさ》いだまま、顔を下に向けて暗い人生を歩んだっていいことなんて一つもない。それよりも、「来世では逆転してやる！」と気分を上げて、カラカラ高笑いしながら元気に働いて、今の生活を心置きなく楽しんだ方がよほどいいに決まっています。

来世がある。次のチャンスがある。次がダメでも、さらに次のチャンスがある！　チャンスは無限だ！　だからこそ今は今の人生を楽しもう！　……「生まれ変わりはある」と考えると、そういう気の持ち方ができるようになります。これもまた、生まれ変わり仮説を信じることの大きなメリットなんです。

人生に無駄なし

「死が怖くなくなること」「嫉妬をする必要がなくなること」に加えて、もう一つ、生まれ変わり仮説を信じることのメリットがあります。それは、「人生には無駄がない」ということに気づけること。

イアン・スティーヴンソンの研究によって、前世記憶がその人の嗜好や性格に影響を与えることが明らかになったわけですが、これは逆に言うと、今生で頑張ったことの成果が来世に出る可能性がある、ということにもなりますよね？

例えば、今生で一生懸命ピアノの練習をした人が亡くなって、次に生まれ変わった時、幼少の時からピアノの神童と呼ばれるような子供になるかもしれない。同じように、将棋が好きで、死ぬ直前まで将棋をたしなんだ人が、次に生まれ変わった時に藤井聡太さんのような天才棋士になるかもしれない。

つまり、今生の自分自身の努力によって、来世の自分自身を応援できるかもしれない。来世における自分の成功は、今生における自分自身の行動にかかっているかもしれない。

そう考えると、人生は途端にエキサイティングなものになっていきます。

例えば人生も晩年に差し掛かった頃、ふと、英語の勉強をしてみようかな、と思いついたとしましょう。

そのことを周囲の人間に告げると、「あんたの歳で今さら英語なんか勉強してどうするの?」「この近くに外国人なんていないじゃない。そんなものを習って一体誰と話すの?」「そんな無駄なこと、やめておきなさいよ。お金がもったいない」なんて言われてしまう。しかし、あなたが今、英語の勉強に取り組み始めたことによって、来世のあなたは、生まれながらの語学の達人になれるかもしれません。そして難なく数か国語をものにしたあなたは、外交官にでもなって大活躍をするようになるかもしれない。

あるいは……ひょっとして来世では、あなたはイギリス人の上流階級に生まれて、園遊会やら狩猟を楽しむ優雅な生活を楽しめるかもしれない!

そんな風に考えたら、「今これを習ってなんの役に立つか」なんてことを考えることもなく、思い立った時に英語の勉強を始めればいい、ということになるでしょう? 否、英語の勉強に限らず、どんなことであれ、人生のどの時点であれ、新しいことにチャレンジすることに、意味と張り合いが出てくるというもの。つまり、来世のことまで想定することによって、人生に無駄なことなんて一つもないんだ、ということが分かってくる。そして、そのことはとてつもなく素晴らしいことだと、私は思います。

ですからね、本当に死後の世界はあるのか、とか、生まれ変わりはあるのか、ということについて、白黒つける必要は実は全然ないんです。来世はあるのかもしれないし、ないのかもしれない。それは、実際に自分が死んでみるまで分からないことでしょう。でも、死後の世界はある、生まれ変わりはある、と、とりあえず信じることにして、その想定の上に立って、死の恐怖からも、嫉妬からも解放され、人生に無駄なことなんて一つもないんだと思いながら、今の自分の生活を充足させれば、こんなに素晴らしいことはないのではないでしょうか?

私が「死後の世界についての研究書は紛れもなく『JKB』である」と言うのは、そういう意味なんです。

この章を読んで「面白い!」と思った人に、以下に挙げる本をおススメします。

・プラトン『パイドン』岩波文庫
・レイモンド・A・ムーディ『かいまみた死後の世界』評論社
・エリザベス・キューブラー・ロス『死ぬ瞬間 死とその過程について』中公文庫
・エリザベス・キューブラー・ロス『「死ぬ瞬間」と死後の生』中公文庫
・イアン・スティーヴンソン『前世を記憶する子どもたち』角川文庫

Coffee Break

エリザベス・キューブラー＝ロスの葬儀

本章の中でエリザベス・キューブラー＝ロスの業績について若干触れておきましたが、私が「自己啓発本の研究を始めて良かったな」と思うことに一つに、ロスのことを知るようになったことがあります。一人の医者として、人間として、彼女が自身の経験と深い考察の中から摑み取っていった知恵の多くは、読む者をして共感させずにはおかないところがあるんですね。

ということで、ここでもう一冊、ロスが書いた『ライフ・レッスン』という本のことをご紹介したいと思います。本のタイトル自体が示しているように、彼女の数多い著作の中も、自己啓発的側面の強い一冊です。ちなみにロスは晩年に脳梗塞《こうそく》によって左半身麻痺になってしまったのですが、そのせいもあって、本書はロス一人で書いたのではなく、デーヴィッド・ケスラーという、お弟子さんみたいな人との共著になっています。ですから本書にはロスが書いた部分、ケスラーが書いた部分、二人で書いた部分があるのですが、ここでは便宜的に本書の内容はすべてロスの思想の反映であると見なすことにします。

さて、『ライフ・レッスン』というくらいですから、本書には各章に一つずつ、全部で十五個のレッスンがあります。「愛のレッスン」「人間関係のレッスン」「喪失のレッスン」「力のレッスン」「怒りのレッスン」……といった具合。ですから、「最近、自分は怒ってばかりいるな」と思ったら「怒りのレッスン」の章を読むとか、必要に応じて関連する章だけ読むこともできる。その意味では、「家庭常備薬」みたいな本と言ってもいいかもしれません。

例えば、「忍耐のレッスン」の章を覗《のぞ》いてみましょう。この章では、宇宙の摂理ということが説かれています。

「物事が起こる」ということには、「どんな物事が起こるか」ということと、「どんなタイミングで起こるか」という二つの側面があるわけですが、これらはすべて宇宙の所掌《しょしょう》事項であって、人間がそれをコントロールすることはできません。しかし、そのできないことをあえてコントロールしようとすることから人間の苦悩が生まれるので、そういう支配欲を捨ててさえすれば、人間は苦悩から解放される、とロスは言います。人間、万事、すべてを宇宙に任せ、自分の身に起こることは、すべて「起こるべくして起こったこと」として、すなわち「宇宙からの宿題」だと思って黙って受け入れればいいと。

なるほど。納得です。難しいですけれども……。

ちなみに、なぜ難しいかというと、一般に「コントロールすることはいいことだ、コントロールを放棄して現実に身を委《ゆだ》ねることは危険だ」という観念で生きている人が多いから。しかし、本書の「明け渡しのレッスン」の章でロスが言っているように、別にあなたが命じなくても朝になると太陽は昇る。時季になれば花は咲く。何となれば、これらはすべて宇宙の摂理だから。で、我々が身を委ねようとしているのは、万物の運行を精妙に調整しているこの宇宙に他ならないのであって、これに身を委ねて何を怖れることがあるのかと。

なるほど。またまた納得。

ただ、ロスの言う「委ねる」ということは、「降伏する」ということではありません。運命に降伏するというのは、自分の人生を否定すること。一方、委ねるとは、自分の人生を受け入れることなんですね。明け渡しとは、だから、どんな状況にあっても、常に自分自身の意志で能動的に選択した結果、「明け渡す」という行為を選び取ることを意味します。

では、いつ明け渡すのか、ということなんですけど、ロスは「いかなる状況にあっても、毎日、毎時、この瞬間瞬間が明け渡しのチャンスである」と言います。「どんな人であれ、生まれる時や死ぬ時は、大きな力に自分を明け渡している。生まれたあと、死ぬまでのあいだに、われわれが道に迷うのは、明け渡すことを忘れているからである」と。

大きな試練に出会った時、人間はその試練を乗り越えようと悪戦苦闘し、結果として消耗しきってしまうことが多いわけですけれども、そういう時は、「よし、明け渡そう」と思えばいいんですね。行きづまった時、安心できない時、自分はすべてに責任があると思った時、変えられないことを変えなければならないと思ってしまった時、そういう時こそ、明け渡してしまえばいい。

で、このロスの「にっちもさっちも行かない時は、明け渡してしまえばいい」という考え方は、アメリカの著名な神学者ラインホルト・ニーバー（Reinhold Niebuhr, 1892-1971）が考案した「従容《しょうよう》の祈り（The Serenity Prayer）」に限りなく近いと言ってもいいでしょう。ニーバーの祈りというのは、

神よ、変えることのできるものについて、それを変えるだけの勇気をわれらに与えたまえ。変えることのできないものについては、それを受け入れるだけの冷静さを与えたまえ。そして、変えることのできるものと、変えることのできないものとを、識別する知恵を与えたまえ。

というもの。このニーバーの祈り自体、アメリカの自己啓発思想が生んだ最良の格言でもあって、アルコール依存症から立ち直ろうとしている人を助けるグループ・セラピー団体として有名な「アルコホーリクス・アノニマス」が、この祈りを治療の一環として活用していることはよく知られていますし、またバラク・オバマ元アメリカ大統領もこの祈りから深い精神的影響を受けていたと言われています。

あと「許しのレッスン」の章にはこんなことが書いてある。

子供の頃は「ごめんなさい」という言葉をよく言うし、それが受け入れられる。なぜ

なら、子供は未熟なので間違うものだ、という通念があるから。だけど、大人になると、「ごめんなさい」という言葉が少なくなるし、また発したとしてもそれで許されなくなってくる。

だけど、そこは許さなければならないとロスは言います。なぜなら、大人も子供同様、間違いを犯す存在だから。

特に人は、苦しんでいる時、配慮を失った時、混乱している時、もろく、孤独で、感情的に未成熟な時、間違ったことをして人を傷つけてしまう。だから、傷つけられた人は、自分を傷つけた相手が、その瞬間に弱い存在だったことを理解しなければならない。そして傷つけられたことによって生じた怒りを放出し、心の平和を取り戻す努力をしなくてはならない。何となれば、相手への否定的な思いを手放し、自分の心の平和を取り戻すことこそが、あなたが取り組むべき課題だから。ここでも重要なのは、他人ではなく自分自身なんですね。「怒らない」ということを自分の意志で選択することが重要なんです。

本書の中でロスが言っていることはすべて正しいと、私は思います。そのレッスンに従って、私自身もそういう心掛けをもって生きていきたいものだとつくづく思う。

ちなみに、この本の中では、ロスが自分自身のことをさらけ出しているところが結構あります。左半身麻痺になって、思うように動けなくなったことへの不満・憤懣《ふんまん》・怒りが思わず噴出しているような箇所が随所にある。それどころか、怒りのあまり他人を中傷したりしているところもある。ロスもまた、人の子なんですね。

でも、だからこそロスは、自分自身にも必要なこととして「怒りのレッスン」とか「許しのレッスン」とか、「明け渡すレッスン」とかを書いているわけですよ。超越的な立場から書いているのではなく、他の人々と同様、「至らない人間」として書いている。そこが、とってもいい。

とまあ、『ライフ・レッスン』という本、私はとてもいい本だと思うのですけれども、実は私がこの本を読んで一番印象に残ったのは、巻末に書かれた上野圭一さんによる「訳者あとがき」の部分。ここに、エリザベス・キューブラー＝ロスの葬儀の話が書いてあるのですが、これがとても感動的なんです。

上野さんによると、ロスは二〇〇四年八月二十四日、アリゾナ州スコッツデールの終《つい》の棲家《すみか》で七十八年の生涯を閉じられたそうなのですが、その葬儀は生前のロスの人柄を表すかのように、厳粛な中にも賑《にぎ》やかさがあったと。

で、特に印象的だったのは、埋葬の儀式の時。埋葬に当たって、ユダヤ教のラビ（司祭）だけでなく、アメリカ先住民のメディシンウーマン（呪医）やチベット仏教のリンポチェ（宗教的指導者）などがそれぞれの伝統に則《のっと》った祭式を執り行い、ロスのあの世への旅立ちを祝福したのですが、式の最後、ロスの息子のケネスさんと娘さんのバーバラさんの手によって、心づくしのイベントが執り行われたんですね。

それはどういうものだったか。

まずケネスさんとバーバラさんが柩《ひつぎ》の前に進み出て、小さな箱の蓋《ふた》を開けた。すると中から見事なアゲハチョウが出てきて、ふわっと空に舞い上がった。で、これに続けて葬儀に参列した人たちが、あらかじめ配られていた袋の口を開けると、そこから様々な種類の蝶がアリゾナの真っ青な空にわーっと一斉に舞い上がった。

本章にも記しましたが、エリザベス・キューブラー＝ロスは、人間の死を「さなぎから蝶への変身」と捉えていました。そのことを踏まえての儀式だったんです。そうやって、ロスの魂は、肉親や友人、知人に見守られながら、蝶になって飛んでいったんですね。魂の次のフェーズへ向かって……。

『ライフ・レッスン』の「訳者あとがき」を読んで、その蝶の儀式のことを知った時、私は、ああ、素晴らしいなって思いました。この先、私が死んで、葬儀が執り行われるとしたら、私もロス方式でやりたいな、なんてね。浮き世のしがらみから解放された魂が、蝶になって大空に飛んでいけたら、素敵じゃないですか。

生前、エリザベス・キューブラー＝ロスは、毀誉褒貶《きよほうへん》に晒《さら》されました。ロスの本から多くの慰めを得た人も大勢いた反面、その思想を非科学的だとして否定する人も大勢いた。しかしロス本人は、その経験と熟考によって到達した信念を人々に伝えることに一生を捧げ、ぶれることが一切ありませんでした。そしてその信念は、自身の葬儀の在り方にまで及んでいた。

そのことに対して私は、「あっぱれ」と思うのです。

Chapter

9

「今、ここ」を生きる

勇気のつけ方

突然ですが、「勇気」ってどうやって身につけたらいいと思いますか？

私はある時期まで――それはつまり「自己啓発本の研究を始めるまで」という意味ですが――勇気というのは持って生まれた資質であって、勇気のある人、ない人、それぞれ生まれた時からそうだし、死ぬまでそうなのだろうと思っていたんです。知識のように本を沢山読めば身につくとか、筋肉のように腕立て伏せをすれば増えるとか、そういった類のものではないのだろうと。

ところが。

本書でも何度か言及したプレンティス・マルフォードという十九世紀のJKBライターの書いた『精神力』（*Thoughts Are Things*, 1889）という本を読んでいたら、そこに「勇気のつけ方」が書いてあったんです。しかも、それが目からウロコでね……。

マルフォードがこの本に書いていることの主旨を私流に解きほぐしますと、「勇気」の反対語は「せっかち」であると。

ほら、もうこの時点で意外でしょ？　私もそうでしたけれど、大概の人は、勇気の反対語は臆病だと思っている。だけど、どうやらそうではないらしいんです。

マルフォード曰く、勇気がない人はすごくせっかちなので、まだ来てもいない未来のことを先取りして気に病む。

例えば近々かんしゃく持ちで高圧的な上司との重要な面接があるとする。そんな時、勇気がない人は、もう今日の時点からそのことが気になって、食事もろくに喉を通らない。何をやっても気もそぞろ。ましてや面接当日ともなれば、前夜から一睡もできず、朝食など砂を嚙む思い。駅に着けば「電車はちゃんと定刻に来るだろうか」とか、そんなことまで不安になってしまう。

このように未来のことをせっかちに先取りすること、これが「勇気のない人」だとマルフォードは言います。

逆に勇気のある人は、未来のことなんか気にもせず、今を精一杯生きる。だから重要な面接があるのなら、事前に準備しておくべきことは何かを冷静に考え、それをしっかりこなす。そして前の晩、眠りにつくとなったら、睡眠の心地よさを心ゆくまで十分に堪能《たんのう》する。面接の朝は、朝食の一口一口をじっくり味わい、心の底から「旨いなぁ」と思う。面接に着ていく服を選ぶにしても、どの服が一番自分を引き立たせてくれるか、そのセレクト自体を存分に楽しんだ挙句、アイロンのピシッときいたシャツに袖を通すその快感まで堪能する。そして面接会場までの道のりでは、木々の緑、晴れ渡った空など、景観の美しさを目一杯楽しむ——と、まあ、そんな具合に、自分が生きている一瞬一瞬を百パーセント味わいながら生きることができる人、これこそが勇気のある人だと言うんですね。

だから勇気をつけようと思ったら、自分の中のせっかちな部分を取り除けばいいのだとマルフォードは言うわけ。今していることに集中して生きることを習慣づければ、それによって誰にでも勇気は身につくのだと。

ほ、ほう！　そうだったのか！　言われてみれば私も結構せっかちなので――と言うか「勇気がない」ので――未来のことを先取りして気に病んでばかりですわ。「六週間後に学会発表があるけれど、うまくできるだろうか」とか、「年末までにこの原稿を書かなくてはならないけど、仕上げられるだろうか」とか、先の先のことまで考えては途方に暮れることが多い。そしてそのことが常に頭の片隅にあるので、完全にリラックスするということがない。いつも何かに追われているようで……うーむ、これではいかん！　私もこういうせっかちな部分を取り除いて、勇者にならなければ！

自己啓発思想における「今、ここ」

さて、右に述べた勇気のつけ方は、結局のところ、まだ来てもいない未来のこと（あるいは過ぎ去ってしまった過去のこと）に動揺することなく、今、この瞬間にやっていることに精一杯努めよ、ということであるわけですが、実はこの「今、ここ」に注力せよというメッセージはプレンティス・マルフォードの専売特許ではありません。マルフォードの本に限らず、そもそも自己啓発本というのは、おしなべてそのことを主張するものなんですね。

と言うのも、すでに何度も指摘しましたように、自己啓発思想というのは基本的に「インサイド・アウト」の考え方を採用するから。ジェームズ・アレンの言葉を借りるならば、「原因」(＝インサイド)があって初めて「結果」(アウトサイド)が生じるのであって、「原因」というのは、要するに、あなたが「今、ここ」でやっていること。だから、あなたが「今、ここ」でやっていることに精一杯注力すれば、必ずそれに見合った「結果」がついて来る。「今、ここ」であなたが強く願うことは、それが原因となり、いずれは結果を導いて必ず現実化すると。

逆に言えば、未来のこととか過去のことは、あなたが関知しない外部のこと、すなわち「アウトサイド」のことですから、そういうものに翻弄《ほんろう》されて自分自身が度を失ってしまったら、それはあなた以外のものに翻弄される「アウトサイド・イン」の生き方になってしまう。そういう「アウトサイド・イン」の生き方をして、周囲の環境に翻弄される一方の人生を送っている人は世の中に大勢いるけれども、それではいつまで経っても自分の人生を主体的に生きることができず、幸福にもなれない。だから「アウトサイド・イン」の生き方を改めて、「インサイド・アウト」な生き方に転じましょう、というのが、自助努力系であれ、引き寄せ系であれ、世のすべての自己啓発本の主張するところなんです。

ですから「『今、ここ』を生きよ」というのは、自己啓発思想が大昔から主張してきた大命題であると言えるのですが……しかし、この「今、ここ」という言葉遣いは、近年、自己啓発本業界では大流行《はや》りでありまして、まるでそれが最新の自己啓発思想であるかのように盛んに言われているようなところがある。これは一体、どういうことなのか？

アメリカに伝わった東洋の神秘

ことの発端は、自己啓発思想とヨガとの出会いにありました。

本書でもすでに名前を挙げた初期の引き寄せ系ＪＫＢライターにウィリアム・アトキンソンという人がいますが、この人はヨギ・ラマチャラカ（Yogi Ramacharaka）という別名義で *The Hindu-Yogi Science Of Breath: A Complete Manual of the Oriental Breathing Philosophy of Physical, Mental, Psychic and Spiritual Development*（1903）を始め、身体操法と瞑想《めいそう》によって心の平安を得る東洋的（＝神秘的）方法論としてのヨガの本を沢山出している。つまり彼は、いわばＪＫＢライターの余技として、瞑想法としてのヨガをアメリカに紹介していたんですね。だからアメリカでは、遅くとも二十世紀初頭には、ヨガの何たるかはある程度知られていたことになる。そしてその後ヨガは、アメリカの自己啓発思想史の中でも重要な役割を果たすことになります。

事実、東洋的瞑想法としてのヨガは、論理的思考にのみ頼ろうとする西洋社会へのアンチテーゼとして、その後、折に触れてアメリカ現代思想史の中に浮上することとなります。例えば一九二〇年代のカリフォルニア・ロマ岬におけるキャサリン・ティングリー（Katherine Tingley, 1847-1929）をリーダーとする「ネオ神智学」グループの活動の中であるとか、一九六〇年代末の西海岸を中心に花開いたニューエイジ・ブームなどの中でヨガが盛んに称揚されたのも、西洋社会の閉塞感を打破するために東洋思想が持ち出された一例と見なすことができる。

つまり、「よくは分からないけれども、ヨガで瞑想すれば、日常生活の悩みは吹き飛ぶ……らしい」といった程度の認識は、二十世紀初頭以後のアメリカではそこそこ広まっていたんですね。そして悩みが吹き飛ぶと言うのであれば、それは自己啓発思想の一種に違いないという認識もあった。

迷走する瞑想ブーム

とまあ、そんな具合で、ヨガを通じて東洋の神秘に触れたアメリカの自己啓発思想ですが……そこが東西文化の壁と言いますか、あのヨガ独特の「〇〇のポーズ」とかいうのはいいとして、あのポーズをしながら行う「瞑想」というのが、アメリカ人には分からない。「瞑想」って、何？

「瞑想」というのは心を無にすること、いわば「考えない」ことであるわけですが、アメリカ人（＝西洋人）は考えることは得意な反面、考えないことは苦手なんですね。頭の中は言葉《ロゴス》で一杯ですから、その言葉を無にしろとか言われても、一体全体、どうすればいいのかよく分からない。もっとも夏目漱石の『門』で、主人公の野中宗助が生活上の悩みから参禅を試みるも、実際にやってみると気が散ってばかりいてまるでモノにならなかったというくだりを読めば、頭の中が大分西洋化してしまった明治期以降の日本人にだって心を完全に無にすることは難しいことは明らかなのですが、それでもごく普通の日本人ならば、心を無にするということが何を意味するかくらいは何となく分かる。でもアメリカ人にはそれすらも分からないんですね。東洋的な至福の世界、いわゆる涅槃《ねはん》に到達するためには、どうやら瞑想をマスターする必要があるらしいということは薄々感づいているのだけど、そのやり方がどうにも分からない。

その意味で、二十世紀後半のアメリカのＪＫＢの歴史は、ある意味、瞑想というものを理解しようと懸命に格闘した、その努力の歴史でもあったんです。

ホセ・シルヴァ・マインドコントロール法

瞑想とは何かを理解し、瞑想の力を利用しようと努めた涙ぐましいアメリカ人の試みの好例が、ホセ・シルヴァ（José Silva, 1914-99）というＪＫＢライターが考案した「ホセ・シルヴァ・マインドコントロール法」です。

ホセ・シルヴァは、その名前からも窺《うかが》い知れるように、メキシコ系アメリカ人なんですが、貧しい生まれで学校には通えず、兄や姉から字を習ったというほどの苦労人。しかし頭は良かったらしく、特に理数系には強かった。

そんなシルヴァに転機が訪れたのは、偶然の出来事からでした。ある時彼は、ラジオ修理のノウハウを学ぶ通信講座を受講していた知り合いの床屋さんから、店が忙しくて勉強していられないので、自分の代わりに受講して資格を取ってくれないかと頼まれたんですね。で、そんなことから思いがけずラジオの仕組みを学んだシルヴァは、そのまま自分でラジオ修理工場を起ち上げ、それなりの成功を収めます。そして第二次世界大戦中は軍の通信隊に所属してさらに経験を積み、戦後はラジオのみならずテレビ修理も手掛けることでますます大繁盛。しかし、向学心旺盛《おうせい》なシルヴァは、それだけでは飽き足らず、当時、アメリカで盛んに研究されていた超能力研究に関心を持ち始める。

さて、ラジオやテレビを修理するためのノウハウに通じていたシルヴァは、抵抗（インピーダンス）の少ない回路ほど電気エネルギーをよく通すことを知っていました。で、そこからの類推で、一見矛盾するようではあるけれど、脳波の活動が低い時ほど、実はその効率が上がるのではないか、と考えたんですね。より具体的に言いますと、一般に人が起きている時の脳波は「ベータ波」なんですが、これが睡眠状態に入る直前など、脳の活動が低い時には「アルファ波」に変わる。で、この睡眠直前レベル、すなわち脳からアルファ波が出る状況を人為的に作り出し、この状態のまま脳を活動させることができれば、脳は抵抗の少ない回路と化し、起きている時の状態では考えられないような奇跡的な能力を発揮するのではないかとシルヴァは考えた。そしてその後彼はさらに独自に研究を重ね、意のままにアルファ波状態に持って行く方法として「ホセ・シルヴァ・マインドコントロール法」なるものを考案するんですね。で、これがやがて世間の認知を受けるようになって、一九六〇年代に入る頃には、その名声は全米に広まったと。

では、そのマインドコントロール法とはどういうものかと言いますと、これがまた実にアメリカ的と言うか、驚くほど実用的なものだったんです。

まず静かな場所を選んで座り、全身をパーツ毎にリラックスさせていきます。で、十分に全身がリラックスしたら瞳を閉じ、閉じたまま目玉だけ二〇度ほど上に上げる。そしてその状態で、100から1まで、二秒ごとに逆に数えていきます。「100……99……98……97……」といった調子。たったこれだけ。たったこれだけで、「1」まで数え終える頃には、あなたの脳はアルファ波状態になっているはず。

ちなみに、実は私もこの本を読んで、実際にマインドコントロール法を試してみたのですが、それはもう、ビックリするほど効果がありました。本当に「1」にたどり着く頃には、深い沈思状態に陥《おちい》ります。否、陥り過ぎて寝落ちしてしまうこともしばしば。これをお読みの皆さんも、是非一度お試し下さい。睡眠障害をお持ちの方にもおすすめです。

で、シルヴァはこのアルファ波状態こそ、東洋で言うところの瞑想だと考えていました。そしてこの瞑想状態に入ることによって、「高度な英知」（Higher Intelligence）とコンタクトを取るための準備が整うと考えた。つまり、シルヴァにとって瞑想状態に入ることは、それ自体が目的なのではなく、この状態に入ったことを利用して、超能力を発揮し、自分の望みを叶えることが目的だったんですね。

では、瞑想状態に入った後、どのようにして自分の望みを叶えるかという話ですが、ここからがまた非常に面白い。

シルヴァは、マインドコントロール法によって瞑想状態に入ったら、まずは目の前にスクリーンのようなものを想像せよ、と言うんですね。で、この想像上のスクリーン（シルヴァはこれを「メンタル・スクリーン」と呼ぶ）というのが、実に様々な用途に使えると。

例えばメンタル・スクリーンを使えば、記憶を活性化することができます。一例として、クルマのキーを失くしてしまった、というシチュエーションを考えてみましょう。

メンタル・スクリーンを用いて失くしたキーを捜すには、まずキーを失くす少し前の時点からの自分の行動をそのスクリーンに映し出します。すると脳の奥にしまい込まれていた記憶がスクリーンに次々と映し出され、そのキーをある場所にひょいと置いた自分の行動を、映画を見るように見ることができる。で、なーんだ、あそこに置いたのか、ということになって、無事、キーを取り戻すことができると。

どうです？　メンタル・スクリーンって便利でしょう？　ちなみに、この記憶活性法はいくらでも応用が効くので、例えば期末試験の時など、教科書や参考書をスクリーン上に映し出せば、軽々と一〇〇点を取ることができる（はず……）。

メンタル・スクリーンには記憶活性化の他にも、まだまだ様々な使い道があります。例えば長年の喫煙習慣をやめ、禁煙しようと決意した場合。まずメンタル・スクリーンにこれまで自分が吸ってきたタバコの吸い殻の山を映し出す。で、次にその映像をｉＰａｄをスワイプするように、ひょいっと右側に寄せてしまう。次に、タバコのヤニに汚れた自分の肺の映像を映し出し、それも右に寄せる。つまり「嫌な記憶」や「見たくない映像」をスクリーンに映し出したら、それらをすべて右へ寄せるんですね。ちなみになぜ右に寄せるかというと、瞑想状態の中では時間は左から右へ流れるから。だからスクリーン上の映像を右へ寄せるのは、その嫌な記憶や見たくない映像を過去のものにするという意味があるんです。

で、そうやってタバコの害をすべて過去のものにした後、今度はタバコをやめた自分、健康になった自分の姿をスクリーンの左端に映し出す。つまり自分が望む未来を映し出すわけですね。場合によっては、この映像には花マルを付けてもいい。そしてそこで瞑想を終える。すると、もうその瞬間からタバコを吸う気が失せ、喫煙習慣と手を切ることができると。もちろん、同じ手順を踏めば、肥満から脱することも簡単、簡単。

それから営業成績を上げたい人、発明をしようとしている人、研究をしている人など、瞑想の中で営業成績の上がった状態、発明を成し遂げた状態、研究がうまくいった状態をスクリーンに映し出すことで、実際、それを実現するようなヒントやチャンスに見舞われるようになる、とシルヴァは主張しています。なぜなら瞑想状態が生み出す直観を通じて、高度な英知がその方法を教えてくれるから。また同じ方法で、宝くじの当たり番号などを教えてくれる場合もあるそうです（実際、シルヴァ自身、この方法で宝くじを当てたことがある）。さらに、この方法を応用し、瞑想状態の中で他人の身体をスキャンすると、その人がどういう病気に苦しんでいるかとか、その人の既往症なども見えるので、医学的治療に役立てることもできるのだとか。

ところで、このように万能に見えるマインドコントロール法ですが、一つだけできないことがあります。それは、瞑想状態の中で他人を害するようなことを思い描いても、それは決して実現しないということ。瞑想中に思い描くことを実現させるためには、それを強く願望し、それがすでに実現したと確信し、かつそれを本気で予期することが必要なのですが、瞑想レベルの世界において邪悪なことは発想することすらできないので、事実上、不可能であると。だから「ライバルを陥《おとしい》れてやろう」などという願いは、マインドコントロール法に関して言えば、完全なナンセンスなんですね。

……と、この辺まで来ると、「ん？　これって要するに、引き寄せの法則と同じじゃない？」と気づく人もいると思うのですが、まあ、そういうことです。ホセ・シルヴァのマインドコントロール法というのは、結局、引き寄せの法則です。

それはそうなんですが、しかし、引き寄せの法則を語る前に、シルヴァは瞑想の重要性を指摘した。そのことが重要なんですね。つまり東洋の神秘として噂だけは広まっていたものの、西洋人にはなかなか理解しがたかった瞑想というものについて、「脳からアルファ波が出ている状態」という風に科学的に定義した上で、瞑想状態に入るための具体的なノウハウとして「カウントダウン法」を考案し、瞑想の効能を万人に開放した。ここが重要なのであって、このことにこそ、ホセ・シルヴァの功績があったんです。

鈴木俊隆が伝えた「坐禅」

とは言え、「瞑想＝アルファ波」というホセ・シルヴァの説は本当に正しいのか？　東洋の神秘たる瞑想が、数字をカウントダウンする程度の方法でそんなに簡単に身につくものなのか？　ということになると、確かに曖昧《あいまい》なところは残ります。ホセ・シルヴァの言う瞑想は、ひょっとして疑似瞑想に過ぎないのではないか……？

ならばどうするか。どうやって真の瞑想を体得すべきか……。

とまあ、そんな風にアメリカ人の間に真の瞑想への興味が増すにつれ、出てきたのが「本物志向」。つまり、東洋の神秘については直接東洋人に聞け、と。

アメリカ人の中には、ひとたび東洋思想にかぶれると、もう東洋人以上に東洋人になりきってしまうタイプの人がいるものですが、この時代、そういう本気モードの人たちが目指した「東洋」が二つありました。その一つは、もちろんインド。何と言っても、ヨガの故郷ですからね。

一九六〇年代に入ったアメリカでは、既存社会の価値観や規範に反抗し、学校や大学をドロップアウトして、自分たち独自の価値観の下、より自由で平和な世界を形成しようとした一群の若者たちが、サンフランシスコを中心とする西海岸に集まるという現象が起きていました。「カウンター・カルチャー」と称されるこのムーヴメントに参加した十代・二十代の若者たちは「ヒッピー」と呼ばれ、自分たちにふさわしい新たな生活様式を模索していた。そしてそんな彼らの試行錯誤の中から、例えば有機農業に基づく自給自足生活であるとか、一夫一婦制を否定した集団生活、徹底した平和主義や地球環境保護意識、さらにはドラッグ・カルチャーといった様々な文化が生み出されたわけですが、「瞑想」による精神的解脱《げだつ》もまた、ヒッピーたちが目指したものの一つだったんですね。

で、そんなヒッピーの若者たちが真の瞑想の在り方を求めて目を向けたのがインドであり、また彼らの間でダントツに人気のあった瞑想指導者がマハリシ・マヘーシュ・ヨーギー(Maharishi Mahesh Yogi, 1918-2008)だったんですね。マントラを唱えて瞑想状態に入る「超越瞑想」の伝道者で、かのザ・ビートルズとかザ・ビーチ・ボーイズなど、当時の芸能界の人気者たちもすっかり魅了されてしまったほど、祖国インドのみならずアメリカでも大きな影響力を持っていた人ですが、宗教家としての名声が上がるにつれて旺盛な政治的野心を発揮し始めたことや、一九七〇年代半ば以降、「マハリシ効果」と称し、特定の人数の人々が同時に超越瞑想を実行すると、世界の気候が改善し、作物の収穫が増え、人間の寿命も延び、世界平和がもたらされるなどと主張し始めたことなど、随所にいかがわしいところもあったらしい。とは言え、この人については私自身、まだ十分な研究ができておりませんので、ここでこの人のことについてこれ以上云々《うんぬん》するのはやめておきましょう。

で、もう一つ、この時代にアメリカを魅了した東洋はどこかと言えば、他でもない、日本でした。そして瞑想という観点から見て、アメリカ人が日本の何に惹かれたかと言えば、それは「坐禅」です。

アメリカに禅を伝えたということになると、まずは鈴木大拙《だいせつ》（一八七〇 - 一九六六）のことが思い浮かびますが、鈴木大拙は一九五〇年代までニューヨークにあるコロンビア大学を拠点に禅思想を学問的に講じた人で、アメリカの知的上流階級《エリート》の人たちへの影響は大きかったと思われますが、一九六〇年代に入ってから自己啓発思想としての瞑想に興味を抱き始めたアメリカ一般大衆への影響となりますと、鈴木は鈴木でももう一人の鈴木、すなわち鈴木俊隆《しゅんりゅう》（一九〇五 - 七一）が主役となります。鈴木俊隆は坐禅で有名な曹洞宗の僧侶で、一九五九年にアメリカはサンフランシスコに渡って当地にあった桑港寺《そうこうじ》の住職となり、一九六二年には「サンフランシスコ禅センター」を設立。多くのアメリカ人が鈴木俊隆の指導の下、坐禅を組んだのでした。

で、その鈴木俊隆の主著が『禅マインド　ビギナーズ・マインド』（*Zen Mind, Beginner's Mind*, 1970）という本なのですが、これは禅の解説書として、また優れたＪＫＢとして、再読・三読に値するものとなっています。

ということで、ここでこの本のことを是非紹介しておきたいのですが、本書ではまず冒頭に坐禅のやり方の説明があり、ついで何のために坐禅をするのか、坐禅における悟りとは何か、仏教とは何か、仏教と他宗教、例えばキリスト教との違いは何か、キリスト教徒が坐禅をしていいのか等々、初めて参禅しようとしているアメリカ人が抱きそうな種々の疑問に答えるための文章が簡潔にして達意の英文で綴られています。で、それによりますと、仏教の哲学というのは非常に論理的だから、それを学問として学ぶのももちろん良い。が、やはり仏教の神髄に近づくために一番良いのは、坐禅を組むことであると。

坐禅を組み、自分の呼吸に集中する。とは言え、はじめのうちは坐禅している最中にもつい雑念が脳裏を行き来して、なかなか思うように全集中することはできません。でも、そこで諦めないで、その行き来する雑念を「ああ、今、自分はこういう雑念を抱いているんだな……」という具合に客観的に眺めていると、やがて、小石が立てた池の波紋が少しずつ鎮まっていくように心が鎮まってくる。そうなったらその静かな境地、すなわち「今、ここにいる」という思いの中にただ漂っていればいい。

お、早速出ましたね、「今、ここ」というワードが！

鈴木師によれば、坐禅をしている時には、特に何も感じないのだそうです。何か効果があるようには感じられない。しかし坐禅をすることによって、「自分の本来の姿」をありのままに保つことができるようになる。と同時に、毎日の暮らしの中に価値を見つけられるようになる。この、人間が日々行っている何気ない一つ一つの動作の中に価値を見出すことこそが重要なので、逆に「坐禅の経験がなければ、あなたは、なにも見つけることができません」と、鈴木師は言います。

要するに、坐禅とか瞑想の意味を理解する必要はなく、ましてや「悟りを啓《ひら》く」というような目的をもって坐禅を組む必要もなく、ただ坐っていればいいということなんですね。そうす

鈴木俊隆

れば、あーら不思議、自分が日々何の気なしに行っている一つ一つの動作が、すべて尊い価値のあるものであったことが自然と見えてくるだろうし、もし仮にそれが見えてこなかったとしても、それはそれで構わない――こういう東洋的でアバウトな、あるいは非論理的な行動の指針は、アメリカ人には理解しがたい部分があるのかもしれないけれど、そういう理解しがたさが、アメリカが政治的にまた倫理的に行き詰まっていた一九六〇年代後半という時代にあっては、逆に新奇なる魅力として映ったのでしょう。ましてや、坐禅を通して瞑想に努めれば、日常生活の真の意味に開眼することができる（かもしれない）というのであれば、これほど素晴らしい自己啓発思想はそうめったにあるものではない。

実を言いますと、私自身、この本には大いに魅了されたことを告白しておかなければなりません。魅了されたついでに、鈴木師のもう一つの主著である『禅は、今ここ。』という本も読んだのですが、こちらの本にも大きな感銘を受けました。この本は鈴木師ご本人が書かれたものではなく、師の弟子のデイビッド・チャドウィックという人が一頁に一つずつ、日めくりカレンダー的に鈴木師にまつわる短いエピソードを記したものなのですが、これがまた実に素晴らしい。例えばこんな調子。

桑港寺での鈴木老師との質疑の折、若い男性が尋ねました。「禅の修行者は余った時間をどのように過ごせばいいのですか？」老師ははじめ困惑した様子で、言葉をくり返しました。「余った時間？」老師はまたくり返し言って、それから爆笑したのでした。（一二頁）

あるとき、修行者が鈴木老師に尋ねました。「アメリカの多くの禅の師たちが坐禅の時間を30分にしているのに、なぜ老師は40分の坐禅をさせるのですか？　40分坐ると、私の足は本当に痛くなります。せめて接心（＝坐禅）だけでも30分にしていただけませんか？」老師は答えました。「それは大変興味深い。私は50分坐るべきだと考えていたんだ」意味深な間があり、彼はこう言いました。「しかしまあ、譲歩することはできる。よし。40分にしよう」
（一六頁）

私と家族は、1年間、禅センターから離れていましたが、サンフランシスコに戻りました。鈴木老師にお会いしたとき、私は「少し迷っていたようです」と言いました。「迷うことなど決してできないよ」老師はお答えになりました。
（三五頁）

ある夜の講話で老師は言われました。「もし仏教徒でなければ、仏教徒と仏教徒でない人がいると考えるだろう。しかし、仏教徒であったなら、すべての人、虫でさえもが、仏教徒だと気づくだろう」
（七七頁）

私の人生がいかに悲惨な状態になっているかを鈴木老師にお話ししていると、老師はクスクスと笑い出したのです。気がつけば、私もつられて笑っていました。ちょっと間があってから、私はどうするべきでしょうか、と尋ねました。

「坐禅しなさい」老師はおっしゃいました。「坐禅のない人生は、時間を合わせずに時計のねじを巻くようなものです。完璧には動くだろうが、時刻は告げてくれません」（八二頁）

いかがでしたか？　いやあ、鈴木俊隆師の一言一言には不思議な説得力があり、深遠な教えがあり、かつユーモラスでもあって、こんな素敵な師がいたら、この人の指導の下で是非坐禅を組んでみたいと、私なぞはすぐに思ってしまうのですけどね。

チクセントミハイの「フロー理論」

さて、右に述べてきましたように、東洋の神秘・瞑想の謎を解くため、アメリカでは一九六〇年代を通じて、「ホセ・シルヴァ・マインドコントロール法」が試されたり、インド由来の「超越瞑想」や日本由来の「坐禅」などがもてはやされ、結果、一部の人たちは「これで瞑想の何たるかは理解できた！」ということになったものの、一般の大多数のアメリカ人にとっては、瞑想は相変わらず謎のままであり続けました。

しかし、一九七〇年代に入りますと、まったく別の方面から瞑想を解明するための一筋の光が射すことになります。それがミハイ・チクセントミハイ（Mihaly Csikszentmihalyi, 1934-2021）というシカゴ大学の心理学教授が唱えた「フロー理論」。もっとも「フロー理論」は、本来、瞑想とは何の関係もなくて、「人間の幸福とは何か」という心理学上の一つの問いに対する回答として打ち出されたものでした。

実は心理学が「人間の幸福」について考えるようになったのは、それほど昔の話ではありません。そもそも心理学は、人間の幸福よりは、むしろ不幸について研究する学問だったんですね。事実、精神分析の祖たるジークムント・フロイトからして、神経症に苦しんでいる患者を救うため、その原因を追究しているうちに、「幼少期に受けたトラウマが無意識の中に滓《おり》のように留まっていて、それが悪さをしていたんだ！」ということを発見したのですから、本来、心理学は心の病を理解するための学問、要するに「不幸についての学問」だった。

しかし二十世紀も半ばくらいになると、心理学者の中にも人間の不幸のことばかり考えるのに飽きてきた人が出てくる。そういう新世代の心理学者たちは、逆に人間の幸福の条件、すなわち「どうしたら人間は今より幸福になれるのか？」という問題について考えるようになるんですね。そうした新世代心理学の代表者がアブラハム・マズロー（Abraham Maslow, 1908-70）という人で、この人は人間が幸福になる条件を分析して「欲求五段階説」というのを打ち出します。

それによると、人間が幸福になるためには、まず、何はともあれ、「生理的欲求」が満たされなければならないと。腹が減った時に、食べるものがあればとりあえず幸せになれますからね。しかし、人間の幸福への欲求というのは貪欲ですから、とりあえず生理的欲求が満たされてしまうと、次に人間は「安全」を求め始める。家があればいいなと。で、家も手に入れると、今度は「社会的欲求」を求める心が生まれる。社会人になれたらいいなと。で、無事社会人になったら、次に「承認欲」が出てくる。自分の能力を人に認めてもらいたいなと。で、食べ物があって、家があって、勤め先があって、さらに「アンタは偉い！」と言われたら、もう言うことはないだろうと思うかもしれませんが、マズローはさらにもう一つ、人間が幸福になるための条件として「自己実現」というものがあると主張します。自分の能力を最大限に発揮できる仕事に就き、思う存分活躍して、子供の頃からの夢を叶え、自分が理想とする自分になること、それが「自己実現」であるわけですが、この五番目の条件が満たされた時、人間は完全な幸福を得ることができると考えたんですね。まあ、確かに、子供の頃からの夢を叶えて自己実現できたら、それはこの上ない幸福というものだろうなと誰しも思うでしょうから、アブラハム・マズローの「欲求五段階説」は広く世間に認められる説となりました。

ところが、マズローよりも後の世代に属するチクセントミハイは、この「欲求五段階説」には納得しなかったんですね。それはなぜか。

例えばオリンピックで金メダルを獲った人のことを考えてみましょう。

子供の頃からスポーツに打ち込んで、努力に努力を重ねて、結果オリンピックで金メダルを獲ったとする。その場合、その人はもう自己実現してしまったわけだから、至福の状態になっておかしくないですよね？

しかしチクセントミハイは、その人が感じるであろう至福は、長続きしないだろうと考えた。金メダルを獲った直後ならいざ知らず、メダル獲得から時間が経てば経つほど、何となく物足りなくなって、また自己実現以前の状態に戻るだろうと考えたんですね。

つまり、ここがアブラハム・マズローと異なるところなんですが、チクセントミハイは、「幸福というのは、何らかの目標を達成して自己実現した瞬間に訪れるものではない」と考えたんですね。そうではなくて、「人間にとって幸せとは、何かを追い求める『過程』にこそある」と喝破《かっぱ》した。目標を達成した時ではなく、むしろその目標に向かって夢中になって取り組んでいる時、時間も忘れ寝食も忘れて一心に打ち込んでいる時、その無我夢中の境地を後から振り返った時に、人は「ああ、あの時、自分は幸せだったな」と思うのではないかと。

で、この何か有意義なことを達成するために一心不乱になっている時間、これをチクセントミハイは「フロー」(flow)と名付けました。そしてこのフローこそ、人間が経験し得る最大の幸福だと定義づけた。

ただ、フローがフローであるためには、いくつかの条件があります。

例えば、映画好きの人が面白い映画を観て、二時間の間、時の経つのも忘れて一心不乱に夢中になったとしても、これはフローではありません。フローであるためには、その過程を通過したことによって、人間的な成長が見られることが条件としてあるんですね。だから、ただ映画を観ただけでは、それは娯楽を消費しただけなので、フローにはなり得ない。「ああ面白かった」だけでは、真の幸福にはなれないんですね。

あと、何かに取り組む際に、「よし、俺は世界を救おう」などという壮大な目標を立てて、そのために活動したとしても、容易にフロー状態には入り込めません。なぜなら、世界の救済は個人の手には余る仕事だから。つまり、定める目標は「自分が一生懸命に努力したら達成できるかもしれない」という程度に実現可能な範囲に入っていて、しかも目標自体がすごく明確で、さらにそれに挑戦する自分の能力がその目標達成へのチャレンジにふさわしいものである必要があるんです。

また自分がやっていることに対する適切なフィードバックがあることも必要です。例えば、一生懸命に顧客サービスに努めた結果、お客さんから「あなたのサービスは最高だ、また来るよ」と言ってもらえたら、それは、その人の行動が目標に叶っていることを表す指標ですから、フローになり得る。そういう、「自分のやっていることは間違ってない」と実感できるようなフィードバックが適度にあることが、フローを得られるかどうかの条件となります。

もう一つ言えば、自分が物事に打ち込む、その心的エネルギーの量にも限界があるので、その限りある心的エネルギーをバランスよく配分することも大事です。自分の仕事に熱を入れすぎて、家庭のことを放りっぱなしでは、やっぱり幸せにはなれないですからね。

とまあ、そういう具合で、フローにはいくつかの条件があるのですけれども、そういう条件のことも踏まえて考えると、フローを得るというのは、普通の能力を持った普通の人間には結構難しいということにもなる。

ごく普通のサラリーマンですと、毎日会社に行って、必ずしも面白い仕事とは言えないような仕事もしなくてはいけないわけです。家に帰ってきても夫婦の会話も特になく、ただ黙って晩ご飯を食べてテレビでも見て風呂に入って寝るだけ。朝になれば、またつまらない仕事をしに会社に行かなくてはならない。たまに気晴らしで旅行に行ったり、ショッピングを楽しんだりはするものの、先ほども言ったように、これらの活動はフローをもたらしませんから、もうそうなるとごく普通の人間の日々の生活の中にはフローなんてない！　ということにもなってしまう。

で、チクセントミハイの説によれば、「フローがない」ということは「幸せがない」ということと同意ですから、ごく普通の人間には幸福は手の届かないもの、ということになってしまう。事実、先進国に住む人々にアンケートすると、幸福じゃないと思っている人がすごく大勢いることが分かるのですが、それもむべなるかな。歴史上、これほど豊かな時代はないのに、それにもかかわらず人間は少しも幸福になっていないという、そんな奇妙な現代的状況にも説明がついてしまうんですね。

では、どうすればいいのか、となった時に、チクセントミハイが提案したのは、「日常の生活にフローを持ち込むしかない」ということでした。

最もつまらないとされるような仕事、例えば（チャップリンの映画『モダン・タイムス』を彷彿《ほうふつ》とさせるような）ベルトコンベアーを使った組み立て作業のような仕事でさえも、そこに心的エネルギーをつぎ込めば、フローする作業になり得る。例えば「どういう手順でやれば最も効率よく組み立てられるか」とか、「一分間に最高、何個組み立てられるか」など、そこに自分なりの目標を持ち込めば、そういう単純作業ですら一つのチャレンジになるというわけ。そうすれば、そんな単純作業ですら時の経つのも忘れ、夢中になって打ち込める。そして無我夢中で打ち込むことによって、その瞬間、至福《フロー》の状態に入ることができる。

つまり、チクセントミハイの言う「人間の幸福」とは、「今、ここで自分がやっていることに最大限の心的エネルギーを注入すること」なのですが……、あれ？　これってもしかして……

そう！　またしても「今、ここ」ですね！

先ほど、鈴木俊隆師の坐禅の話をした時に、「人間が日々行っている何気ない一つ一つの動作の中に価値を見出せるようになる」ことこそ坐禅（＝瞑想）の比類なき効果であると鈴木師が教えられていたということを書きましたが、日常の生活にフローを持ち込むこと、すなわち「今、ここ」に集中することが幸福のもとだというのであれば、鈴木俊隆師とミハイ・チクセントミハイは、結局、同じことを言っていることになる。そして、仮にそうであるとするならば、東洋人の言う「瞑想」とは、つまるところ、「フロー」が人を導く「無我夢中の境地」、すなわち「三昧《ざんまい》」のことなのではないでしょうか？

「マインドフルネス」の登場とティク・ナット・ハン

かくして、アブラハム・マズローやミハイ・チクセントミハイなど、いわゆる「ヒューマニスティック心理学」系の学者たちが提唱する「幸福の心理学」が追究して得た結論が、ヨガや坐禅といった東洋系の神秘的／秘教的教えと期せずして合致したことにより、「『瞑想』とは、つまるところ、『今、ここ』に集中して生きることの謂《い》いである」という形で、瞑想はアメリカ人／西洋人にも比較的容易に理解できるものとなりました。いわば、ここにおいて東洋の叡智と西洋の叡智がうまいこと合流したんですね。

そしてこの東西叡智の融合に、その後、新たなネーミングが施されることになります。そのネーミングこそ、現在、数ある自己啓発思想の中でも最も万人に受け入れられやすいものとしてアメリカ・日本のみならず世界中に広まりつつある「マインドフルネス」というもの。

グーグルのような世界的最先端企業が社員研修の一環として取り入れたことで人口に膾炙《かいしゃ》してきた沸騰《ふっとう》ワードの一つですが、もともと「マインドフルネス」とは、「常に落ち着いた心の状態」を指す言葉。より具体的に言えば「『今、ここ』に集中することで心の落ち着きを得る」ということであって、それは東洋人からすれば（坐）禅であり、西洋人からすればフローとして理解される生き方と言っていいでしょう。そして、そのマインドフルネスの伝道師としてつい最近まで活躍されていたのが、ティク・ナット・ハン（Thich Nhat Hanh, 1926-2022）という人でした。

ティク・ナット・ハン

ウィキペディアの記述によると、ティク・ナット・ハンは一九二六年生まれのベトナム人ですが、一九四二年に出家して禅僧となり、一九五〇年に禅の道場を作ると同時に、「ベトナムで初めて、僧の授業に外国語や西洋の科学、哲学の学習を導入」したとあります。つまり東洋人の禅僧でありながら、西洋の科学的思考・哲学的思考に通じていたのであって、彼自身の中では最初から東洋の叡智と西洋の叡智が仲良く合流していたと言っていい。

で、その後彼は「行動する仏教」の指導者としての活動を開始し、一九六六年にはアメリカに渡って、当時アメリカが介入したために泥沼化していたベトナム戦争を終結させるための和平提案をしています。この時、禅に基づくティク・ナット・ハンの平和思想は、アメリカの公民権運動（黒人差別撤廃運動）の指導者の一人であったマーティン・ルーサー・キング牧師に大きな影響を与えたようで、後の一九六七年にはキング牧師の推薦でノーベル平和賞の候補にも挙がっています。そしてその後、アメリカのベトナム戦争からの撤退を定めた一九七三年の「パリ和平会談」では「ベトナム仏教徒主席代表」として参加している。

ところが、戦争終結へ向けた彼の尽力は、南北ベトナム政府の双方から裏切りと見なされてしまうんですね。そしてその結果、彼は三十九年の長きにわたって国外追放の憂き目《うめ》に遭うこととなる。で、母国から追放された彼は、フランスに「プラム・ヴィレッジ」なる瞑想道場を開設し、ここからヨーロッパの西洋社会に禅仏教を広めることに注力します。また求めに応じて世界各地を訪れ、瞑想を指導しながら、慈悲と非暴力のメッセージを伝える仕事にも取り組んでいる。母国を追われ、世界各地を経めぐりながら精神的指導者として活躍したという点では、ちょっとダライ・ラマ十四世の境遇に似ていますね。その後、二〇一八年にようやくベトナムへの帰国が認められ、二〇二二年一月に九十六歳で亡くなりました。

このように、仏教徒としての活動の大半をフランスやアメリカをはじめとする西洋社会で行わなければならなかったティク・ナット・ハンですが、それだけに仏教の基本用語を西洋語に翻訳する必要がありました。で、彼が仏教思想の中でも特に重要だと考えたのが、「サンマ・サティ」(Samma-Sati)という概念で、これは「常に落ち着いた心の状態」を意味する。で、これを英語に直訳したのが先に述べた「マインドフルネス」(mindfulness)という言葉であって、これを世界に広めたということで、ティク・ナット・ハンと言えばマインドフルネス、というイメージが定着したんですね。

マインドフルネスを説くティク・ナット・ハンの著作は数多く、その多くが日本語に翻訳されていますので、どれを読んでもいいのですけど、その中でも『〈気づき〉の奇跡』という本が私には読みやすかったので、ここでこの本のことを紹介しておきましょう。

『〈気づき〉の奇跡』は、さながら「瞑想のすすめ」といった趣《おもむき》の本なのですが、ティク・ナット・ハンによれば、瞑想への入口はやはり「呼吸」であると。

人間、生きている限り呼吸をするわけですけれども、普段は何気なく呼吸しているので、それによって生かされているにもかかわらず、ろくに注意もしていない。そこで、息を吸うときは「今、自分は息を吸っているな」と意識しながら吸い、息を吐く時は「今、自分は息を吐いているな」と意識しながら吐く。そうやって、呼吸そのものに意識を持っていって、長く深い呼吸をしているうちに、心は本来の落ち着きを取り戻してゆく。要するに、それが瞑想なんですね。

もちろん、瞑想は呼吸に集中することのみではありません。その他の行為もみな同じ。例えば皿を洗うという行為一つとっても、我々は普段「皿洗いなんて面倒臭いな」と思いながら皿を洗っているだけで、その時の意識は皿を洗うことに置いてすらいない。「早くこれを済ませて、あれをやらなきゃ……」などと思いながらいい加減に洗っているわけです。つまり我々は、皿を洗っている「今、ここ」の瞬間を生きていないんですね。かと言って、ならば皿を洗い終わった後にやることに心を込めてしているかというと……やっぱりそうでもない。明日の朝は早いから短時間で風呂を済ませなきゃ、などと思いながら、上《うわ》の空で風呂に入っているだけで、風呂に入る心地よさを十全に堪能しているとはとても言えない。

でも、そうやって日常生活のすべての行為を上の空で行っていると、その人はいついかなる時も「今、ここ」を生きていない、ということになりますよね？

ティク・ナット・ハンは、「今、ここ」以外、人が生きる場所などないと言います。だから、「今、ここ」でやっていることを誠心誠意、真心込めてやりなさいと。皿を洗うのであれば、今洗っているのは皿ではなく、生まれたばかりのお釈迦様、あるいは生まれたばかりのイエス様だと思って、これ以上大切なことはないと思いながら、一心に洗いなさいと。それが「今、ここ」を生きるということであり、それが瞑想なんだよと。

と、ここまで読んだ段階で、皆さんは何かに思い当たらないでしょうか？

そう、本章の冒頭に述べた「勇気とはせっかちの反対だ」というプレンティス・マルフォードの説。あの中でマルフォードは、たとえその日がいつもと違う重要な一日であっても、眠りにつく、朝食をとる、服を選ぶ、移動するといったような、「今、ここ」でやっている一つ一つのことに心を込め、それを十分に楽しむのが勇気ある人間の行動だ、と言ったのでした。その意味で、ティク・ナット・ハンの説く「マインドフルネス」の極意は、鈴木俊隆の坐禅の極意のみならず、十九世紀の引き寄せ系JKBライターの言とも一脈通じてくると言ってもいいでしょう。

実際、ティク・ナット・ハンの『〈気づき〉の奇跡』に書いてあることは、引き寄せの法則の根本理念である「万物はエーテルというただ一つの材料からできている」という説とも通じてくるところがあります。

例えば目の前に一つのテーブルがあるとする。一見するとこのテーブルは他のものから独立して存在しているように見えます。しかし、ここでちょっとそのテーブルができるまでのことを考えてみましょう。テーブルの材料が木だとすると、まずその木を植えた人がいる。その木を切った人がいる。それを製材した人がいる。材木を工場に運んだ人がいる。またテーブルを組み立てるのに使う釘のことを考えてみれば、その釘の材料たる鉄を含んだ鉄鉱石を掘った人がいる。鉄鉱石を製錬した人がいる。それで釘を作った人がいる。その釘を工場に運んだ人がいる。そしてそれらの材料を使ってテーブルを作った人がいる。完成したテーブルを家具屋さんに搬入した人がいる。

その家具屋さんには店員がいる。店員にはお母さんがいる。否、店員のみならず、それまでにこのテーブルに関わった人にはすべてお母さんがいる。そのお母さんにはまたお母さんがいて、そのお母さんにもお母さんがいる。そのお母さんたちが生きるためには、食べ物が必要で、その食べ物を作る人がいて、運ぶ人がいて、調理する人がいて、売る人がいる。それだけではなく、そもそもテーブルの材料の木を育てるには、太陽が必要で、土が必要で、水が必要で……。

このように考えていくと、一つのテーブルは、テーブル以外のあらゆるものと関わっていることになります。その意味で、テーブルとテーブル以外のものは分断できない。あるものは、あるもの以外のものが存在しなければ存在できないわけです。……この辺の話って、日本の児童向けJKBの名著、吉野源三郎の『君たちはどう生きるか』の中で主人公のコペル君が披露《ひろう》する「人間分子の関係、網目の法則」にちょっと似てくるのですけれども、とにかくその理合を飲み込めば、自分と宇宙が一つであることが理解される、と、ティク・ナット・ハンは言います。

とまあ、そんな感じで、ティク・ナット・ハンの唱える仏教的汎神論《はんしんろん》は、西洋の自己啓発思想の根っこにある「ニューソート」的発想、すなわち「すべてのものは一つのものからできている」という発想に、限りなく近づいていくわけです。

人間ティク・ナット・ハン

かくして、ティク・ナット・ハンの本を頼りにマインドフルネスの考え方を学んでいくと、結局、自己啓発思想も、坐禅も、マインドフルネスも、同じことを言っているんだな、ということが分かります。偉大な真理というのは、結局、そういうものでしょう。

しかし、そうなってくると、その真理の内容もさることながら、それを誰が言ったのか、ということが問題になってきます。「今、ここ」に集中することが大事だ、ということを言うだけなら誰にでもできるのであって、猪口才《ちょこざい》な人がそれを言ったところで、そんなものを重んじる人はいません。

ならば、ティク・ナット・ハンはどうなのか？　その言を素直に受け入れることができるほど、信用するに足る人だったのでしょうか？

私自身は、彼は信用するに足る人物だっただろうと思っています。私がそう思うのは、『〈気づき〉の奇跡』の中に、ティク・ナット・ハンについての、次のようなエピソードが載っていたから。

これはジェイムズ・フォレストという人がティク・ナット・ハンの思い出として綴っているエピソードなのですが、それによると、ベトナム戦争が酸鼻《さんび》を極めていた頃、ティク・ナット・ハンがアメリカで反戦運動のアピールのための講演会を開いたことがあったというのですね。しかし、講演会を聞きに来たアメリカ人の中には理解のない人もいて、平和を訴えるティク・ナット・ハンに対し、「もしあんたがそんなに自分の国のことが心配なら、ハンさんよ、あんたは何でこんなところでうろうろしているんだ。負傷した人がそんなに心配なら、やつらのところへ帰って、やつらのために働いたらどうなんだい」という暴言を吐いたと。

その時、しばらく沈黙していたティク・ナット・ハンは、やがて静かな口調で「あなたが木を育てようと思ったら、葉に水をやってもあまりたすけになりません。あなたはその根に水をやらなければなりません。戦争の根の多くは、ここ、あなたの国にあります。爆撃を受ける人々を守るために、彼らをこの苦しみから救いだすために、私はここに来たのです」と答えた。その穏やかな、それでいて説得力のある切り返しによって、一時は険悪なものになりかけた会場の空気も一変したそうです。が、しかし、ティク・ナット・ハン自身はその後、司会者に何かささやいて、会場の外へ出てしまった。

で、心配になったフォレストが後を追いかけて外に出てみたところ、ティク・ナット・ハンが道端で苦しそうに喘《あえ》いでいた。

心配するフォレストに、ティク・ナット・ハンはこう言ったそうです。「あの人の発言はひどく自分を傷つけるものだった。もう少しで怒りが破裂しそうになった。ゆっくりと深い呼吸に戻り、心を落ちつけて、相手への理解を示す方法を探したが、あまりにもゆっくりと深く息をしすぎて息苦しくなってしまった」と。

ティク・ナット・ハンは、平和を説く自分に向かって心ないことを言う人を許そうと、呼吸に集中しながら必死に自分自身と闘ったんですね。瞑想の知恵をただ人に語るだけでなく、それを自身の波乱万丈の日々の生活の中に取り入れて、どんなに苦しい時でも、自分も、相手も、より良く生きられるような道を、彼は懸命に探したんです。

このようなエピソードを読んで私は思うのです、時に苦しくて道端で喘ぐような人の口から出た言葉であるなら、その人の言葉は謹聴《きんちょう》する価値があるのではないかと。

「今、ここ」を生きる

さて、「勇気のつけ方」の話から、今流行の自己啓発思想「マインドフルネス」の話まで一気に駆け下ってまいりましたが、いかがでしたでしょうか。東洋の神秘たる「瞑想」を理解しようとするアメリカ人の様々な努力の中で、それが『今、ここ』を生きる」というシンプルな自己啓発思想へと花開いていった過程が理解されたでしょうか。

私自身のことを言いますと、「今、ここ」に集中して生きるというマインドフルネス系の自己啓発思想を知ったことは、非常に大きな収穫であったなという感覚を持っています。

もちろん私とて、人間に与えられているのは「今、ここ」しかないということはわきまえているつもりでした。昔のことに思い悩んだり、将来のことを不安に思ったりして身動きできなくなることの愚《ぐ》は重々承知していたつもりです。

でもそれはやっぱり、漠然《ばくぜん》とそう思っていただけであって、では実際に「今、ここ」を懸命に生きていたかと言われれば、「え、まあ、その……」と口ごもる以外ない。要するに頭では理解していても、実行はしていなかった、ということですね。

しかし、自己啓発本の研究を十年近くしてきて、古今東西の自己啓発本を閲《けみ》していれば、昨今のマインドフルネス系の自己啓発本のみならず、古《いにしえ》の自己啓発本からハワイの「ホ・オポノポノ」に至るまで、自助努力系・引き寄せ系からエイシム系に至るまで、あらゆる自己啓発本が何らかの形で「今、ここ」ということに触れていることに気づかざるを得ない。で、これはひょっとしてとんでもない人類の叡智なのではないか、ということを理解するようになれば、やはり今までの漠然とした理解だけでは終われなくなってくる。

そういうことも含めて、私自身、「今、ここ」を生きることを、一つの大きな課題として自分自身に課しているんですね。「今、ここ」を十全に生きるならば、明日死ぬと言われても動じない……と言い切るところまではまだまだ修行が足りませんが、でもいつかはそういう心境に到達したいとは思っている。

で、そういう風に自分の心が定まれば、そこから私の世界は変わるのではないか。何となれば、世界は「インサイド・アウト」で変えられるのだから。

私は今、そんな風に考えています。そしてそう考えることはとても楽しい。結局、私がこの本を書いたのは、今自分が感じているその楽しさを、十四歳の皆さんと共有したいと思ったからなんです。

前に述べたように、私は、残念ながら「百億円長者」にはなれませんでした。けれども、この本は書き上げられました。それは、「この本を書き上げたい」という私の願いが本物だったからでありましょう。そしてこの本を書き上げるという、私が「今、ここ」ですべき仕事に、無我夢中で、全力を尽くしたからでありましょう。

人間が四六時中考えていることは、必ず現実化する。そして、「今、ここ」ですべきことに全力を尽くすことは、人間に至福をもたらす。——これらの命題は、少なくとも私には、正しいものだったようです。

この章を読んで「面白い!」と思った人に、以下に挙げる本をおススメします。

・プレンティス・マルフォード『精神力』サンマーク出版
・鈴木俊隆『禅マインド ビギナーズ・マインド』PHP研究所
・鈴木俊隆/デイビッド・チャドウィック『禅は、今ここ。』サンガ
・M・チクセントミハイ『フロー体験 喜びの現象学』世界思想社
・ティク・ナット・ハン『〈気づき〉の奇跡:暮らしのなかの瞑想入門』春秋社

Coffee Break

日本発！「レス・イズ・モア」の自己啓発

もう何年も前のことになりますが、『オックスフォード版文学研究百科』というオンライン版百科事典に「アメリカと日本の自己啓発本」という記事を提供したことがあります。その時は何だかものすごく苦労したという記憶しかないのですが、と言いますのもこの事典、オックスフォード大学出版局の編集だけあって審査も厳密で、記事を提供したらそれで終わりということではないんですね。こちらが出した原稿に複数の専門家からのチェックが入り、意見書が出される。意見書というのは、要するに修正要求ですから、それに応えて修正を施さなくてはならない。一年以上の時間をかけて書き上げた原稿を提出してホッと一息、解放感に浸《ひた》っているところに、「はい、書き直し！」と言われるわけですから、私がいささかゲンナリした気分になったこともご理解いただけるのではないでしょうか。

ちなみに、私の書いた記事に付された意見書には、こう書いてありました。『アメリカと日本の自己啓発本』と題していながら、本稿には現代日本で最も重要な自己啓発ライターのことが抜けている。Marie Kondoについて何も記述されていないではないか」と。で、その意見書を見て、「はあ？ Marie Kondo？ 誰、それ？」と目が点になってしまったのですが、慌てて調べた結果、近藤麻理恵さんというのは「こんまり」の愛称で知られる有名な「片づけコンサルタント」であり、日本のみならずアメリカでも広く名の通った人であることを知った次第。まったく、お見逸《みそ》れいたしました。

しかし、私がその意見書を見て「なるほど！」と思ったのは、こんまりさんが書かれた『人生がときめく片づけの魔法』という本が、アメリカでは*The Life-Changing Magic of Tidying Up*というタイトルで販売され、ベストセラーになっているばかりでなく、それが家事のノウハウ本としてというよりは、むしろ自己啓発本として売れていたということ。実際、二〇一五年にこんまりさんのことを「世界で最も影響力のある１００人」に選定した『タイム』誌は、彼女に対し、「自己啓発」を表す「Self-Help」という言葉をもじって「Shelf-Help」（＝棚の整理整頓）の伝道師なる称号を捧げているのですから、アメリカ人にとって「家の中を片付けること」は、取りも直さず「自分の人生を変えること（＝Life changing）」であり、その意味でこんまりさんは、日本が生んだ重要な自己啓発思想家、という認識だったんですね！

ところで、なぜこんまりさんはアメリカでそれほど受けるのか。

これについては、私の推測に過ぎないのですが、おそらく、こんまりさんの「片付け」

の背後にある「無駄なものを廃してシンプルに生きる」という思想、すなわち「レス・イズ・モア」（少ない方がより豊か）という考え方がとても東洋的であったため、例えば「禅」のような思想と同様、それが響く人には大いに響いたからではないかと。

アメリカの自己啓発思想というのは、伝統的に「モア・イズ・ベター」が基本です。つまり、「多ければ多いほどいい」というわけで、「もっと多く」を求めるものなんですね。もっと沢山のお金が欲しい、もっと上の方まで出世したい、もっと多くのものがあればもっと幸せになれる、という考え方。

一方、仏教思想を背景とした東洋思想は、まさにその逆。「多くのもの」は解脱《げだつ》の邪魔になるのであって、無駄なものをそぎ落としていくのが理想。食事にしたってご馳走なんて必要ない、一汁一菜で十分、という考え方ですからね。

「モア・イズ・ベター」の考え方に凝り固まって、もっと多くを求めながら、なんとなく充足できなかったアメリカ人が、「無駄なものをそぎ落とせ」という東洋思想に出会った場合、そこでハッと開眼してしまう人が結構いるんです。で、そういう人の中には、本章でも述べたように、本格的に坐禅を始めてしまったりする人もいる。

こんまりさんの「片付け」は、無駄をそぎ落とすという意味ではまさに禅。じっと座る坐禅ではなく、「動く禅（Zen in motion）」です。日々、家事に勤《いそ》しんでいる人であれば誰にでも実践できる禅。しかもそれをすることによって、「モア・イズ・ベター」の考え方を「レス・イズ・モア」の考え方に変え、足るを知ることによって「今のままでいいんだ、より多くを求める競争に参加しなくていいんだ」ということをしみじみ理解できるようになるのですから、これはもう、最高の自己啓発と言っていい。

一九六〇年代に、サンフランシスコにおいて鈴木俊隆師がアメリカ人に伝えた坐禅のように、二十一世紀の今、こんまりさんの片付けノウハウは、日本発の「Self-Help」思想として、否、「Shelf-Help」思想として、アメリカ中のストイックなミニマリストたちの間に浸透しているのです。

自己啓発思想の「バルス！」——結びに代えて

「ハーレクイン・ロマンス」という女性向けロマンス小説叢書の研究を十年ほど続け、本も二冊ほど書いて自分なりにひと区切りつけた後、さて、次は何を研究しようかと考えていた時、ふと、「今までさんざん女性向け文学の研究をしてきたのだから、次は男性を主な想定読者に据えた文学ジャンルの研究をしてはどうか」と思いつき、「自己啓発本」の研究に取り組み始めたのが今からちょうど十年ほど前のこと。以来、この主題にまつわる広大な文献の海に飛び込み、無我夢中で泳ぎ回りながら、自己啓発本とそれに関連する本を片っ端から読み進めてきましたが、一冊読む度にそれに関連して読まなければならない本が十冊以上出てくるといった具合で、読んでも読んでもゴールにたどり着くどころか、むしろ読む度にゴールが遠くなるという……。

で、時にうんざりしながら、なぜ私はこれほど沢山の本を読まなければならないのかと自問するのですけれども、その答えはもちろん、はじめから分かっていました。それは、「自己啓発本の背後にある『自己啓発思想』というものが、あまりにも巨大な思想だから」です。

自己啓発思想を理解するためには、宗教の知識が必要ですが、宗教にも色々あって、キリスト教もあればイスラム教も仏教もある。加えて儒教とかスーフィズムのような準宗教にも目配りをしなければならない。それから古代ギリシャ以来の哲学はもちろん、心理学や精神分析学などの知識も必要ですが、それらにしたって色々な流派があるし、それぞれの流派に代表的な人物が何人もいる。さらに最近では「女性向け自己啓発本」などというものもありますから、それらについて考えるためには女性学全般についての知識も必要だし、「健康改善」も自己啓発思想の重要な一側面ですから医学的・薬学的な知識も必要になる。また人間は地球環境の中に生きているのですから、地球環境にまつわるすべての学問は、自己啓発思想研究の一部になる……とまあ、そんな具合に自己啓発思想が包摂する分野があまりにも広いので、それらをすべてカバーしようとすれば、トンデモない量の本を読まなくてはならなくなるのも当然でしょう。

例えば、精神分析学一つ取っても、その立役者の一人であるジークムント・フロイトについて本格的に研究をしようと思ったら、一人の並外れて優れた学者がその一生を費やすべき仕事になるはず。しかし、自己啓発思想研究の全体から見たら、フロイトの占める位置なんて芥子《けし》粒《つぶ》ほどもない。そもそも自己啓発思想は、フロイトが「無意識」のことを言い出すよりもはるか以前から「無意識」の力に注目してきたのですからね。

同じことはイエス・キリストにも言えます。イエス・キリストにまつわる神学研究というのは、かれこれ二千年の歴史があるわけですが、自己啓発思想研究の立場から言うと、かのイエス・キリストでさえ、星の数ほどいるＪＫＢライターの一人でしかない。「求めよ、さらば与えられん」ということを主張した「引き寄せ系ＪＫＢライター」として、かなり名の通った人ではありますが……。

そういう風に見ていくと、結局、自己啓発思想というのは、文系・理系を問わず、およそ人間に関する学問をほとんどすべて包摂する広大なものであって、その意味では自己啓発思想についての研究こそ、あらゆる学問ジャンルの頂点であると言っていい。そんなものをうっかり研究し始めてしまったのですから、いかに「広く、浅く」と心掛けたとしても、読むべき文献の海に溺れかけるのが関の山。十年やそこら研究したからといって、何がしかのことを言えるようになるはずもない……。

ところが――。

十年ほど研究しているうちに、私はあることに気がつきました。これほど巨大な学問ジャンルでありながら、自己啓発思想というのは、ひょっとして、どこからどう研究したとしても、最終的には、たった一つのある「答え」にたどり着くものなのではないか。この世のありとあらゆるＪＫＢは、究極的に、たった一つのことを言い続けているだけなのではないかと。

ではそのたった一つのこと、人間にとっての最終的な「答え」とは何か。それを言ってしまったらすべての悩み・葛藤は収束し、たちどころに平和が地に満つるという、いわば『天空の城ラピュタ』における「バルス！」みたいな「答え」とは一体何か。

私が思うに――単に私がそう思っているだけかもしれませんが――その「答え」とは、これです。

あなたは世界を変えることはできない
あなたに変えられるのは、あなただけ
ただ、あなたを変えると、世界は変わる

そう、本書でも繰り返し言及した、「インサイド・アウト」の考え方ですね！

それにしても、こうして見ると美しいまでにシンプルでしょう？　アインシュタイン博士の「$E = mc^2$」みたい。しかし、これほどシンプルであるにもかかわらず、かつて世に問われたありとあらゆる自己啓発本は、このただ一つの「答え」を人々に伝えるために存在したと言っても過言ではないと、私は思っています。

これが「答え」であることが信じられないという方は、「○○が言っていることは、要するに、『あなたは世界を変えることはできない。あなたに変えられるのは、あなただけ。ただ、あなたを変えると、世界は変わる』ということである」という公式の中の、「○○」の中に、これぞという人名や言葉を入れてみて下さい。それ、全部成立しますから。

実際にやってみましょうか。

ブッダが「天上天下唯我独尊」と言ったのは、要するに、「あなたは世界を変えることはできない。あなたに変えられるのは、あなただけ。ただ、あなたを変えると、世界は変わる」ということである。

イエス・キリストが「だれかがあなたの右の頬を打つなら、左の頬をも向けなさい」(『マタイによる福音書』第五章三九節)と教えたのは、要するに、「あなたは世界を変えることはできない。あなたに変えられるのは、あなただけ。ただ、あなたを変えると、世界は変わる」ということである。

エイブラハム・リンカーンが「大抵の人々は、自分が決心した分だけ幸せになれる」と言ったのは、要するに、「あなたは世界を変えることはできない。あなたに変えられるのは、あなただけ。ただ、あなたを変えると、世界は変わる」ということである。

ニーチェが「事実なるものはない。あるのは解釈のみ」と言ったのは、要するに、「あなたは世界を変えることはできない。あなたに変えられるのは、あなただけ。ただ、あなたを変えると、世界は変わる」ということである。

マーティン・ルーサー・キング牧師が公民権運動の中で「私には夢がある」と言ったのは、要するに、「あなたは世界を変えることはできない。あなたに変えられるのは、あなただけ。ただ、あなたを変えると、世界は変わる」ということである。

マザー・テレサが「平和は微笑みから始まります」と言ったのは、要するに、「あなたは世界を変えることはできない。あなたに変えられるのは、あなただけ。ただ、あなたを変えると、世界は変わる」ということである。

アントニオ猪木が「元気が一番、元気があれば何でもできる。元気ですか〜!」と言ったのは、要するに、「あなたは世界を変えることはできない。あなたに変えられるのは、あなただけ。ただ、あなたを変えると、世界は変わる」ということである。

ほらね、全部通じるじゃないですか。

だから、本書をずっと読み進めて、この最後のページまでたどり着いてくれた十四歳のあなたに、私からこの「答え」を贈ります。この「答え」は、人間が手にし得るあらゆる道具の中で、最も強力なものだから。

あなたはこの先の長い人生の中で様々な艱難辛苦《かんなんしんく》に出くわすと思います。しかし、大きな壁にぶち当たる度に、その時々にふさわしいJKBを読んで元気を出して下さい。そして、その都度この自己啓発思想の最終兵器——「バルス!」——を思い出し、あなた自身を変えて下さい。

そうしたらきっと世界はあなたがそれまで思ってもいなかった別な顔を、あなたに見せてくれるはずです。

毎度のことではありますが、本書の出版に際しても、多くの方々のお世話になりました。まずは家の中に怪しげな自己啓発本の山が無際限に積み上げられていくのを白い目でにらみながら、それでも黙って私の好きなようにさせてくれた尾崎円子氏に心からの感謝を。また私の自己啓発本研究の数少ない理解者となり、論文が公になる度に面白がって読んでくれた先輩同僚の小泉直先生の存在は、孤独な研究を続ける私にとって大いなる励ましでありました。そのことをここに記して、謝意を表したいと思います。

そしてもう一人、私の自己啓発本に関する論文に早くから注目し、出版のお申し出をして下さったトランスビューの高田秀樹様には感謝してもしきれません。この場をお借りして御礼申し上げます。ありがとうございました。

かくして出来上がったこの本を、十四歳の心を持ったすべての人に捧げます。この拙い本が、「本物の十四歳」の皆さんには力強く生きていくための武器を、また「相当にくたびれた十四歳」にはこれまで過ごしてきたそれぞれの人生と和解し、残りの人生をさらに有意義なものにするためのきっかけをもたらすことを祈念しつつ。

令和五年二月十三日

尾崎　俊介

本書はＪＳＰＳ科研費２０Ｋ００３８７（「アメリカ及び日本における自己啓発本出版史の研究」）の助成を受けた。

図版出典

エマニュエル・スウェーデンボルグ
Georgios Kollidas / stock.adobe.com

ジョニー・アップルシード
H. S. Knapp-A History of the Pioneer and Modern Times of Ashland County.
Philadelphia: J. B. Lippincott & Co., 1862

アメリカ100ドル紙幣とベンジャミン・フランクリンの肖像
Dmytro Synelnychenko / stock.adobe.com

ラルフ・ウォルドー・エマソン
Oliver Wendell Holmes, 1885 / Encyclopædia Britannica

鈴木俊隆
Photo by Rowena Patee Kryder

ティク・ナット・ハン
plumvillage.org

14歳《さい》からの自《じ》己《こ》啓《けい》発《はつ》

2023年3月20日　初版第1刷発行

著　者　尾《お》崎《ざき》俊《しゅん》介《すけ》

発行者　工藤秀之

発行所　株式会社トランスビュー
〒103-0013
東京都中央区日本橋人形町2-30-6
電話　03(3664)7334
URL http://www.transview.co.jp

装　画　宮崎知恵 (STOMACHACHE.)

装　丁　Albireo

印刷・製本　モリモト印刷

ISBN 978-4-7987-0187-5 C0090